# 海外取引の与信管理と債権回収

牧野 和彦 著

税務経理協会

## はじめに

　仕事柄、海外に出かける機会が多いが、一歩日本から足を踏み出すと、日本がよく見えてくる。安全や食の豊かさなどはよく指摘されるとおりであるが、私は公共交通機関の時間の正確さも日本の誇るべき文化ではないかと思う。東京の地下鉄などは秒単位で、駅での停車時間を管理して定時運転に努めている。また、列車がわずか1分遅れただけでも、駅や社内でのお詫びのアナウンスがすぐに流れる。私たち日本人にとって、定時運転は前提条件であり、5分でも遅れようものなら、すぐにイライラしてしまう。ところが、海外ではこうした常識は通用しない。5分～10分の遅れならばまだ良い方で、その便自体が突然なくなることも珍しくない。日本で時間に正確なのは、公共交通機関だけではない。仕事の面談の時間はもちろん、個人間の待ち合わせでも基本的に時間に正確である。時間を守ることは約束を守ることに通じる。こうした日本人の美徳ともいうべき習慣が、支払期日を守るという商習慣にもつながっている。

　しかし、海外の取引先はこうはいかない。日本の常識は通じないのだ。あえて言うのならば、支払いが遅れるのが普通なのだ。こうした海外の悪しき習慣をただ単に嘆くのではなく、支払いが遅れることを前提に取引を進めるべきだ。それは、決済条件であったり、契約書に盛り込む遅延損害金であったりするかもしれない。あるいは、早期割引なども考えられる。いずれにせよ、対策が必要なのである。ただ相手を信用するだけでは、期日払いは期待できない。海外取引をする企業の担当者にはこうした意識を常に持っていただきたい。

　海外取引の与信管理や債権回収というと、難解な本を想像する人が多いと思う。本書は法律論ではなく、実務的な観点から海外企業と信用取引に必要な知識やノウハウについてわかりやすく解説してある。海外部門や国際部門など海外取引の窓口となっている企業の担当者が本書を読むことで、海外取引の与信管理や債権回収に関する全体像が把握できるはずだ。本書が日本企業の健全な海外取引と発展に少しでも貢献することを期待したい。

2010年2月

ナレッジマネジメントジャパン株式会社<br>
代表取締役　／　与信管理コンサルタント<br>
牧野　和彦

# 目　　次

はじめに

## 第1章　国際取引の与信管理の基本

1. 国内の与信管理と大きな違い ……………………………………………… 2
   （1）主流となる決済条件の違い ………………………………………… 3
   （2）サイトの計算方法 …………………………………………………… 5
2. 担保や保証の違い ………………………………………………………… 7
   （1）主な担保物件 ………………………………………………………… 7
   （2）個人保証の普及 ……………………………………………………… 7
3. 与信管理とは ……………………………………………………………… 9
   （1）与信管理とは ………………………………………………………… 9
   （2）与信管理の目的 ……………………………………………………… 10
4. 重点管理の必要性 ………………………………………………………… 12
   （1）80：20の法則 ……………………………………………………… 12
   （2）新規顧客と既存顧客のリスク ……………………………………… 13
5. 海外で急増する企業倒産 ………………………………………………… 15
6. 日本人が陥りやすい海外取引の過ち …………………………………… 17
   （1）取引先を調査しない ………………………………………………… 17
   （2）取引先を信頼しすぎる ……………………………………………… 18
   （3）契約書がない ………………………………………………………… 19
   （4）支払条件の変更依頼に安易に応じる ……………………………… 20
7. 与信管理規定の策定 ……………………………………………………… 22
8. 組織における与信管理・債権回収の機能 ……………………………… 24
9. 遅延期間と回収率の関係 ………………………………………………… 26

(1) 債務者の倒産 ……………………………………………………… 26
　　(2) 担当者の交代や組織変更 ………………………………………… 27
　　(3) 優先順位の低下 …………………………………………………… 28
　　(4) 債権者のモティベーションの低下 ……………………………… 28
10. 与信管理の効果測定 …………………………………………………… 30
　■コラム　海外出張　こぼれ話　インド ……………………………… 32

## 第2章　海外の信用情報を分析するポイント

1. 海外の取引先の信用調査と情報収集 ………………………………… 34
2. 与信取引申請書の活用 ………………………………………………… 36
3. 銀行照会の活用 ………………………………………………………… 42
4. トレード・レファレンスとは ………………………………………… 44
　　(1) トレード・レファレンスとは …………………………………… 44
　　(2) トレード・レファレンスのガイドライン ……………………… 46
5. 企業信用レポートの読み方 …………………………………………… 49
　　(1) 企業信用レポートで入手できる情報 …………………………… 49
　　(2) 企業の基本情報でわかること …………………………………… 50
6. 格付けの構成 …………………………………………………………… 54
7. 格付けの解釈 …………………………………………………………… 58
8. 支払情報とは …………………………………………………………… 60
　　(1) 支払情報の収集方法 ……………………………………………… 60
　　(2) 支払情報の優位性 ………………………………………………… 61
　　(3) 支払情報の弱点 …………………………………………………… 62
9. 支払情報の見方 ………………………………………………………… 63
　　(1) 早期割引 …………………………………………………………… 63
　　(2) 支払情報の留意点 ………………………………………………… 65
　　(3) 回収代行の履歴 …………………………………………………… 66

目　　次

10. 財務情報の注意点 …………………………………………………… 68
11. 担保の設定状況 ……………………………………………………… 70
　　(1) 訴訟と判決 …………………………………………………… 70
　　(2) 先取特権と担保設定 ………………………………………… 70
12. その他の情報 ………………………………………………………… 73
　　(1) Banking（銀行照会）………………………………………… 73
　　(2) History（業歴）……………………………………………… 73
　　(3) Operation（業務内容）……………………………………… 74
13. 格付け以外の判断材料 ……………………………………………… 75
■コラム　海外出張 こぼれ話　中国 (1) …………………………… 77

## 第3章　取引先の分析と与信限度額の設定

1. 定性分析 ……………………………………………………………… 80
　　(1) 取引先の分析 ………………………………………………… 80
　　(2) 定性分析 ……………………………………………………… 80
2. 決算書の見方 ………………………………………………………… 83
　　(1) 決算書の見方 ………………………………………………… 83
　　(2) Balance Sheet（貸借対照表）を見るポイント …………… 84
　　(3) Profit & Loss Statement（損益計算書）を見るポイント … 86
3. 欧米で一般的な財務比率 …………………………………………… 90
　　(1) 財務比率の意味と目安の数値 ……………………………… 90
　　(2) Solvency（安全性の分析）…………………………………… 91
　　(3) Efficiency（効率性の分析）………………………………… 93
　　(4) Profitability（収益性の分析）……………………………… 95
4. 経年比較と業種比較 ………………………………………………… 97
　　(1) Historical Comparison（経年比較）………………………… 97
　　(2) Industrial Comparison（業種比較）………………………… 98

3

(3) 粉飾決算を見抜く ………………………………………………… 99
5. 与信限度額とは ………………………………………………………… 100
　　(1) 与信限度額とは …………………………………………………… 100
　　(2) 海外取引の与信限度額 …………………………………………… 101
　　(3) 与信限度額の決定要因 …………………………………………… 101
　　(4) 与信限度額の役割 ………………………………………………… 103
6. 与信限度額の設定方法 ………………………………………………… 104
　　(1) 与信限度額の設定法 ……………………………………………… 104
　　(2) 各設定法の特徴 …………………………………………………… 104
7. 簡便法 …………………………………………………………………… 107
　　(1) 簡便法とは ………………………………………………………… 107
　　(2) 具体的な計算例 …………………………………………………… 107
8. 海外取引の主な決済条件 ……………………………………………… 109
　　(1) Advance Payment（前払い） …………………………………… 109
　　(2) Letter of Credit、L/C（信用状）と
　　　　Stand-by L/C（スタンドバイ L/C） …………………………… 110
　　(3) Confirmed L/C（確認付信用状） ……………………………… 111
　　(4) D/P（支払時書類渡し）とD/A（引受時書類渡し） ………… 112
　　(5) Open Account（オープンアカウント） ……………………… 112
　　(6) その他の決済条件 ………………………………………………… 113
9. 取引先の格付けと決済条件の決定 …………………………………… 114
　　(1) カントリーリスクの評価 ………………………………………… 114
　　(2) マトリックスによる決済条件の選定 …………………………… 115
　　(3) 社内格付けと決済条件 …………………………………………… 115
　■コラム　海外出張　こぼれ話　中国 (2) ………………………… 117

# 第4章　各国・地域における与信管理、債権回収のポイント

1. 中国ビジネスのリスク ………………………………………………… 120
   (1) 中国での訴訟リスク ……………………………………………… 120
   (2) 見積りのリスク …………………………………………………… 121
   (3) 日本企業の勝訴 …………………………………………………… 122
2. 中国企業の信用調査 …………………………………………………… 123
   (1) 信用調査の重要性 ………………………………………………… 123
   (2) 中国の信用調査会社 ……………………………………………… 123
   (3) 経営範囲と経営期限 ……………………………………………… 125
   (4) 企業照会と銀行照会 ……………………………………………… 126
   (5) 財務情報 …………………………………………………………… 126
   (6) その他のポイント ………………………………………………… 127
3. 中国の与信管理の問題点 ……………………………………………… 129
   (1) 支払いを遅らせるのが経理の仕事 ……………………………… 129
   (2) 手形、小切手に不渡り制度がない ……………………………… 130
   (3) 国営企業の信用力 ………………………………………………… 130
   (4) 担保に関する問題 ………………………………………………… 131
   (5) 保証に関する問題 ………………………………………………… 131
4. 中国の与信管理のポイント …………………………………………… 133
   (1) 決済条件による与信管理 ………………………………………… 133
   (2) 契約によるリスク回避 …………………………………………… 134
   (3) 営業担当者の活用 ………………………………………………… 134
5. 中国における債権保全策 ……………………………………………… 136
   (1) 動産の抵当権 ……………………………………………………… 136
   (2) 抵当権の優先順位 ………………………………………………… 136
   (3) 債権譲渡 …………………………………………………………… 137
   (4) 債権譲渡の問題点 ………………………………………………… 138

(5) 債権者代位権の行使 ……………………………………… 139
　　　(6) 公証債権文書の活用 ……………………………………… 140
　　　(7) その他の債権保全策 ……………………………………… 141
6. 中国における金融の実態 ………………………………………… 143
7. アジア諸国・地域における与信管理のポイント ……………… 145
　　　(1) Hong Kong（香港）……………………………………… 145
　　　(2) Philippines（フィリピン）……………………………… 146
　　　(3) South Korea（韓国）…………………………………… 147
　　　(4) Taiwan（台湾）…………………………………………… 148
　　　(5) Singapore（シンガポール）……………………………… 149
　　　(6) Thailand（タイ）………………………………………… 150
　　　(7) Indonesia（インドネシア）……………………………… 151
　　　(8) India（インド）…………………………………………… 152
8. 英国における債権回収事情 ……………………………………… 154
9. 米国における債権回収の最近の動向 …………………………… 156
　■コラム　海外出張 こぼれ話　イタリア …………………………… 158

## 第5章　海外取引の債権回収実務

1. 債務者の心理 ……………………………………………………… 160
2. 支払能力と支払意思 ……………………………………………… 163
3. 債務者の種類 ……………………………………………………… 165
　　　(1) 債務者の種類を見分ける ………………………………… 165
　　　(2) 罪悪感など微塵もない …………………………………… 168
4. 危険な兆候 ………………………………………………………… 170
　　　(1) 連絡頻度やスピードの低下 ……………………………… 170
　　　(2) 支払条件変更の要請 ……………………………………… 172
　　　(3) 支払いの遅延や長期化 …………………………………… 172

(4) 格付けの低下 ……………………………………………… 173
　　　(5) 回収代行の履歴増加 ……………………………………… 174
　　　(6) リスケした弁済計画の不履行 …………………………… 175
5. 債権回収の5原則 ………………………………………………… 176
　　　(1) 目標の設定 ………………………………………………… 176
　　　(2) 期限の設定 ………………………………………………… 177
　　　(3) 徹底的な督促 ……………………………………………… 178
　　　(4) 習慣付け …………………………………………………… 179
　　　(5) 成果の確認 ………………………………………………… 179
　　　(6) 基本的な督促スケジュール ……………………………… 179
6. 具体的な回収手段 ………………………………………………… 181
　　　(1) 電話 ………………………………………………………… 181
　　　(2) 手紙・FAX・電子メール ………………………………… 181
　　　(3) 訪問 ………………………………………………………… 182
　　　(4) 電話の活用 ………………………………………………… 183
7. 電話による回収 …………………………………………………… 184
　　　(1) ライトパースンと話す …………………………………… 184
　　　(2) 債務の詳細を説明する …………………………………… 185
　　　(3) 全額の支払いを要求する ………………………………… 186
　　　(4) 相手の反応を待つ ………………………………………… 187
8. 電話による回収のポイント ……………………………………… 188
　　　(1) 最適の時間帯 ……………………………………………… 188
　　　(2) 担当者が不在の場合 ……………………………………… 188
　　　(3) 交渉の仕方 ………………………………………………… 190
　　　(4) 交渉の成立 ………………………………………………… 191
　　　(5) フォローアップ …………………………………………… 192
9. 典型的な債務者の言い訳 ………………………………………… 193
　　　(1) We have not received your invoice（請求書を受け取ってない）…… 193

(2) Signer is out of town（支払いの責任者が出張中） ················· 193
　　(3) We have already paid（すでに支払った） ························· 194
　　(4) We would like to return your goods（商品を返却したい） ········· 194
　　(5) We are having poor cashflow
　　　　（キャッシュフローが停滞している） ······························ 195
　　(6) Customer is not paying us（顧客が支払わない） ·················· 195
■コラム　海外出張 こぼれ話　スペイン ································· 196

## 第6章　英文督促状のポイント

1. 督促状の悪い見本 ·················································· 198
　　(1) 主旨が明確でない ············································ 199
　　(2) 債権の詳細がない ············································ 199
　　(3) 期限がない ·················································· 200
2. 回収できる督促状 20 のポイント ···································· 201
　　(1) システム化 ·················································· 201
　　(2) 督促状の構成 ················································ 202
　　(3) 相手に読ませる ·············································· 202
　　(4) 督促状の戦略 ················································ 203
3. 督促状によく使われるフレーズ ······································ 205
4. 英文督促状の基本フォーマット ······································ 207
　　(1) Present the situation（現状の提示） ························· 207
　　(2) Make a proposal（提案をする） ······························· 207
　　(3) Provide motivation for the debtor
　　　　（債務者に支払いの動機を与える） ······························ 208
　　(4) Action（行動） ·············································· 208
5. 売掛確認通知書の効用 ·············································· 210
　　(1) 債権の詳細 ·················································· 210

(2) 主題の提示 ·········································································· 210
　　　(3) 行動を促す ·········································································· 211
6. レスポンスシートの活用 ································································ 213
　　　(1) レスポンスシートとは ························································· 213
　　　(2) 記載する内容 ····································································· 213
7. 英文のリマインダー ····································································· 216
　　　(1) 主題の提示 ·········································································· 217
　　　(2) 行動を促す ·········································································· 217
8．1通目の督促状 ············································································ 219
　　　(1) 主題 ··················································································· 219
　　　(2) 再確認 ················································································ 219
9．2通目の督促状 ············································································ 221
　　　(1) 主題 ··················································································· 221
　　　(2) 支払いの動機を与える ························································· 221
10. 最終通知 ···················································································· 223
　　　(1) 前置き ················································································ 223
　　　(2) 主題 ··················································································· 223
11. その他英文督促状サンプル ···························································· 226
　　　A　1通目の督促状 ··································································· 226
　　　B　2通目の督促状 ··································································· 229
　　　C　最終通知 ············································································ 231
　■コラム　海外出張　こぼれ話　メキシコ ········································· 233

## 第7章　海外取引の債権保全策

1. 契約によるリスク管理 ···································································· 236
　　　(1) 契約書のひな形 ··································································· 236
　　　(2) 誠実協議条項は通用しない ··················································· 236

(3) 債権回収において重要な条項 …………………………… 237
2. 貿易保険と輸出取引信用保険 ……………………………………… 240
　　　(1) 貿易保険と輸出取引信用保険 ……………………………… 240
　　　(2) 貿易保険のメリット、デメリット ………………………… 240
　　　(3) 輸出取引信用保険のメリット、デメリット ……………… 241
　　　(4) アジア企業との取引における信用リスク ………………… 242
3. 国際ファクタリング ………………………………………………… 245
　　　(1) 国際ファクタリングとは …………………………………… 245
　　　(2) 国際ファクタリングのメリット …………………………… 245
　　　(3) 国際ファクタリングのデメリット ………………………… 247
4. 訴訟は最後の手段 …………………………………………………… 248
　　　(1) 勝訴＝回収ではない ………………………………………… 248
　　　(2) タイミングの問題 …………………………………………… 249
　　　(3) 個人からの回収はできない ………………………………… 249
5. 訴訟に踏み切る前に検討すべきこと ……………………………… 251
　　　(1) パラリーガルアクションと予備調査 ……………………… 251
　　　(2) 海外弁護士起用の留意点 …………………………………… 252
6. ADR も一つの選択肢 ………………………………………………… 254
　　　(1) ADR とは ……………………………………………………… 254
　　　(2) 仲裁のメリット ……………………………………………… 255
　　　(3) 仲裁のデメリット …………………………………………… 257
7. コレクション・エージェンシーの活用 …………………………… 258
　　　(1) コレクション・エージェンシーとは ……………………… 258
　　　(2) なぜコレクション・エージェンシーを利用するのか …… 259
　　　(3) 第三者としての回収 ………………………………………… 260
　　　(4) アウトソーシングと法的サービス ………………………… 261
　　　(5) なぜ回収できるのか ………………………………………… 262
8. 多様化するコレクション・エージェンシー ……………………… 265

（1）サービスの高付加価値 …………………………………… 265
　　（2）サービスの総合化 ………………………………………… 265
　　（3）サービスの専門化 ………………………………………… 267
9. 海外の取引先が倒産したら ……………………………………… 268
　　（1）債権者として取るべき行動 ……………………………… 268
　　（2）事実関係の把握 …………………………………………… 269
　　（3）Filing of Claims（債権登録）…………………………… 270
10. 米連邦破産法の流れ …………………………………………… 272
　　（1）債権者として知っておくべきこと ……………………… 272
　　（2）各手続の特徴 ……………………………………………… 272
　　（3）Chapter 11 の流れ ……………………………………… 273
　　（4）Preference（偏頗譲渡）………………………………… 275
　　（5）Chapter 11 手続中の顧客との取引 …………………… 276
11. 米国の企業倒産の動向 ………………………………………… 277
12. 回収不能債権の処理 …………………………………………… 279
　　■コラム　海外出張　こぼれ話　カナダ ………………… 281

参考資料　ダンレポートの見本 …………………………………… 283

参考文献 ……………………………………………………………… 295

索　　引 ……………………………………………………………… 297

# 第1章

# 国際取引の与信管理の基本

## 1. 国内の与信管理と大きな違い

「世界的に見て日本人ほどお金をきちんと支払う国民はいない」と言ったら驚くだろうか。日本には期日どおりに借りたお金を返済したり、買掛金を支払ったりすることを美徳とする風潮がある。この国では、お金を返さないことは恥ずかしいことなのである。もちろん、時代の変化とともに、こうした意識も変化しているのは事実だ。それでも、なお世界的に見れば支払いの良い国民なのである。

そのことを端的に表しているのが、経理担当者の意識の違いである。日本の経理担当者は、請求書の支払期日どおりにお金を支払うのが大切な仕事である。しかし、海外の企業の経理担当者は必ずしもそうではない。むしろ、いかに遅れて支払うことができるかが腕の見せ所だと考えている。「訴えられるまで払うな」という言い方があるほどである。日本では常識のように考えられる期日払いが海外では常識ではないのだ。

この常識の差を正確に認識していない日本企業は意外に多い。一般的な貿易の講座では、決済手段については解説されているが、実際の支払遅延が発生した場合の回収方法や事前の予防策についてはほとんど言及されていない。日本とは大きく異なる海外の与信管理や債権回収に関する基礎知識さえあれば、未然に防げることも多いと考えると残念である。

数年前に私は、米国の大手コンピューターメーカーの日本支社で、与信管理について英語で講義する機会があった。そのとき、日本を統括している本社のクレジットマネージャー（与信管理・債権回収の責任者）と話したところ、彼は「日本は売掛金の回収率が最もよい国の一つだ」と言っていた。これはこのコンピューターメーカー特有のことではなく、多くの外資系企業の日本法人にも当てはまることである。

第1章　国際取引の与信管理の基本

　日本では、法人にせよ個人にせよ、請求書の支払期日どおりに支払いをするのが大前提＝常識となっているのだ。しかし、海外ではこれは前提条件ではない。このような支払期日に対する認識の違いは、日本と海外の与信管理における相違点から来ている。その代表的な相違点は以下の4点である。

(1) 主流となる決済条件
(2) サイトの計算方法
(3) 主な担保物件
(4) 個人保証の普及

## (1) 主流となる決済条件の違い

　日本では企業間決済の半分近くは手形決済によるものであるといわれている。ただし、これは近年減少傾向にある。**図表1**のデータを見るとわかるとおりに、

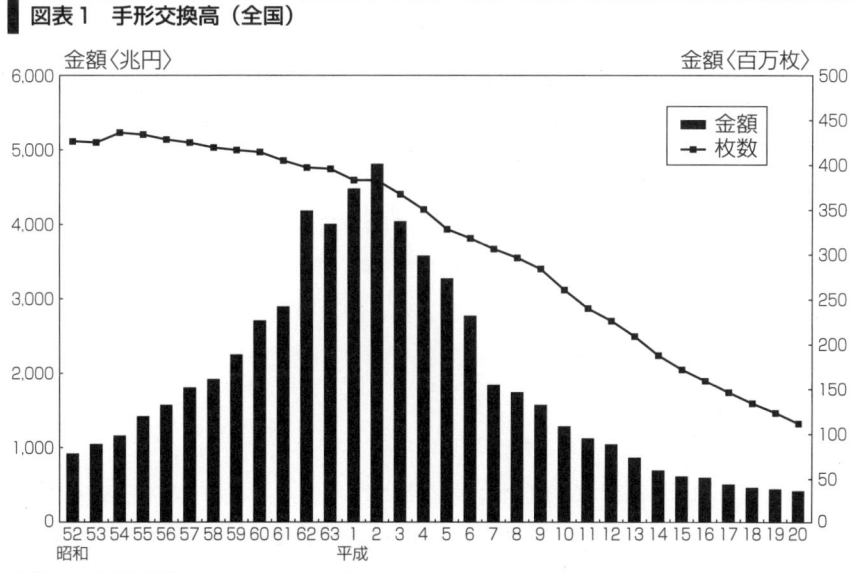

図表1　手形交換高（全国）

出所：全国銀行協会

20年間で手形の決済高、枚数は、それぞれ10分の1、3分の1に激減している。

約束手形の決済では、満期日、つまり支払期日に振出人の当座口座に約束手形金額以上の残高がなければ、手形は決済されずに不渡りとなる。そして、6ヶ月以内に2回の不渡りを出すと銀行取引停止になり、事実上の倒産を意味する。このような厳しい決済のシステムを国の経済インフラとして整備している国は、日本のほかには韓国と台湾ぐらいしかない。約束手形（Promissory Note）が存在しないわけではないが、特別な業種を除きほとんど商取引で使用されていない。また、手形の交換市場や不渡り制度などもない国が多い。例えば、最近市場としての存在感の増す中国にも手形取引は存在するが、為替手形が中心で手形の不渡り制度もない。中国では「手形は備忘録」に過ぎないとよく言われる所以だ。米国でも手形取引はほとんど使われていない。

## では、主流となる決済条件は何なのか？

答えはオープンアカウント（Open Account）である。オープンアカウントとは、期日現金払いのことである。請求書が発行されてその支払期日までに振込み等で支払う決済条件の総称だ。約束手形による決済と違ってオープンアカウントの場合は、期日どおりに支払いをしなくても決定的な問題にならない。信用不安はもちろん、倒産するということもない。つまり、実質的なペナルティーはないのだ。確かに、当事者間の契約などには遅延損害金など規定されていることがほとんどである。しかし、数日や数週間の遅延に対して、顧客に遅延損害金を請求するかというと別問題である。金融など一部の業種を除き、そこまではしていない企業が大多数だ。

つまり、支払期日に対する概念が日本と海外では大きく異なっているのだ。1日でも遅れれば倒産する可能性があるとしたら、たとえ海外の企業の経営者でもきちんと払うはずである。それこそ、知人や親戚から借りてでも決済しようとするはずだ。しかし、多少、自社の信用に影響が出る程度であれば、おの

ずと緊迫感も違ってくる。また、債権者側もある程度の遅延は容認するだろうと見越している部分もあるため、ますます期日どおりには支払わなくなる。

## (2) サイトの計算方法

　オープンアカウントの普及に加えて、支払遅延を増長させる要因が、サイトの違いである。

　日本では、サイトの計算は五十日（ごとうび）と呼ばれる5日や、10日、15日、20日、月末から起算する。そして、支払日も起算日の翌月や翌々月の五十日に集中する。こうした支払方法をサイクルペイメント（Cycle Payment）と呼ぶ。サイクルペイメントの場合は、支払期日が集中していて管理しやすいというメリットがある反面、支払いまでの日数が長期化するというデメリットがある。

　月末締めの翌月末払いの場合は、締めてからのサイトは30日だが、実際のサイトはその2倍の60日である。例えば、1日に製品を納品して顧客が検収を完了したとしても、請求するのは月末になるから、請求するまでに最長30日待つことになる。

　これに対して、海外ではネット方式で請求するのが一般的である。例えば、米国で最も一般的な決済条件はオープンアカウントのNet 30だが、請求書の日付から30日後が支払期日になる。具体的に書くとこうなる。

| 請求書の日付（Invoice Date） | 2010年10月13日 |
|---|---|
| 支払期日（Due Date） | 2010年11月12日 |

　欧米では請求書も毎日のように発行するし、支払期日も毎日のように到来する。キャッシュフローを意識した請求方法といえる。その反面、支払期日が集中していないため、数日程度の遅延が発生しやすい。例えば、上記であれば30日を正確に計算せずに10月13日と認識していることもある。あるいは、

アジアの企業などは、ネット方式とサイクルペイメントを組み合わせて支払うところも多い。上記の例でいえば、ほかの請求書と一緒に10月20日や31日に払うのだ。こうしたサイトの計算方法の違いも、数日程度の遅延の要因となっている。

　また日本では、支払期日の決定権は売り手にはほとんどなく、買い手の支払サイトや支払日に合わせるというのが一般的である。売り手は、買い手の支払サイクル、あるいは支払うと約束した日にあわせて請求書を発行したり、支払期日を設定したりする。こうした方法だと、買い手の指定した支払日なので、期日どおりに支払われる可能性が非常に高い。これに対して欧米では、売り手に支払期日の決定権があることが多い。もちろん、ビジネス上の力関係に左右されることもあるが、一般的には、売り手の決済条件が基準になる。

　さらに欧米では、決済の手段には小切手が用いられることが多く、各企業が振り出した小切手を普通郵便で送る。郵便の到着の遅延などで支払期日までに債権者の元に小切手が届かないこともある。このあたりを見越して、支払期日の日付で小切手を切っておけば、問題ないだろうと高をくくっている債務者も多いのが現実である。電信振込が基本の日本とは大きな違いである。こうした部分でも、数日の支払遅延が発生する要因となっている。

## 2. 担保や保証の違い

### (1) 主な担保物件

　日本では主な担保物件といえば不動産である。金融機関が融資をする際の保全措置として、不動産担保はよく使われている。最近でこそ、債権や動産を担保にした融資も新聞などで取り上げられ注目を集めているが、総与信に占める割合は1％にも満たないのではないだろうか。それぐらい、日本では不動産担保が幅をきかしている。これは、日本の国土の狭さや大都市への人口集中などが不動産価値を高めていることに起因している。

　これに対しては、海外では「担保＝不動産」とは限らず、債権や動産もよく使われている。とくに、企業間取引に伴う与信では、債権や動産の方が一般的な国もあるほどだ。その証拠に、ダンレポートをはじめとする海外の企業調査レポートを読むと、不動産に関しての記述がほとんどない。日本の信用調査レポートには、必ずと言っていいほど、不動産登記簿が調査されていて、所有状況や担保設定状況についての調査結果が記載されている。しかし、海外ではこうしたことは稀で、仮に不動産について言及されていても1～2行程度である。これは、日本のように与信管理と不動産が結び付いていないからである。その反面、海外では債権や動産に対する担保設定状況は調査されていて、きちんと記載されていることが多い。

### (2) 個人保証の普及

　日本では、経営者の個人保証も非常によく使われる債権保全策である。とく

**図表2　日本と海外の与信管理の違い**

| 項目 | 日本 | 海外 |
|---|---|---|
| 支払期日の概念 | 厳守が前提 | 厳守が前提ではない |
| 約束手形 | 一般的 | ほとんど使われない |
| サイトの計算 | サイクルペイメント | ネット方式 |
| 支払手段 | 銀行振込 | 小切手を郵送 |
| 主な担保 | 不動産 | 債権、動産 |
| 個人保証 | 一般的 | 一般的でない |

に、中小企業の場合は、金融機関から融資を受ける際は、必ずと言ってもいいほど、経営者の連帯保証が求められる。経営状況によっては、第三者の連帯保証を立てる必要がある場合もある。あるいは、経営者でなくても、日本人にとって個人保証は馴染みのある法律行為である。例えば、就職時の身元保証人や不動産賃貸における保証人は、多くの人が一度や二度は経験したことがあるに違いない。そして、こうした保証は連帯保証であることも多い。

　これに対して海外では、日本ほど個人保証が普及していない国も多い。多くの国では、日本と同じように、普通保証、連帯保証なる制度が存在する。しかし、金融機関が中小企業に融資する際も、必ずしも前提条件ではない。融資にリスクがあれば、その分利率を高めることで収益性を上げてリスクを取ったりする。ましてや、一般の事業会社では、与信取引で顧客企業の経営者の個人保証を取ることは稀である。欧米の経営者は、無限責任である個人事業主ではなく、有限責任の株式会社で取引をしているのに、なぜ、無限責任である連帯保証を個人としてしなくてはならないのか、理解できない部分がある。

　また、米国では、債務者が既婚者の場合は、配偶者と連名で連帯保証を取得しないと、無効であるという州もある。海外の企業の経営者などから連帯保証を取得する場合は、こうした法制度面の確認はもちろん、相手の連帯保証に対する理解も確認しておく必要がある。

## 3. 与信管理とは

### （1）与信管理とは

　異業種交流会などで名刺交換をすると、私の肩書きの与信管理コンサルタントを見て、「与信管理って何ですか？」と聞いてくる人が多い。業界関係者や、業務に携わっている人以外、「与信管理」という言葉は、一般的ではない証拠だ。「与信管理」の「与信」とは文字どおり信用を与えることである。信用を与える、供与するという言葉は、英語の Provide Credit，Grant Credit から来ているようだ。では、信用を与えるとは具体的に何を指すのか？

　企業間取引においては、商品や役務の提供とその対価の支払いは同時には行われない。いわゆる、Cash On Delivery ではなく後払いが主流だ。請求書を発行して、後日振込みなどで支払ってもらうことを掛売り、売掛取引などという。売掛取引を認めることを「信用を与える」「与信する」という。銀行などの金融関係であれば、信用を与えるとはすなわち、融資をすることである。

　そして、信用を与えた取引先が約束どおりに、つまり支払期日に代金を支払ってくれるか、条件どおりに返済されるどうかを管理することを「与信管理」と呼んでいる。「信用管理」や「債権管理」という場合もある。だから、小売りや飲食業など現金商売が基本の業種には、与信管理は必要ない。もちろん、与信管理には「買いの与信管理」という考え方もあり、調達や仕入のリスクを軽減させる上での信用管理は必要である。

　こうした売掛取引や融資が条件どおりに支払われない場合、こうした債権を「遅延債権」、「滞留債権」、「延滞債権」などという。そして、長期間にわたり未払い状態が続き、回収の見込みが立たなくなったものを「不良債権」、「貸

倒」、「回収不能」などという。

## （2）与信管理の目的

　では、与信管理の目的は何だろう？　「不良債権の発生を防ぐ」という声が聞こえてきそうだ。

　確かにこれは与信管理の大きな目的である。しかし、不良債権の発生を防ぐだけであれば、ちょっとでも危ない取引先には与信しない、あるいは、前払いでのみ取引するとすればいいだけである。気になる取引先はどんどん切っていけばいいのだ。

　しかし、こうなると、企業の至上命題であるところの売上を増加させるという目標が達成できなくなってしまう。もし、売上については「全く気にしない、横ばいどころか、減ってもかまわないし、増えればそれもまた良し」と達観している会社があれば、与信管理は必要ない。一般の会社は、経営計画などで売上を何パーセント増加させるという目標を設定しているはずだ。売上が1割増加したが、不良債権も2割増えたというのでは、与信管理をする意味がない。売上を増加させつつ、不良債権を減少させるという、ある意味矛盾したことを行うのが与信管理なのである。こうした点を踏まえ、私は与信管理の目的をこう定義している。

「与信管理と債権回収の最適化を図り、売上を増加させながら不良債権を減少させ、キャッシュフロー増大に貢献すること」

　与信管理と債権回収の業務をとくに意識して区別していない方も多いと思うが、あえて区別すると、「与信は入口、回収は出口」と言うことができる。この二つは相関関係にあり、一般的に入口での基準を厳しくすれば、出口の業務は楽になる。反対に、入口での基準をゆるめれば、出口の業務は大変になる。どこまで厳しくすればいいのか、どこまで緩めればいいのか、この最適解を各

| 図表3　与信管理と債権回収の関係 | | |
|---|---|---|
| 与信管理（入口） | | 債権回収（出口） |
| 厳しくする | → | 楽になる |
| 緩くする | → | 大変になる |

企業は常に模索しているといえる。与信管理と債権回収の最適化といい、売上の増加と不良債権の減少の実現といい、与信管理とは相反すること、矛盾することを行う仕事なのである。

## 4．重点管理の必要性

### (1) 80：20の法則

　読者の会社の取引先は何社あるだろうか？「1社だけ」あるいは数社〜10社という会社には重点管理は必要のない考え方である。通常、100社以上、多いところでは1000社、1万社単位で取引先を持っているはずだ。例えば、1000社の取引先を少人数で管理することは物理的に無理である。とくに、ここ数年はコスト削減の流れで与信管理部門もご多分に漏れず、人員削減の影響を受けている。かなりの大手企業でも、わずか数人で全社の与信を見ているところもある。少人数で1000社の取引先を効率的に管理するには、重点管理、濃淡管理といった管理手法が必要になる。

　重点管理でよく引き合いに出されるのが、イタリアの経済学者ヴィルフレド・パレートである。パレートは1896年に、各国の社会全体の富の80％が、20％の富裕層によって所有されていることを発見して論文を発表した。これが「パレートの法則」であり、日本では、「80対20の法則」として知られている。現代では、このパレートの法則を応用する形で、「企業の売上の80％は、20％の大口顧客によってもたらされている」と言われる。もちろん、すべての企業でこれが当てはまるわけではない。90対10の場合もあれば、70対30の場合もある。いずれにせよ、重要性の高い取引先に経営資源を集中的に投下することによって、売上を伸ばしたり、その結果として利益を増やしたりすることができるという考え方である。与信管理にこれを当てはめると「大口顧客の上位20％を重点的に管理すれば、会社全体の売上80％に付随するリスクを管理することができる」ということになる。もちろん、具体的にいくら以上の

取引額が大口かどうかは、各企業の売上によって異なってくる。

しかし、これだけでは不十分である。そこで、取引規模だけでなく、信用リスクという基準も設ける。信用リスクによる格付けやランク付けは一般的に5〜10段階に分けているところが多い。当然、信用リスクの高い取引先に注力することになる。つまり、大口で信用リスクの高い取引先を重点的に管理するのだ。そうすると、たとえ、取引社数が1000社あっても、これに該当するのは30社や50社程度に絞られてくる。そうなれば、少人数でも適切に管理することが可能になる。

## (2) 新規顧客と既存顧客のリスク

あるとき、D&B（Dun & Bradstreet）＊が米国で回収不能に関する調査を行った。1年間に各企業で回収不能となった取引先が、新規の取引先だったか、既存だったかを調べた。その調査結果は驚くべきものとなった。なんと、金額で加重平均すると回収不能の80％は既存顧客との取引から発生していた。反対に新規顧客との取引が焦げ付いたのは20％に過ぎなかった。一般的に取引実績がないために、新規顧客がよりリスクが高いように捉えがちだが、実際はそうではない。既存顧客の方が、社数も取引金額も新規顧客より大きいので、リスクもそれだけ大きくなる。新規顧客との取引開始時の初期与信に時間と費用をかける企業が多いが、実は実績豊富な既存顧客との取引こそ、定期的に信用状

**図表4　信用リスクと取引規模**

| 信用リスク | 大口顧客 | 中規模取引の顧客 | 小口顧客、スポット取引 |
|---|---|---|---|
| 高リスク | ● | ● | × |
| 中リスク | ○ | ○ | ○ |
| 低リスク | ○ | ○ | ○ |

●＝重点管理先　○＝通常管理先　取引不可＝×

＊ 米国に本社がある世界最大の企業情報提供会社

態をモニタリングするべきだということだ。

　ではどの程度の頻度で取引先の再調査を行えばよいのだろうか。これは、先ほど取引規模と信用リスクにより異なってくる。例えば、大口取引先、および中規模の取引先で高リスクの取引先は常にモニタリングの対象とし、必要に応じて随時調査をする。それ以外の取引先は年に一度の定期調査とする。もちろん、どの取引先でも、信用不安や危険シグナルを察知した場合は、そのつど調査をする必要がある。

## 5. 海外で急増する企業倒産

　次ページの表は、2001年～2008における米国の企業倒産件数を示したものである。これによれば、2008年は米国で企業倒産が、前年対比で54％も増加した。同年に日本では、11％増加となっているから、いかに米国で倒産が急増したかがわかる。今回の金融危機の震源地は米国であるといわれているが、やはりその影響を一番受けたのは米国であったと推測できる。参考までに、米国の企業倒産件数は法的整理に限定したものである。一方、日本の企業倒産件数は、私的整理が含まれており、また負債総額1千万円以上の倒産を集計したものである。こうした集計方法の違いから、単純に比較できない部分もある。いずれにしても、2008年に米国では平均すると1時間に5社、企業が倒産したことになる。さらに、2009年の企業倒産件数は未発表だが、2008年と同じように前年対比を大幅に上回って推移している。日本では沈静化傾向にある企業倒産も米国では引き続き増加基調を続けている。

　これだけ、倒産の多い国と取引するのであるから、それ相応のリスク管理が必要なのは自明の理である。さらには、前述した与信管理における支払期日の概念など、日本と海外とでは異なる商習慣や法制度が多い。それなのに、国内取引を英語に置き換えたくらいのイメージで、安易に海外取引を始める企業が多い。とくに近年では、市場の伸びが期待できない国内市場に見切りを付けて、海外に活路を求める企業が増えている。海外取引の知識や経験の全くない企業が、引き合いに応じて取引を始めてしまうのだから、必然的に、事故やトラブルが発生する比率も高くなる。次項では、日本人が陥りやすい代表的な過ちを4つ紹介しよう。

図表5　2001年～2008年における日米の企業倒産件数

〈米国〉

| 年 | Total | Chapter 7 | Chapter 11 | Chapter 12 | Chapter 13 |
|---|---|---|---|---|---|
| 2001 | 40,099 | 23,482 | 10,641 | 383 | 5,542 |
| 2002 | 38,540 | 22,321 | 10,286 | 485 | 5,361 |
| 2003 | 35,037 | 20,631 | 8,474 | 712 | 5,138 |
| 2004 | 34,317 | 20,192 | 9,186 | 108 | 4,701 |
| 2005 | 39,201 | 28,006 | 5,923 | 380 | 4,808 |
| 2006 | 19,695 | 11,878 | 4,643 | 348 | 2,749 |
| 2007 | 28,322 | 18,751 | 5,736 | 376 | 3,412 |
| 2008 | 43,546 | 30,035 | 9,272 | 345 | 3,815 |

Source : U. S. Courts, Total Business Filings

〈日本〉

| 年 | 倒産件数（負債総額1千万円以上） | 負債総額 |
|---|---|---|
| 2001 | 19,164 | 16兆5,196億3,600万円 |
| 2002 | 19,087 | 13兆7,824億3,100万円 |
| 2003 | 16,255 | 11兆5,818億4,100万円 |
| 2004 | 13,679 | 7兆8,176億7,500万円 |
| 2005 | 12,998 | 6兆7,034億5,800万円 |
| 2006 | 13,245 | 5兆5,005億8,300万円 |
| 2007 | 14,091 | 5兆7,279億4,800万円 |
| 2008 | 15,646 | 12兆2,919億5,300万円 |

出所：東京商工リサーチ

# 6. 日本人が陥りやすい海外取引の過ち

## (1) 取引先を調査しない

　私のところに相談に来る企業に「取引先は調べましたか？」と尋ねると、おおよそ半数の答えはNOである。取引先の会社案内やホームページに書かれている会社の概要程度しかもっていないケースが多い。

　これは、大阪のある機械部品メーカーA社のケース。A社は、得意先である英大手機械メーカーの購買担当者からの紹介で、英国のB社と2年前に取引を開始した。このとき、B社は英通信機械大手メーカーの紹介ということで、B社に対する信用調査は行わなかった。取引は順調に拡大し、取引開始から2年を経過するころにはB社からの月間受注高は、5万ドルを超えるまでになった。そんなとき、取引規模の増加に応じて、支払条件を緩和して欲しいとB社より申し出があり、A社は過去の支払実績を考慮して、送金ベースでの注文を受けてしまった。納期どおり商品を納め、30日後の入金を待っていたが支払いはなかった。問い合わせに対しても少し待ってくれの一点張りである。ちょうどその時期に、A社の担当者が、大阪で開催された私のセミナーに参加して、海外取引の実態に初めて気が付き、後日相談に来たのだ。私の勧めでB社の信用調査レポートを取得したところ、B社の経営内容は驚くべきものだった。

　B社のレポートには格付けはなく、支払情報を見ると支払遅延は常態化していた。さらに、取引先からの回収代行履歴が20件近く記載されていた。A社はその後、懸命な回収活動を行ったが、結局回収できたのは日本円にして100万程度に過ぎなかった。

**図表6　日本人が陥りやすい海外取引4つの過ち**

(1) 取引先を調査しない

(2) 取引先を信頼しすぎる

(3) 契約書がない

(4) 支払条件の変更依頼に安易に応じる

　このように有力な取引先からの紹介であるという理由だけで、相手を信用して信用調査をせずに取引を開始する企業が多い。取引先を信用するのは良いが、実際に支払遅延が発生した場合、紹介した取引先が責任を取ってくれるわけではない。むしろ、そんなことでも言及すれば、その取引先との関係も悪化する可能性がある。A社のケースでは、定期的に信用調査レポートを取得していれば、未然にリスクを察知でき、無謀な決済条件での取引を行わなかったはずだ。IBMやマイクロソフトのような有名企業ならいざ知らず、未公開の外国企業の信用調査を行わないというのは、夜道に無灯で車を運転するようなものだ。いつ事故にあっても不思議ではない。取引開始に先立って、必ず信用調査レポートを取得していただきたい。そして、取引の重要度や信用リスクに応じては、取引開始後も定期的に調査を行う必要がある。

## (2) 取引先を信頼しすぎる

　これは中小企業の経営者によく見られるパターンだが、海外の取引先の経営者と家族ぐるみの付き合いをするあまり、ビジネスライクな手段を取れずに時を逸してしまうことがある。相手の人間性や過去の実績を信頼しすぎるあまり、支払期日が1年近く経過しても債務者の言い訳を真に受け辛抱強く待っている中小企業の経営者を見るにつけ、しのびない気持ちになる。

　外国人が奥さんを来日時に連れて来たり、家族ぐるみで日本人と付き合った

りするのは、親友になりたいからではない。ビジネスを拡大したいからなのだ。日本人がお客様を銀座や六本木で接待するのと同じである。これを誤ると痛い目にあうことになる。日本人同士でも相手が本当に信頼できるかどうかを見抜くのは至難の業である。外国人であればなおさら難しいに決まっている。ビジネス上の関係を個人的な関係と取り違えないこと、これは海外取引の経験が豊富になればなるほど、注意したいポイントである。

## (3) 契約書がない

　海外企業との取引に関しては、当社にも多くの相談が寄せられる。中には悪質なものも多く、完全にだまされたようなケースも見受けられる。そういう場合に契約書の有無を尋ねると、驚くべきことに8割の答えがNOである。相談者の多くは正式な契約書もなく取引を行っていて、しかもその理由はほとんど共通している。「今まで特に何の問題もなかったから」これが債権者の犯す最大の過ちである。何か起こってからでは遅い。もちろん契約は、口頭でも成立するし、申込とそれに対する受諾があれば成立する。しかし、クレームやトラブルが発生したときに、詳細な条件が詰まっていなければ大変なことになる。基本的に日本の常識は通用しないので、「〜するのが当たり前だろう」、「普通この種の契約では、〜と解釈される」というような常識論は通用しない。

　よく債権者が、債務者から突拍子もない提案や未払いの理由に激怒するケースが見受けられるが、ほとんどの場合、こうしたケースでは両者間には書面での契約が存在していない。確かに中国のように法治国家というよりも、人治国家と呼んだ方が良い国もある。また、書面の契約を交わしていても守られないことも多いのが現実である。しかし、契約書さえも存在しなければ、債権者としての権利はさらに弱いものになってしまうのだ。

## (4) 支払条件の変更依頼に安易に応じる

　過去の支払実績だけでバイヤーの信用度を判断し、支払条件の変更を安易に認めた結果、遅延債権を抱えてしまうことが実に多い。支払条件変更の提案が来たら、改めて信用調査レポートを取得するくらいの慎重さが必要である。その提案の背景には、バイヤーの信用状態低下の可能性があるからだ。信用が低下していて、銀行でL/C[*1]が開設できなくなっているケースもある。海外取引のトラブルの95%は、前払い、L/C以外の決済条件である。もちろん一般的に安全と考えられているL/Cでも、開設銀行が倒産すれば支払いは受けられない。保全されてない決済条件でも、D/P[*2]、D/A[*3]などの荷為替取引であれば、まだリスクが低いといえる。最悪なのが後払いの送金取引（Remittance）である。

　実に半数以上の支払遅延の決済条件は送金ベースである。第三者にしてみれば、よくもこんな無謀な決済条件で取引したものだと言いたくなるが、当事者

**図表7　海外取引の支払遅延における決済条件**

```
┌──────────────────┐
│ 海外取引の支払遅延  │
│ における決済条件    │
└──────────────────┘
          │
        50%超
          ↓
┌──────────────────┐
│  後払いの送金取引   │
│   （Remittance）    │
└──────────────────┘
```

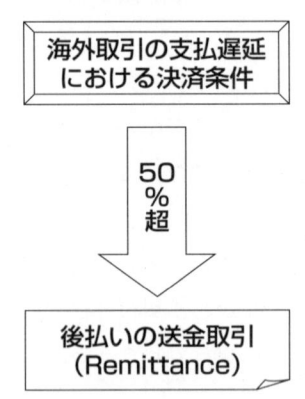

[*1] Letter of Credit（信用状）
[*2] Documents against Payment（支払時書類渡し）
[*3] Documents against Acceptance（引受時書類渡し）

には当事者の事情が色々とあるものだ。初めての取引先に対して、後払いにする企業はほとんどない。むしろ、今まで数年間の取引実績に基づき、取引先を信用して後払いの送金決済を承諾してしまうのだ。これは営業担当者と与信担当者が同じ、あるいは、同じ部門に属する場合によく見られる現象だが、営業の実績を要求されるものにとって、実績のある顧客からの支払条件の変更を断ることは時として非常に難しい。とくに、その顧客が年々購買額を増加しているケースではなおさらである。事後に第三者や引継者が取引経緯を見て、どうしてこんな無謀な取引をしたのだろうか、非難することが多いが、自分が当事者になるとなかなか客観的な判断はできないものである。こうした意味でも、会社としての与信方針や与信管理規定を策定し、決済条件を遵守することが重要である。

# 7. 与信管理規定の策定

　セミナーなどで参加者に、「海外取引向けの与信管理規定を策定している会社は挙手して下さい」と聞くと、大体1～2名程度しか手が上がらない。ほとんどの会社は海外向けの与信管理規定を策定していないのだ。国内取引を想定した与信管理規定を持っている企業は多い。しかし、海外向けとなると極端にその数は減る。例えば、カントリーリスク一つとっても、国内の与信管理規定では対応できないことがわかる。与信管理規定に日本国破たんのリスクを網羅している企業はないはずだ。しかし、ひとたび国境を越えビジネスをすると、そこには常にカントリーリスクが存在する。

　国内外を問わず与信管理の効率性を高めるカギは与信管理規定にある。与信管理規定とは、与信管理に関する会社の方針や規定を定めた書類で、平たく言えば、与信管理の社内ルールである。与信取引に関する会社の方針を反映したものであるとともに、業務フローに関するマニュアルのような存在でもある。「与信管理規定」とひとまとめにする場合もあれば、「与信方針」、「与信管理規定」、「回収マニュアル」などに分けて策定する場合もある。

　与信取引の対象法人の要件から、支払条件、与信限度額の設定方法、督促の方法や債権回収の手続まで規定してあり、何か予期せぬ問題が発生した場合の判断基準である一方、業務に関する疑問に答えるQ&A集であるともいえる。重要なのは、一つの与信管理規定で、国内外すべての取引を網羅することではなく、海外取引用の与信管理規定を別に策定することである。別冊が無理なら、最低でも既存の与信管理規定の中に海外与信管理用の章を1章設けていただきたい。海外向けの与信管理規定のない会社でも、必ずルールや手順は存在する。それを文章にまとめれば良いだけだ。初めは、A4サイズ1枚程度でも良いだろう。そして、年を追うごとに必要なルールを追加してゆけばよい。与信管理

規定には一般的に**図表8**のような項目が規定される。

**図表8　海外与信管理規定の目次例**

| 第1章 | 与信管理の目的と与信取引の対象 |
|---|---|
| 第2章 | 与信取引の申請 |
| 第3章 | 海外与信管理業務のフローと決裁権限 |
| 第4章 | 取引先の情報収集と格付け、カントリーリスク |
| 第5章 | 与信限度額の設定 |
| 第6章 | 決済条件 |
| 第7章 | 与信限度額の管理 |
| 第8章 | 取引先の管理 |
| 第9章 | 非常時の対応 |
| 第10章 | 遅延債権の対応 |

　与信管理規定は通常、審査や与信管理などの管理部門が外部のコンサルタントを活用して策定する。一般的には50万円～100万円程度かかる。もちろん、社内の人間だけで策定しても良い。当社でも「与信管理規定作成」というセミナーを定期的に行っているが、こうしたセミナーに参加した人が中心になって、与信管理規定を策定すればコストを抑えることができる。

　与信管理規定の策定で大切なことは、必ず国際部門や海外事業部など営業の現場の意見を吸い上げることだ。与信管理の目的はキャッシュフローへの貢献なので、管理部門の一方的な押し付けではいけない。例えば、申請から承認に何日もかかるような与信管理規定では、迅速な意思決定ができず熾烈な競合との争いに到底勝てない。現在の与信管理の効果を計りながら、リスクに対応し、かつ競争上不利にならない方針を策定することがポイントになる。

## 8. 組織における与信管理・債権回収の機能

　会社で与信管理や債権回収を担当する適切な部門はどこか？　組織における与信管理・債権回収機能については、本社で一括管理する「集約型」と各事業部門に権限を与える「分散型」に大きく分かれる。どちらにも一長一短があるが、前者は欧米企業に多く、後者は日本企業に多い。日本でも金融機関や総合商社などは前者の場合が多い。「集約型」の利点は、会社全体で首尾一貫した与信管理ができるということである。その反面、現場を無視した硬直的・官僚的な管理体制になる危険性がある。「分散型」の利点は、現場の意向に合わせて迅速かつ柔軟な対応が可能であることだが、プロフィットセンターであるがゆえ、売上や利益を追い求めすぎるあまり、リスクの高い顧客に無理な与信するなど、暴走する危険性も持ち合わせている。

　欧米企業と日本企業の体制における大きな違いは営業部門の役割にある。日本では、営業マンが審査や債権回収をするのは珍しいことではない。いやむしろ、「営業は代金を回収して完結する」、「優秀な営業マンは回収も得意だ」などとさえ言われる。しかし、欧米では与信管理や債権回収は営業の仕事ではないことが多い。営業効率が悪くなるからだ。営業の仕事の中心は契約の獲得や顧客フォローである。そこに、与信管理や債権回収などの業務が加われば、当然、効率は悪化する。また、各自の職務内容が明確な欧米では、営業の仕事は契約の締結までとはっきり定められている場合が多く、与信管理、債権回収など比較的境界線が曖昧になりがちな仕事を自主的に行っても誰からも評価されない。

　「集約型」の場合、確かに営業効率は良い。しかし、債権回収はあまり上手く行かないこともある。顧客と全く面識のない管理部門がいきなり出てくるよりも、顧客との関係を維持している営業担当者が回収をした方がスムーズに行

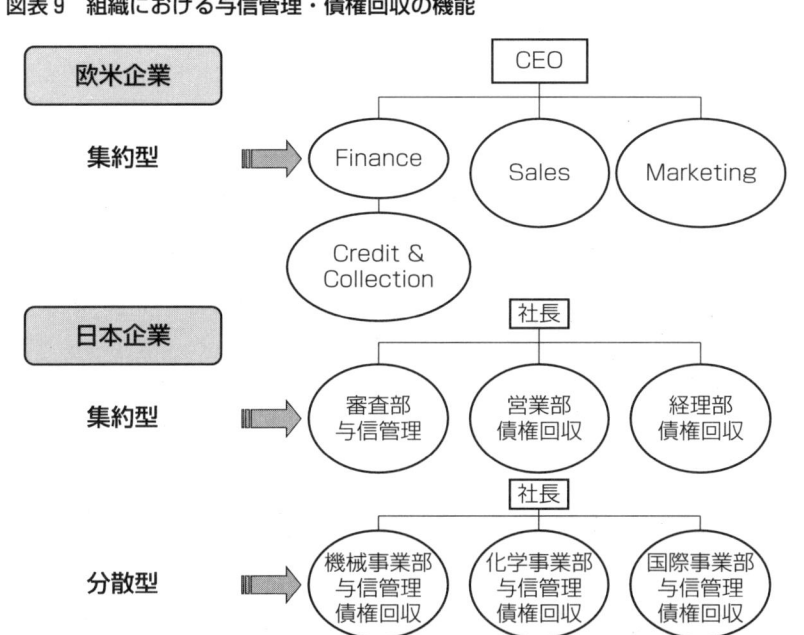

## 図表9　組織における与信管理・債権回収の機能

**欧米企業**

集約型 → CEO ─ Finance / Sales / Marketing　Finance配下に Credit & Collection

**日本企業**

集約型 → 社長 ─ 審査部（与信管理）／営業部（債権回収）／経理部（債権回収）

分散型 → 社長 ─ 機械事業部（与信管理・債権回収）／化学事業部（与信管理・債権回収）／国際事業部（与信管理・債権回収）

---

くことが多いからだ。一方、「分散型」の場合、営業効率は悪いが、債権回収は上手くいくことが多い。営業担当者と顧客との良好な関係を基盤に債権回収を行うため、時間と手間はかかるが回収に結び付くことが多いからだ。

　そして、もう一つの特徴は欧米では与信管理と債権回収（Credit & Collection）が一つの部門になっており、その責任者は審査部長（Credit Manager）と呼ばれ強力な権限を有していることだ。企業によっては、営業部門が申請してきた新規顧客との与信取引を拒絶するほどの権限がある。その代わりに、与信管理や債権回収の効率性や不良債権の発生に対する責任も問われることになる。欧米型の経営手法は日本に馴染まないことが多いので、「集約型」の与信管理体制を無理に採用する必要は全くないが、責任の所在が明確である点だけは欧米企業の管理体制を学んでいただきたいと思う。

## 9. 遅延期間と回収率の関係

### (1) 債務者の倒産

　英語では Accounts Receivable Perish（売掛金は腐る）という表現がある。**図表10**のグラフを見ていただきたい。これは、米国の Commercial Law League of America という弁護士や債権回収代行会社（Collection Agency）が所属する協会が発表したデータである。債権の回収率が時間の経過と共に減少していることがよくわかるはずだ。支払期日から3ヶ月遅延した債権は70％近く回収できるのに対して、1年遅延した債権の回収率は20％弱となっている。回収率は、回収できた案件の件数ではなく回収金額で換算したものである。例えば、1万ドルの債権であれば、3ヶ月の遅延では平均的に8千ドル回収できるのに対して、1年経過すると2千ドル程度しか回収できないことになる。

　欧米では、支払期日から90日以上遅延した債権は不良債権化する可能性が高いと考えられている。また、債権を時価評価する場合も、90日以上遅延した債権は評価額がゼロになることが多い。こうした理由で、90日を一つの目安に自社による回収活動から、債権回収代行会社や弁護士など外部を活用した回収に切り替える企業が多い。法人向けの小口債権を大量に抱えている企業では、90日以上の遅延債権は自動的に債権回収代行会社に委託するところもある。そのようにシステム上設計してあるのだ。一方、回収代行のビジネスが基本的に存在しない日本では、外部を活用する企業文化がない。1〜2年経過してからやっと重い腰を上げて、弁護士などに依頼する企業が多い。支払いを1年や2年も遅延させている取引先は、最後は倒産する場合が多いので回収率はきわめて低くなる。貴社でも、欧米企業に習い90日を一つのガイドラインと

**図表10　遅延期間と回収率**

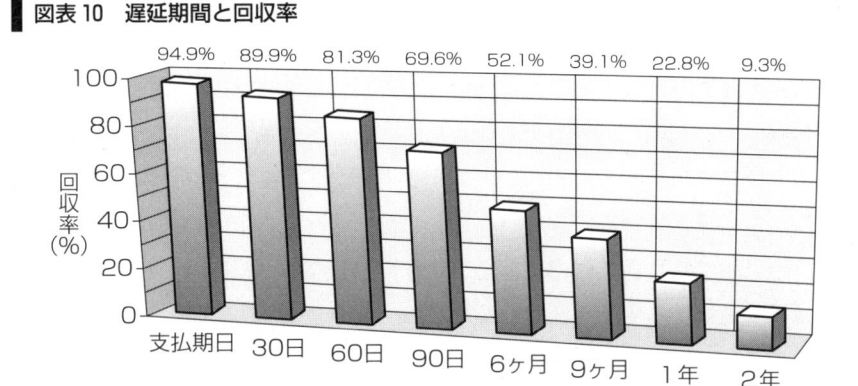

| 支払期日 | 30日 | 60日 | 90日 | 6ヶ月 | 9ヶ月 | 1年 | 2年 |
|---|---|---|---|---|---|---|---|
| 94.9% | 89.9% | 81.3% | 69.6% | 52.1% | 39.1% | 22.8% | 9.3% |

縦軸：回収率(%)

出所：Commercial Collection Agency Association, Commercial Law League of America

することをお勧めしたい。

　ではなぜ、時間の経過と共に回収率は低下するのだろうか。これには色々の理由があるが、取引先が倒産してしまうことが主要な理由の一つである。一般の債権者が、倒産した企業から無担保債権の売掛債権を回収できる可能性はほとんどない。ましてや海外の債権であれば、なおさらである。倒産には法的整理だけでなく、私的整理、開店休業状態や債務者の失踪なども含まれる。連絡先も不明で督促さえできなければ、当然回収はできない。日本の債権者が海外の債務者の移転した所在を突き止めるのは至難の技である。これ以外に、回収率が低下する理由としては次のような要因が挙げられる。

## (2) 担当者の交代や組織変更

　海外の企業は担当者がよく変わる。総じて離職率が高いからだ。簡単に従業員を解雇できない日本と違って、海外では解雇も簡単にできる。よく、米国の金融機関の大量リストラのニュースなど見ると、ビルから段ボールを抱えて出てくる社員が映し出されている。あれは、私物の入った段ボールである。ほとんどの人は、その日に突然解雇されることが多く、荷物を事前にまとめる余裕

などない。このような状況で、業務の引き継ぎなどできるだろうか？　ましてや、厳しい会社になると、ランチから会社に戻ると、入り口で警備の人にビルへの入館をとめられる。あなたは解雇されたからビルには入れないと言われる。解雇の腹いせや転職先への手土産代わりに、顧客リストなど企業の機密情報を持ち出す行為を防止するためにこのような措置をとる会社まである。引き継ぎどころから同僚に挨拶もできない。こうしたドタバタの中で請求書が紛失しても全く不思議ではない。国内ではあまり考えられないが、海外では担当者の交代や組織変更による支払遅延はかなり多い。

## (3) 優先順位の低下

　債務者は、意識的にせよ無意識にせよ、支払いの優先順位を持っている。そして、国内の債権者にくらべて、海外の債権者は総じて優先順位が低い。大抵は、国内の金融機関、国内の重要な取引先、国内の取引先、海外の取引先というように、後回しにされるケースが多い。さらに、現在の債権者と過去の債権者では、当然、現在の債権者が優先される。リスク管理の観点からは、支払遅延の発生した顧客との取引は見合わせるべきだ。しかし、債権回収の観点からは、取引が継続している方が債権回収できる可能性が高くなる。取引が継続していれば現在の取引先になるので、支払いの優先順位が上がるためだ。海外の取引先として、ただでさえ優先順位が低い中で、時間の経過と共にさらに優先順位を低下させない努力が必要である。

## (4) 債権者のモティベーションの低下

　1年以上もの長きにわたり遅延債権の回収を担当すると、担当者は回収の可能性を疑い始め、モティベーションは低下し、回収活動は精彩を欠くようになる。人間誰しも後ろ向きの仕事はしたくないものである。ましてや、自分がその原因と作ったならばまだしも、他人の失敗やミスの後処理だけを任される方

### 図表11　遅延債権を回収できなくなる4つの理由

（1）債務者の倒産
（2）担当者の交代や組織変更
（3）優先順位の低下
（4）債権者のモティベーションの低下

は大変である。「何でこんな後始末を俺がやらなければならないんだ」「もう回収できないからさっさと会計処理すればいいのに」というのが、大抵の会社員の本音である。無理もない。たとえ回収できたところで、自分の成績や給与にも反映されない業務ならば、適当にやっておくのが人間の本性だ。

　こうした人をモラルが低いと責めるのではなく、会社としての仕組みを構築することが重要である。つまり、不良債権の責任の所在や遅延債権の処理手順を会社として決めておくことだ。とくに遅延債権をどの時点で、会計上償却するのか、可能であれば無税償却していくのか、目安となる基準を設けることが重要である。人間は、「回収できるまで永久に回収し続けろ」と言われれば、やる気が起きないが、来年の3月末と期限が定まればその期限までに回収しようと奮闘するものである。

# 10. 与信管理の効果測定

　欧米では与信管理、債権回収業務を担当する責任者が Credit Manager であることは述べた。彼らは与信管理の業績によって評価されるのだが、その評価を決定する重要な指標が DSO：Days Sales Outstanding（売掛金回転日数）である。日本でよく使われる同種の指標に「売上債権回転率」があるが、これは受取手形を含む売上債権の売上高に対する回転率であるのに対し、DSO は主に売掛金の平均的な回収日数を表したものである。海外では約束手形がほとんど使われていないため、こうした指標は売掛金に関する数値であると考えた方が良い。この DSO を短縮させることが、Credit Manager の重要な任務となっている。

　業種にもよるが、日本企業の平均は 50〜60 日であるのに対して、米国では 40 日〜50 日、英国では 60〜80 日となっている。これは日本企業の回収効率が決して悪いわけではなく、決済条件、サイトの違いによるものである。日本では締め日制度による支払方法が一般的なため、締め日から 30 日の後払いでも、売上の計上から最長 60 日間与信していることになる。60 日のところを平均して 50〜60 日で支払われているということは、ほとんど遅延していないことになる。これに対して、米国では Net 30、英国では Net 60 が一般的な支払条件である。支払期日は純粋に 30 日、60 日後であるから平均的に 10 日〜20 日は遅延して払われていることになる。

　DSO 以外の測定指標としては、Aging Analysis（売掛金年齢分析）などがある。エイジング（売掛金年齢表）とは、売掛金を年齢（月齢）、つまり請求日や支払期日からの経過期間で分類した一覧表のことである。通常は、「期日前」「30 日未満」、「60 日未満」、「90 日未満」、「90 日以上」の 5 分類で管理するのが一般的。そして 90 日以上の遅延債権の比率を極力低くしていくことが Credit

## 図表12　与信管理の効果測定

(1) DSO＝Days Sales Outstanding　売掛金回転日数

$$\frac{売掛金}{売上高} \times 365$$

50〜60日以内

(2) Aging Analysis　エイジング分析

$$\frac{90日以上の遅延債権}{与信残高}$$

0.1〜1％以下

(3) Bad Debt Ratio　不良債権比率

$$\frac{不良債権額}{売上高}$$

1〜3％以下

Managerに求められる。売掛金に対する90日以上の遅延債権の割合を、全体の与信残高の0.1％〜1％以下にすることを目標にしている企業が多い。

　不良債権比率も与信管理の効率性を計る指標として使われる。一般の事業会社の場合は、売上高の1％程度、金融機関やノンバンクなどの場合は3％程度が目安になる。ただ、不良債権比率はあくまで結果としての数値であり、DSOやエイジングを使って日常的に売掛金を管理し、遅延債権の長期化を防ぐことが大切である。自社の与信管理、債権回収の効率性を判断する上で、自分の会社の数値を調べてみると良いだろう。もし、これら3つの数値が目安の値より優れていたとしたら、自社の会社の与信管理、債権回収は非常に効率的でうまく行っているといえる。反対にあまりにも大きくかけ離れている場合は、与信方針の見直しや与信限度額の設定方法の変更など会社全体の与信管理の体制を再検討する必要がある。その上で、この3指標を改善する目標を設定していただきたい。

## COLUMN
## 海外出張 こぼれ話 **インド**

　私は以前にインドでセミナーを行ったことがある。日系企業からの依頼で、現地のスタッフに対して英語で与信管理について講義するという内容だった。講義内容自体は、いつも話していることであり、それが英語になっただけでさしたる問題があったわけではない。米国や英国など、ネイティブスピーカーの前であれば多少緊張もするが、インドであれば、同じ外国人同士で双方外国語を話しているに過ぎない。しかし、インドでのセミナーは私の予想を遙かに超えていた。

　セミナーを開始して10分も経たないうちに、参加者の一人が質問をした。それが皮切りとなったように、次から次へと質問が来るのだ。セミナー開始から30分の間に、20人ぐらいの参加者が全員質問をしたはずだ。中には、何度も質問する人もいた。質問を終えた後は、おとなしく私のセミナーを聞いてくれた。もちろん、その都度質問を挟みながらである。議論好きの国民性とは聞いていたが、これほどまでとは思わなかった。

第2章

# 海外の信用情報を分析するポイント

# 1. 海外の取引先の信用調査と情報収集

　取引先の信用調査を行うことは海外の与信管理の基本である。新規取引先はもちろんのこと、既存取引先についても定期的な調査を実施していただきたい。信用調査のための情報収集は大きく外部情報と内部情報に分かれる。外部の調査会社を活用することはもちろん、与信取引申請書やトレード・レファレンスなどを活用して自社で情報を収集することも大切なポイントである。また、情報源というと外部をイメージする人が多いが、自社内の情報も重要な信用情報である。代表的な内部情報としては、取引実績と営業担当者による定性情報がある。取引実績に関する情報共有はほとんどの会社で実施されているが、営業担当者による定性情報は担当者レベルや営業部門内でのみ共有されているケースも多い。営業担当者が入手する定性情報は、他では決して入手することのできない貴重な情報源であるので、関係部門が必要なときに閲覧できるようにしておくことが大切である。紙ファイルでの情報共有でも良いが、データベース上に保存し、社内LAN等で関係部門すべてがアクセスできる形が望ましい。

　外部情報を活用する目的は、内部情報で入手できない項目をカバーしたり、顧客の申告ベースで入手した情報の正当性を検証したりすることにある。国内の取引先であれば、営業担当者が連絡を取ったり訪問したりすることによって、各種情報を収集することが可能である。しかし、これが海外の取引先となると入手できる情報にはおのずと制限が生じる。海外に支社や支店があれば良いが、出先機関がない場合は、よほど取引金額が大きくない限り、頻繁に日本から担当者を出張させるわけにもいかない。したがって、日本にいながらにしていかに多くの情報を入手できるかがポイントとなる。海外の取引先信用調査の主な情報源は次のとおりである。

　顧客から直接入手できる情報も貴重で、とくにインターネットが発達した現

第 2 章　海外の信用情報を分析するポイント

| 図表 1　信用調査の主な情報源 |

〈外部情報〉
（1）顧客
（2）顧客の取引先
（3）取引銀行
（4）信用調査会社
（5）登記所、裁判所、行政当局、証券取引所
（6）インターネット
（7）海外の新聞、雑誌、業界紙
（8）各国の大使館、投資促進センター
（9）JETRO、日本貿易保険
（10）NACM

〈内部情報〉
（1）取引実績
（2）営業担当者からの定性情報

在では顧客のホームページから取得できる情報も意外に多い。取引先の経営危機に関する兆候を事前に察するには、企業の個別状況を把握することは大切だが、業種全体の状況も把握しておくことも同じように重要である。例えば米国では、National Association of Credit Management（NACM、全米与信管理協会）という業界団体がある。NACM は 1896 年に設立された米最大の与信管理や財務の専門家のための協会である。NACM には、Industry Credit Group と呼ばれる業界別の分科会が 750 以上もあり、定期的な会合の場で取引先の与信管理に関する情報交換が行われている。こうした分科会に所属すれば、業界の信用情報や最新動向を入手することができる。ここに挙げた情報源を活用すれば自社で十分に情報収集できるが、それとは別に第三者の客観的な評価を知る意味で、信用調査会社の信用調査レポートを取得する必要がある。信用調査レポートを読むポイントは後ほど解説する。

## 2. 与信取引申請書の活用

　欧米などで新規に取引を開始する場合、取引先に記入してもらうのが、Credit Application（与信取引申請書）である。日本では金融機関などを除き、顧客が直接記入することはない。むしろ、営業担当者が記入する稟議書のような形態を取ることが多い。業種によっては、「売掛口座開設依頼書」あるいは、「融資申込書」などとも呼ばれる。要は、後払いでの取引や融資の審査に際して作成する書類のことである。与信管理の情報源として取引先から直接情報を収集し、取引先を審査するためのツールでもある。ごく一般的な与信取引申請書を39ページに掲載した。これは米国で一般的に使われているものに過ぎないので、自社のニーズに合致したものにカスタマイズしていただきたい。作成のポイントは次のとおりである。

- 必要な情報が盛り込まれているか
- 顧客はこの情報提供に協力的か
- 顧客が情報提供しやすいように工夫されているか
- 顧客はこの情報の必要性を理解しているか
- この情報取得は合法的か

　与信取引申請書の記載項目は、各社各様だが最低限必要な項目は次のとおりである。

| |
|---|
| 正式社名 |
| 所在地 |
| トレードネーム |
| 企業形態 |
| 登記上の住所 |
| 担当者の名前・部署・役職 |
| 購買担当者名 |
| 電話・FAX番号 |
| 電子メールアドレス |
| オーナー・経営者・パートナー・主要株主の名前 |
| 住所 |
| 電話・FAX番号 |
| 銀行名 |
| 所在地 |
| 電話・FAX番号 |
| 電子メールアドレス |
| 口座番号 |
| トレード・レファレンスの企業名 |
| 担当者名 |
| 所在地 |
| 電話・FAX番号 |
| 電子メールアドレス |
| 商品・サービス |
| 財務諸表添付の有無 |
| 財務情報 |
| 与信取引額 |
| 月間平均購買額 |

**企業形態**

　企業形態を選択式にする場合もあるが、取引相手国が一カ国だけとは限らない。各国の法人形態を調べてすべて記載するのは現実的ではない。ここは記入式にして、顧客自らに書いてもらうようにした方が無難である。

## 担当者の情報

　海外の担当者は会社を転職することが多い。今までは、何の問題もなく債権を回収できていた取引先でも、担当者が代わるととたんに支払いが遅延することがよくある。だからいつ担当者が代わっても良いように、担当者のみならず直属上司、部門長、担当役員の名前や連絡先をはじめから入手することがきわめて大切である。経理の支払担当者の連絡先も知っておくのも大切である。

## ID 番号

　取引先が中小企業の場合は、代表者の名前、自宅住所、ID 番号、生年月日もきわめて重要な情報である。例えば、米国の場合は Social Security Number（社会保障番号）がそれに当たる。仮に代表者が会社を倒産させ、そのまま失踪してしまったようなケースでも、自宅住所、社会保障番号と生年月日がわかっていれば、Skip Tracing（追跡調査）により移転先を見つけやすくなる。他にも可能であれば、所有車のナンバーや配偶者の名前なども入手しておくと良い。

## 銀行照会

　日本でも行われる銀行照会だが、海外でも行われている。日本の場合は取引銀行や支店が同じなど、ある程度関係が確立されていなければ情報を入手できないことが多い。米国では取引に関係なく情報を照会できる。日本からの場合だと時差と言語の問題があるので、担当者の電話番号よりも FAX 番号やメールアドレスを記入してもらう方が効率的だ。

## トレード・レファレンス

　トレード・レファレンスは、与信取引申請書において最も重要な項目であるといっても過言ではない。トレード・レファレンスについては次節で詳しく説明するが、米国においてはこれを 3～5 社記載するように顧客に求めるのが一般的である。ほとんどの日本企業はこの便利な商習慣を利用していないが、是非活用すべきである。銀行照会と同じで担当者の電話番号よりも FAX 番号や

メールアドレスを記入してもらう方が良い。

### 図表2　Credit Application（与信取引申請書）の例

## Credit Application

Application is hereby made for the extension of credit.

**Company Basic Information**

| Company Name: | | Trade Name: | |
|---|---|---|---|
| Mailing Address: | | Country: | |
| Registered Address: | | | |
| Phone No.: | Fax No.: | | URL: |
| Company Registration No.: | | | Company Tax ID: |
| Legal Form (describe): | | | |
| Date of Incorporation: | | | |

**Shipping Address** (if other than mailing address)

| Street, City |
|---|
| State, Zip, Country |

**Owner & CEO**

| Owner Name: | |
|---|---|
| Owner Address: | Phone Number: |
| ID Number: | Date of Birth: |
| CEO Name: | Shareholders Name: |

**Payables**

| Contact Person: | Title: | Fax No.: | E-mail: |
|---|---|---|---|

**Bank Reference**

| Bank Name: | Branch: | Address: | |
|---|---|---|---|
| Contact Person: | Title: | Fax No.: | E-mail: |
| Bank Account No.: | | | |

**Trade References: (minimum of three references are requested)**

| Supplier | Contact Person | Fax No. | E-mail Address |
|---|---|---|---|
| 1. | | | |
| 2. | | | |
| 3. | | | |

I hereby represent that I am authorized to submit this application on behalf of the customer named above, and that the information provided is for the purpose of obtaining credit and is warranted to be true. I/we hereby authorize _____ Corp. to investigate the references listed pertaining to my/our credit and financial responsibility. It is agreed and understood that all necessary collection and legal expenses and interest (at ___% per year or state/country maximum) may be charged to debtor in the event of default or failure to pay for goods sold and delivered. I/we further represent that the customer applying for credit has the financial ability and willingness to pay all invoices with established terms.

| By: | Date: |
|---|---|
| By: | Date: |

**Purchasing Contact:**

| Contact Person: | | Fax No.: | E-mail: |
|---|---|---|---|
| Purchasing Manager: | Title: | Fax No.: | E-mail: |
| Office Address: | | Fax No.: | E-mail: |
| City: | State & Zip: | | Country: |
| (Non-Profit Accounts) Funding Agency: | | | |
| Agency Address (City, State, Zip) | | | |
| Agency Contact (Name, Title, Fax No., E-mail) | | | |

**Purchasing:**

| The following individuals will be placing orders: | | | | | |
|---|---|---|---|---|---|
| Placing orders on our behalf is deemed authorized.    SIGNATURE: | | | | | |
| Are Purchase Orders required to charge your account? | Yes | | No | | |
| Delivery Document is the Invoice. Is this sufficient? | Yes | | No | | |
| How many copies of the Invoice do you require? | 1 | 2 | 3 | 4 | 5 |
| Is special billing or vouchering required? | Yes | | No | | |
| (If "Yes", please describe and attach sample of required form[s].) | | | | | |

**Salesperson:**

| Type of Account: | | |
|---|---|---|
| Description of General Condition of Premises: | | |
| Premises are:     OWNED     RENTED     LEASED | | |
| How was account acquired? | Recommended Credit: | Applied Credit Amount: |
| Account Executive's Name: | Salesperson No.: | |
| Average Monthly Sales Amount (Forecast): | | |

**Company Financial Information:**

| Sales (mm/yy) *Indicate currency | ( ) | Profit (mm/yy) *Indicate currency | ( ) |
|---|---|---|---|
| | ( ) | | ( ) |
| | ( ) | | ( ) |
| Employees: | | | |
| Net Worth: | | | |
| Financial Statements Attached: | | Yes / No | |

Additional individuals may be added or changed with a FAX communication signed by an officer of the company

**財務情報**

　最近3ヶ年分の財務諸表を入手できれば一番良いが、実務上は入手できない場合のほうが多いはずだ。その場合、最低でも直近の売上高、純利益、自己資本額は必須項目として記載するように顧客に依頼する。1回の与信取引額と月間平均購買額は、与信限度額の設定に必要な情報なので必ず記載してもらうようにする。

## 3. 銀行照会の活用

　銀行照会をしっかり行っていたことで、破たん先から債権回収に成功したこんな事例がある。フロリダ州出身の社長がテキサス州でA社を経営していた。A社と取引を行うに際して、B社は銀行照会を行ったところ、毎月かなりの金額をフロリダ州の銀行に送金していることがわかった。数年後にA社が破たんしたとき、B社は直ちにA社の送金先であったフロリダ州の銀行口座を差し押さえて、債権の回収に成功した。他の債権者はこの情報を掴んでいなかったために、B社が他社に先駆けて回収することができたのだ。

　日本人が電話で銀行照会を行うのは、時差や言語の問題などでハードルが高いので書面で行うと良い。**図表3**は、NACMが推奨している銀行照会書のサンプルである。書面の上部（A）に照会先の企業に関する情報を記載して、下部（EとF）に銀行が取引内容を記載する構成になっている。A〜Eにおける主要な部分の趣旨は以下のとおりである。


Ⓐ：日付、照会先の企業名、住所、取引口座番号

Ⓑ：「上記の取引先が（　　　　　　ドル）の与信取引を申請しており、御行を照会先として挙げました。新規の取引先で与信実績がないため、下記の情報を提供いただければ幸甚です。」

Ⓒ：「本顧客に関する信用情報を更新しており、御行が照会先として挙げられました。取引内容は次のとおりです。取引開始年月（　　　　　　）、最高与信額（　　　　　　ドル）、決済条件（　　　　　ドル）、与信残高（　　　　　ドル）、支払実績（　　　　　ドル）、

Ⓓ：本書は下記にご返送下さい。
自分の名前、役職、社名、住所、電話番号、FAX番号

Ⓔ：当座口座： 取引開始年月（　　　　　）、平均預金残高（　　　　　　　ドル）

Ⓕ：融資：取引開始年月（　　　　　）、最高与信額（　　　　　ドル）、平均預金残高（　　　　ドル）、担保の有無と担保物件（　　　　　　　）、返済実績（　　　　　　）

## 図表3　銀行照会書のサンプル

### Request For Bank Credit Information

Ⓐ Date: _____  Re: _____
　　To: _____  Company
　　　 _____  Street Address
　　　 _____  City/State/Zip
　　　　　　　　　　　　　　　　　 Bank Account Number

Ⓑ □ The above referenced account has applied to us for business credit in the amount of $_____ and has given your bank as a reference. This is a new account for us with no prior credit experience. We would appreciate it if you would supply the information requested below.

Ⓒ □ We are in the process of updating our credit files on this customer. Your bank was given as a reference A summary of our experience includes: Opened: _____  High Credit: _____  Terms: _____
Balance Owing: _____  Payment Experience: _____.

Please return a copy of this completed form to:

Sincerely,

Ⓓ Name _____ Title _____
　 Company _____
　 Street Address _____
_____
Signature
　 City/State/Zip _____
　 Phone Number _____ Fax Number _____

(Inquirer to complete this section)

Ⓔ CHECKING ACCOUNT:　Opened: _____　Average Balance: _____
　　　　　　　　　　　　Returned Items: □Yes □No　Satisfactory: □Yes □No

Ⓕ LOANS:
Opened: _____ High Credit: _____ Balance: _____
Secured By: _____ Unsecured: _____
Payment History: _____

Opened: _____ High Credit: _____ Balance: _____
Secured By: _____ Unsecured: _____
Payment History: _____

Comments: _____
_____

Date: _____　　　_____  _____
　　　　　　　　　　　　　　 Bank Signature　　　　　　　Title

(Bank to complete this section)

Source : NACM

## 4. トレード・レファレンスとは

### (1) トレード・レファレンスとは

　トレード・レファレンス（Trade Reference）とは、取引照会、企業照会のことを指す。企業照会とは、銀行照会に対する言葉で、Trade Payment（企業間の支払い）に関する信用照会である。米英、とくに北米で一般的な商習慣である。この仕組みは簡単で、サプライヤー同士のネットワークのようなものである。例えば、サプライヤーAが、バイヤーBと新規で取引を開始する際に、バイヤーBの支払い振りをバイヤーBの主要サプライヤーCに照会して確認するという仕組みだ（**図表4参照**）。主要サプライヤーCは、あらかじめバイヤーBに担当者の連絡先を聞いておく。こうしたトレード・レファレンスを3〜5社に対して行うことで、支払いのトレンドをつかむ。与信管理規定で、トレード・レファレンスを最低3社と定めている企業が多い。

　こうしたトレード・レファレンスを体系的に収集して、レポートにして販売しているのが、D&Bをはじめとする欧米の信用調査会社である。ただし、信用調査会社のデータにおいては、サプライヤーの社名は一切開示されない仕組みとなっている。日本でも、同業者の担当者同士が顔見知りの間柄であれば、信用不安のある取引先について非公式の情報交換が行われている。トレード・レファレンスでは、顔も知らない相手同士がこうした情報を交換しているのである。トレード・レファレンスがオープンなネットワークであるのに対して、日本の情報交換は、クローズドなネットワークであるといえる。

　トレード・レファレンスで一般的に入手できる情報は、かなり重要な情報である。本当にこんな機密性の高い事項を教えてもらえるのだろうかと疑いたく

なる。もちろん、各企業の方針によっては、ほとんど情報開示してもらえない場合もある。それでも、多くの場合は、協力をしてもらえることが多いようである。日本では、こうしたことはまず考えられない。日本企業の審査部や、与信管理担当部門で見知らぬ企業から取引の照会にまず応じることはない。取引の有無さえも教えないのがほとんどだ。

　日本人からすれば、なぜ教えてもらえるのかとなるが、米英の人にしてみれば、なぜ教えてもらえないのかということになる。単純に商習慣が違うのだ。トレード・レファレンスで一般的に入手できる情報は下記のとおりであるが、この情報開示はあくまで任意であって、入手できない場合もある。情報を開示する側は、開示する情報はあくまで事実かつ過去のものに限定される点に注意が必要である。将来の取引に関する情報交換は独禁法に抵触する可能性がある。

| |
|---|
| 取引開始日 |
| 過去12ヶ月における最高与信額 |
| 与信残高 |
| 遅延債権の比率と期間 |
| 支払条件 |
| 担保の有無と種類 |
| 支払傾向や平均的な支払日数 |
| 直近の取引日 |

　トレード・レファレンスの一番のメリットは、非公開企業でも財務に関する情報が得られるという点である。支払金額と遅延期間との関係などを分析することで、顧客の支払いのパターンが見えてくる。こうしたパターンから実際のキャッシュフローが見えてくるわけだ。これは、まさに資金繰りそのものなので、キャッシュフロー計算書よりも実態に即した情報であるともいえる。トレード・レファレンスのメリットには、次のような点が挙げられる。

● **財務情報の非公開企業でも支払能力がわかる**
● **与信限度額設定の目安になる**
● **顧客の支払いについて定性的な情報が入手できる**

**図表4　トレード・レファレンスの仕組み**

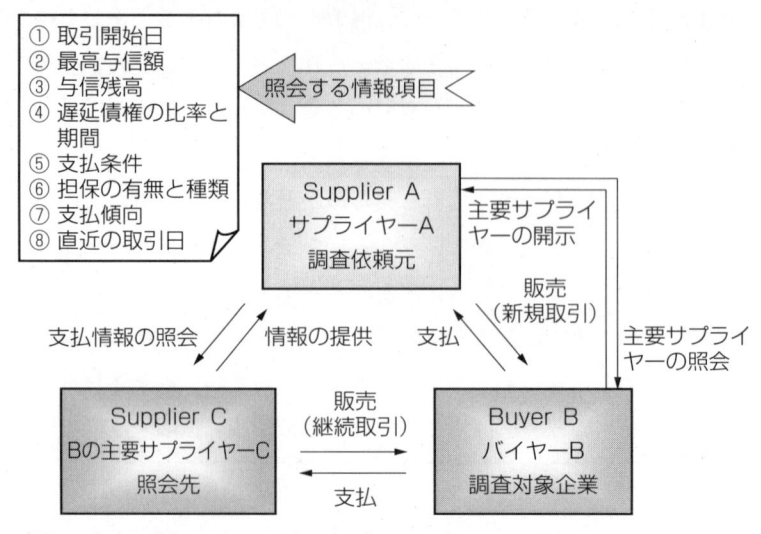

① 取引開始日
② 最高与信額
③ 与信残高
④ 遅延債権の比率と期間
⑤ 支払条件
⑥ 担保の有無と種類
⑦ 支払傾向
⑧ 直近の取引日

照会する情報項目

Supplier A
サプライヤーA
調査依頼元

Supplier C
Bの主要サプライヤーC
照会先

Buyer B
バイヤーB
調査対象企業

支払情報の照会／情報の提供／支払／販売（新規取引）／主要サプライヤーの開示／主要サプライヤーの照会／販売（継続取引）／支払

©Knowledge Management Japan Corporation

　反対に、トレード・レファレンスの問題点としては、顧客から照会先を教えてもらう場合に、顧客が支払いの良いサプライヤーや、関係の良いサプライヤーだけを教える可能性があるという点だ。これは、自社の信用を高く見せたい顧客の当然の行動である。これに対処するには、あらかじめ主要取引先を信用調査報告書などで調べておき、こちらが選んだサプライヤーの担当者名と連絡先を顧客に聞くという方法がある。こうすれば、顧客の恣意的な選択の余地は排除され、より客観的な支払情報の入手ができる。トレード・レファレンスの最大の利点は、全く面識のない者同士でも情報交換できるという点にある。これは海外の債権者にとっては非常に貴重なメリットである。日本企業も積極的にこの商習慣を活用し取引の照会を行うと良い。

## (2) トレード・レファレンスのガイドライン

　NACMでは、トレード・レファレンスを行う場合の八つのガイドラインを

定めている。これは、トレード・レファレンスを依頼する側、そしてトレード・レファレンスに回答する側の双方に対するガイドラインとなっている。

①Accuracy（正確性）
　トレード・レファレンスに応じるのは義務ではないが、応じる場合には情報のすべてを開示することが重要である。依頼者の与信判断に影響を与える可能性がある情報を隠さないことが大切である。

②Confidentiality（秘密保持）
　トレード・レファレンスにおいては、秘密保持が重要である。許可を得ずに依頼者や情報提供者などの情報源を開示してはならない。

③Reciprocity（相互関係）
　トレード・レファレンスを依頼する目的や取引金額は、依頼時に明示されなくてはならない。情報提供者は、依頼者からも有益な情報があれば提供されるという前提で情報を開示している。

④Disclaimers（免責条項）
　トレード・レファレンスに回答する場合は、免責条項や免責に関する通知を書面に記載しておくことが望ましい。

⑤Response（回答）
　トレード・レファレンスに対する回答には下記の情報を含めて良い。
　取引開始日・過去12ヶ月における最高与信額・与信残高・遅延債権の比率と期間・取引先の支払傾向

⑥Methods（手段）
　トレード・レファレンスに対する回答は、依頼を受けた手段と同じ手段で行

うのが一般的な商習慣である。例えば、郵便で依頼を受ければ郵便で回答する。一般的な回答期間は次のとおりである。

郵便：4営業日以内
電話：24時間以内
ファックス：48時間以内

⑦Documentation（書面化）
　電話での依頼や回答については書面で記録を残すことが望ましい。

⑧Charging（請求）
　企業により方針が異なるが、トレード・レファレンスに費用を請求することは推奨されない。

図表5　NACMが推奨する金額の表現方法

| Low | 1〜1.9 |
|---|---|
| Moderate | 2〜3.9 |
| Medium | 4〜6.9 |
| High | 7〜9.9 |

| Nominal | 〜$100 |
|---|---|
| 3　figures | $100〜$999 |
| 4　figures | $1,000〜$9,999 |
| 5　figures | $10,000〜$99,999 |
| 6　figures | $100,000〜$999,999 |

例：
$350,000　→　Moderate 6 figures
$60,000　→　Medium 5 figures

## 5. 企業信用レポートの読み方

### (1) 企業信用レポートで入手できる情報

　与信取引申請書、銀行照会、トレード・レファレンスなど自社で行う信用情報の収集方法をいくつか解説した。こうした情報を自社で行うメリットは、費用がほとんどかからない点であるが、時間と手間がかかるというデメリットもある。自社で信用情報を収集する人材がいない、時間がないという場合に重宝するのが、企業情報会社が提供する Company Credit Report（企業信用レポート）である。企業信用レポートで入手できる情報は総じて以下のとおりである。企業情報会社、国、レポートの種類によって入手できる情報にかなりの差がある。

| 企業の基本情報（社名・住所・経営者名・設立年・社員数） |
| --- |
| 格付けや企業評価 |
| 登記情報 |
| 経営陣の経歴 |
| 支払情報や回収代行の履歴 |
| 訴訟や判決の記録 |
| 担保設定に関する情報 |
| 取引先に関する情報 |
| 取引銀行からの情報 |
| 財務情報 |

　本書では、全世界で最も普及している企業信用レポート、D&B のダンレポート（Business Information Report）の米国版のサンプルを題材に企業信用レ

ポートの読み方を解説する。国によって情報項目や表現方法も若干異なるが、基本的な部分は同じなので、米国版を理解すれば、後は類推して理解できる。確認すべき重要なポイントは下記の6点である。

① 企業の基本情報
② 格付けや企業評価
③ 支払情報や回収代行の履歴
④ 担保設定に関する情報
⑤ 取引銀行からの情報
⑥ 財務情報

　なお、ダンレポートは、日本での独占販売権を東京商工リサーチが取得しており、日本では東京商工リサーチを通じて入手できる。また、上場企業の場合は、東京商工リサーチとD&Bの合弁企業であるダンアンドブラッドストリートTSRが窓口となっており、それ以外は東京商工リサーチが窓口となっている。
　株式会社東京商工リサーチ：http://www.tsr-net.co.jp/
　ダンアンドブラッドストリートTSR株式会社：http://www.dnbtsr.com/

※　ダンレポートの見本は巻末資料に収録。

## (2) 企業の基本情報でわかること

　英語圏では正式社名が、それ以外の国では英文社名が記載されている。当たり前のことだがまずは企業名を確認する。自分が依頼した調査対象企業に間違いないかを十分に確認する。自分が調査を依頼した企業ではないことに気付か

ずに、レポートをさんざん熟読、検討した後に、全く違う会社のレポートを取得したことに気付く人も少なくない。米国、英国の企業であれば、簡単に見分けがつくと思うが、ドイツ、フランス、イタリア、スペイン、ポルトガル語圏の会社になると、似た会社名で全く異なる企業の調査依頼を出してしまうケースも良くある。一番確実なのがDUNS（Data Universal Numbering System）：ダンズナンバーによる依頼である。

ダンズナンバーとは、全世界統一基準でD&Bが発行・管理する9桁の事業所識別番号。企業ではなく事業所の識別番号である点に注意が必要だが、全世界1億5千万件超の企業の本社や支店に重複なく付与されている。番号自体に意味をもたせていないというユニークな特性もある。さらに企業の親子・系列関係を網羅したリンケージ機能があるため、各企業の全世界と統一の取引先コードとして採用されることが増えている。電子商取引においても主要な役割を担うグローバルスタンダードの企業コードであるといえる。

米国では、連邦政府調達部が調達先の企業コードとして採用しているので、政府取引を開始する際に必要な取引申請書には調達先企業のダンズナンバーを記載する欄が設けられている。こうした、政府がらみの取組みがオーストラリア、カナダなどでも行われている。また国際連合、ISOなどでも企業番号として推奨されている。他にも、各種業界、団体での推薦、法務局とのデータ変換も進んでいる。

会社名を確認するときに一緒に会社形態も確認する。日本には株式会社、合同会社、合資会社、合名会社など複数の会社形態があるが、その国の商法に応じてこれと同じような会社形態が存在している。主要国の企業形態は覚えておくと良いだろう。また、正式社名ではなく通称、略称でしか取引先を知らないケースもある。名刺に記載されている社名や、レターヘッドに印刷された社名を正式社名だと勘違いしている場合も多い。ダンレポートでは正式社名の下にこのような表記を加えてトレードネームであることを示している。このような表記がある場合は、正式社名ではなくトレードネームだと理解する。トレードネームとは、正式社名以外にビジネスを行う上で使われている通称、略称であ

る。

dba=doing business as
T/A=trading as

　サマリー部分には、他に住所、最高経営責任者の氏名と役職、業種、SICコード、格付け、売上、純資産、設立年、従業員数、社歴、担保設定状況、財務状態などが記載されている。SICコードとは、Standard Industrial Classification Code（米国産業標準分類コード）のことで、4～8桁で表示されている。D&Bは、このSICコードを全世界で使用している。SICコードは、売上に応じて最大6コードまで付与される。売上や純資産の額の前には下記のような表記がついている場合もある。それぞれ、金額の根拠を示している。

| | | |
|---|---|---|
| F | → | Financial Statements（決算書の金額） |
| E | → | Estimate（推定の金額） |
| Proj. | → | Projection（予測の金額） |
| G | → | Group（連結決算の金額） |

　従業員数の後に、例えば（100 Here）と記載されていることがあるが、これは本レポートに表示されている住所に、100人が勤務しているという意味である。History（社歴）は、調査対象企業の社歴や経営陣の経歴に関する情報である。Clear（明確）となっていれば問題ないが、他には下記の表記がある。

Business　　：企業自体、親会社、子会社に倒産などの好ましくない情報がある
Management：経営陣に倒産などの好ましくない情報がある
Incomplete　：役員の経歴に不明な点あり

Financing（担保設定状況）には、銀行や取引先からの担保設定状況が表示されている。また、米国以外の国のレポートでは、Registered Charges（担保設定）という項目があり融資やその他取引の担保設定の有無について YES、NO で表示されていることもある。

Secured（担保設定あり）
Unsecured（担保設定なし）
Secured/Unsecured（取引によって担保設定ありと担保設定なしがある）

Financial Conditions（財務状態）は、文字どおり調査対象企業の財務状態を表し、下記の表記がある。

Strong（非常に良好）
Good（良好）
Fair（平均以下）
Limited（平均を大幅に下回る）
Unbalanced（負債と自己資本のバランスが悪い、債務超過）

## 6. 格付けの構成

　基本情報を確認したらまずは格付けを見る。格付けはレポート1枚目のサマリー部分に記載されている。D&Bの格付けはCredit Rating（信用格付け）であり、二つの要素から構成され、前半のアルファベットと数字が「純資産」を、後半の数字が「総合信用評価」をそれぞれ表している。

**図表6　D&B格付けの構成**

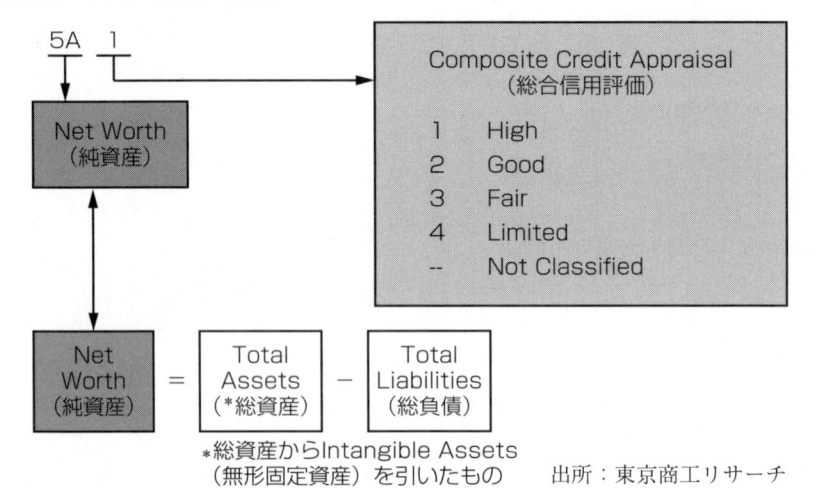

```
5A  1
 ↓  └──────→  Composite Credit Appraisal
 ↓                （総合信用評価）
Net Worth          1   High
（純資産）         2   Good
 ↕                 3   Fair
                   4   Limited
Net Worth  =  Total Assets  -  Total Liabilities
（純資産）    （*総資産）      （総負債）
                   --  Not Classified
```

*総資産からIntangible Assets（無形固定資産）を引いたもの

出所：東京商工リサーチ

〈純資産〉　HH～5A（米国の場合）

　純資産とは、無形固定資産を除く総資産から総負債を引いたもので資本に相当する。この分類は各国の経済力が異なるため国別に分類されている。一例を挙げると米国では、HHから5Aまで15段階に分類してある。HHは$4,999以下の純資産で、5Aは5千万ドル以上の純資産を示している。

〈総合信用評価〉 1～4

　総合信用評価は全世界共通で4段階に分類されている。1は最も与信リスクが低く、4は最も与信リスクが高いことを意味する。各評価の意味は下記のとおりである。

High　　：minimal risk（最小のリスク）
Good　　：low risk（低いリスク）
Fair　　：slightly higher risk than average（平均より少し高いリスク）
Limited：high risk（高いリスク）

　この4段階は、企業情報を次の4項目について分析した結果に基づき評価されている。格付けの評価基準は明確に規定され、概要は公表されているが、具体的な基準は公表されていない。

● 　支払振り
● 　財務内容
● 　社歴
● 　経営陣の実績

　資産の各分類がさらに評点で分類されているので、例えば、米国であれば全部で60種類の格付けが存在することになる。これはあくまで格付けであり、企業の優劣を表した順位表ではないので注意が必要である。参考までに次ページ以降に米国企業の格付一覧と格付けの定義を掲載した。また、D&Bは銀行や保険会社などの金融機関などは格付けしておらず、従業員数で分類しているに過ぎない。

■ 図表7　米国企業の格付け一覧

| 記号 | 純資産額（US$） | High | Good | Fair | Limited |
|---|---|---|---|---|---|
| 5 | 50,000,000 and over | 1 | 2 | 3 | 4 |
| 4 A | 10,000,000 to 49,999,999 | | | | |
| 3 A | 1,000,000 to 9,999,999 | | | | |
| 2 A | 750,000 to 999,999 | | | | |
| 1 A | 500,000 to 749,999 | | | | |
| BA | 300,000 to 499,999 | | | | |
| BB | 200,000 to 299,999 | | | | |
| CB | 125,000 to 199,999 | | | | |
| CC | 75,000 to 124,999 | | | | |
| DC | 50,000 to 74,999 | | | | |
| DD | 35,000 to 49,999 | | | | |
| EE | 20,000 to 34,999 | | | | |
| FF | 10,000 to 19,999 | | | | |
| GG | 5,000 to 9,999 | | | | |
| HH | Up to 4,999 | | | | |

1 R：従業員10人以上
2 R：従業員1-9人

■ 図表8　銀行や保険会社等の格付け

| 表記 | 従業員数 | 表記 | 従業員数 |
|---|---|---|---|
| ER 1 | 1,000 and over | ER 6 | 10–19 |
| ER 2 | 500 to 999 | ER 7 | 5–9 |
| ER 3 | 100 to 499 | ER 8 | 1–4 |
| ER 4 | 50 to 99 | ERN | N/A |
| ER 5 | 20 to 49 | | |

出所：東京商工リサーチ

## 図表9　格付けの定義

| 1：High　以下の諸条件が満たされている | |
|---|---|
| 支払振り | 優良：いかなる遅延に関しても理由が適切 |
| 財務内容 | 財務諸表の定期的提出<br>通常2～3年分の対比データを掲載<br>健全な財務状態、業績動向上向き |
| 社歴 | 設立後最低1年、望むらくは3年以上経過 |
| 経営陣の実績 | 経営のあらゆる面で経験豊富<br>経営上の失敗や問題となる違法行為などがない |

| 2：Good　以下の諸条件のほとんどが満たされている | |
|---|---|
| 支払振り | 基本的に良好：遅延に関して理由が適切 |
| 財務内容 | 財務諸表の提出、安定した財務状態、業績動向通常良好 |
| 社歴 | 他条件が満たされていれば最低年数特になし |
| 経営陣の実績 | 所有者の経歴が明確<br>新会社の場合、過去に当該産業内での経験もしくは、前ビジネスを成功させた経験がある、経営上の失敗や問題となる違法行為がない |

| 3：Fair　信用しうるが、以下好ましくない諸条件考慮の必要あり | |
|---|---|
| 支払振り | 過度の遅延 |
| 財務内容 | 財務諸表の提出、財務状態不安定、<br>キャッシュフローの停滞、過度の借金 |
| 社歴 | 所有者の経歴が明確 |
| 経営陣の実績 | 十分な経験または当該産業における経験欠如の可能性<br>経営上の失敗、経営上問題となる違法行為等による影響を考慮する必要あり |

| 4：Limited　より以上の危険性あり、信用度に問題 | |
|---|---|
| 支払振り | 慢性のものを含めた過度の遅延 |
| 財務内容 | 財務諸表の提出、財務状態不安定、<br>より以上の損失と借金 |
| 社歴 | 所有者の経歴が明確 |
| 経営陣の実績 | 十分な経験または当該産業における経験欠如の可能性<br>経営上の失敗や、経営上問題となる違法行為等による影響を考慮する必要あり |

＊業務内容、立地条件、銀行取引、公的記録、一般的経済要素、産業もしくは当該地域等の状態等も格付けに影響を与える要因として考慮される。　　出所：東京商工リサーチ

# 7. 格付けの解釈

　格付けをどう解釈するかには様々な見解があるが、1～3を信用取引の対象としている企業が多い。その場合、4は対象外となり、前払い、現金、L/Cといった保全された決済条件のみ取引可能となる。そして、1～3についても、1に対してはオープンアカウントなどの後払いを認めるが、2と3はその他の情報を勘案して与信判断をしている企業が多い。いずれにしても取引先に3が付いている場合は、格付けだけでなくその他の情報を加味して判断することになる。格付けが2や3の場合、あるいは格付けがない場合は分析すべき情報は次のとおりである。

**支払情報**
**回収代行履歴**
**担保設定情報**
**銀行からの情報**
**財務情報**

　また、格付けには「- -」という表記もある。これは、純資産もブランク、総合信用評価もブランクという意味で、情報不十分のため格付けできなかったことを示す。必ずしも悪い財務状態を指すわけではない。情報不十分とはほとんどの場合、決算書が入手できなかったことを示すが、決算書が入手できていても支払情報が十分でないなどの理由でブランクになることもある。あるいは、倒産手続中の企業に対してもこの表記が見られる。
　また、米国のダンレポートでは、格付けの履歴がわかるようになっている。Summary Analysis（要約分析）という項目で、格付けと日付が並んで時系列で

## 第2章　海外の信用情報を分析するポイント

【用語の解説】

| 用語 | 意味 |
|---|---|
| Statement Date | 決算書の日付 |
| SIC No. | Standard Industrial Classification Number（米国産業標準分類番号） |
| Started | 設立年 |
| Worth | 純資産 |
| Employs | 従業員数 |
| History | 社歴、経歴 |

記載してある。Date Applied（格付けの付与日）というのが、その格付けが付与された日のことである。アジアなどのレポートでは、Previous Rating（以前の格付け）として、履歴というより現在の格付けに変わる前の格付けのみ表示されていることもある。

# 8. 支払情報とは

## (1) 支払情報の収集方法

　格付けで判断できない場合、Payment（支払情報）を分析する。支払情報とは、調査対象企業がサプライヤー、仕入先、調達先に決済条件どおりに支払いをしているかどうかに関する情報のこと。なぜこうした支払情報が一般的に公開されているのかは、日本人には理解しがたいものがあるかと思う。顧客の支払情報を第三者や、一面識もない会社に開示することは、日本では全くと言っていいほどない。それどころか、取引先でもない会社からこんな照会があっても、取引していることさえ第三者には明かさないことも珍しくない。一方、米英には前述したようにトレード・レファレンスと呼ばれる情報交換の商習慣がある。D&Bをはじめとした海外の企業情報会社では、こうしたトレード・レファレンスをうまく活用して、支払情報を体系的に入手している。

　例えばD&Bでは、D&B Trade Exchange Programという情報収集のプログラムがある。全世界の企業6,400社がこのプログラムに参加しており、銀行300行もこれに含まれる。毎月、D&Bに自社の売掛金の情報を無償で提供する一方で、他社が提供する売掛金の情報も無償で閲覧できる。ただし、現在は北米、欧州、アジアの3地域でプログラムが運営されており、地域をまたいだ形での情報の閲覧はできない。守秘義務の問題があるので情報提供者、つまりサプライヤーの社名は明かされない。もちろん、バイヤーの社名では検索でき、バイヤーの支払情報が入手できる。こうした、大規模なプログラムにより、D&Bでは年間5億6千万件超の支払情報を収集している。

　アジアの地域では、トレード・レファレンスなどの商習慣はないが、支払情

報は入手されている。これは、各社が提供する売掛金の情報には国際取引が含まれているため、アジアの企業が取引している米英のサプライヤーから情報が入ってくるためである。また、こうした地域の外資系企業では、本社の方針に従ってローカルでも売掛金の情報提供を行っているケースもある。そのため、アジア地域でも100万件超の支払情報が蓄積されている。

## (2) 支払情報の優位性

こうした取引先に対する支払情報はTrade Payment（企業間決済）と呼ばれ、取引先の信用状態を把握する代表的な定性情報として、海外では非常に重視されている。とくに最近では、決算書などの定量情報と比較してもその重要性が再認識されてきている。支払情報の優位性は次の3点である。

① **情報の入手しやすさ**
② **情報の鮮度**
③ **情報の正確性**

決算書などの定量情報と比較した支払情報の最大の優位性は、情報の入手しやすさである。ほとんどの国において公開企業の場合は、財務情報の取得は容易である。しかし、非公開企業の場合、財務情報が入手できる可能性はきわめて低い。中国やタイなど商法等で財務情報の公開を義務付けている例外的な国もある。反対に、日本のように会社法で公開が義務付けられていてもほとんど遵守されていない国もある。法律で義務付けられていなければ、財務情報が入手できるかどうかは、各企業の情報開示に関する方針による。一方、支払情報は取引相手から入手するために各企業の方針とは関係ない。複数ある取引先のいずれかが支払情報を開示していれば、情報を入手できる。

四半期決算などが義務付けられている公開企業と違って、非公開企業の決算は基本的に年に一度である。しかも、決算期から半年～1年近くたって、よう

やく前期の決算書が入手できることも珍しくない。ようやく入手できた決算書は、その企業の1年～半年前の財務状態を表していることになる。変化の激しい今の時代で、その分析がどれほど意味を持つというのだろうか。それに対して、支払情報は毎日更新されているために、早ければ当月の情報が遅くとも前月の支払情報が入手できることが多い。情報の鮮度が高いために、現在の企業の資金繰りを推測することができる。

公開企業でも不正会計や粉飾決算が明るみに出て社会問題になることがある。財務情報が公開されていない非公開企業の決算書の正確性は推して知るべしである。もちろん、監査法人等の監査は義務付けられてない。中国では、冗談のように決算書が3種類作成されているといわれる。一つは税務署向け、もう一つは銀行向け、最後は取引先向けである。一方、支払情報は取引先から入手するため、粉飾のしようがない。取引先と結託して、情報を操作する可能性がゼロとはいわない。しかし、支払いが遅延している顧客の指示に従って、支払いが期日どおりに行われたと情報を改ざんするサプライヤーがいるだろうか。情報の提供先が当事者でない分、情報の正確性は総じて高い。

## (3) 支払情報の弱点

これだけ優位性がある支払情報とて万能ではない。いくつかの弱点がある。例えば、網羅性である。支払情報は入手できたものだけ、信用調査レポートに記載されている。それが、その企業の取引全体の何割を代表しているのかは判断できない。また、トレード・レファレンスなど支払情報を交換する商習慣のない国では、情報が入手しにくい傾向がある。また、自社でCredit Applicationなどのツールを使って、支払情報を入手する場合の注意点は、企業は期日どおりに支払っているサプライヤーの社名しか挙げない可能性があるということだ。その場合には、任意に列記させるのではなく、こちらからサプライヤーを指定する方法もある。

# 9. 支払情報の見方

## (1) 早期割引

　北米などのダンレポートでは、支払振りが100点満点で点数化（Paydex）されている。各点数の意味は**図表10**のとおりである。期日どおりに支払い（Prompt）をしているのに、満点ではなく80点になっていることを疑問に思う読者もいるかもしれない。期日よりも早く払わなければ100点にはならないのだ。日本企業と海外企業のキャッシュフローに関する概念の差を示す評価である。手形取引が一般的ではない欧米社会では、期日どおりに顧客が支払いをすることはほとんど期待できない。手形の不渡りのような厳重なペナルティーが存在しないからだ。むしろ、「顧客に期日どおり、あるいは早く支払ってもらうにはどうすれば良いのか」という発想になる。そこで、インセンティブのあ

**図表10　Paydex Score**

| Paydex Score（支払いの点数） | Definition（定義） |
|---|---|
| 100 | Anticipated（金利差し引き払い） |
| 90 | Discounted（現金割引） |
| 80 | Prompt（期日払い） |
| 70 | 15　days slow（15日遅延払い） |
| 50 | 30　days slow（30日遅延払い） |
| 40 | 60　days slow（60日遅延払い） |
| 30 | 90　days slow（90日遅延払い） |
| 20 | 120　days slow（120日遅延払い） |

る支払方法、つまり早期割引が活用されることになる。欧米で使われている早期割引の支払方法には、Anticipation（金利差引払い）や Discount（現金割引）などがある。

　Anticipation とは、顧客が請求書発行前に支払いをすれば、請求金額の 1〜3％ を値引くという支払方法を指す。通常、サプライヤーからバイヤーに対して、こうした提案が契約時にされる。割引率なども事前に基本契約書などに記載する。これを積極的に利用して少しでもコストを削減しようとしている企業は、それだけキャッシュフローが潤沢であるとみなされる。実際、コスト削減策の代表的な手法の一つが、自社の調達や仕入の契約に Anticipation の条項を盛り込むことである。理論的には、この条項をすべての買いの契約に盛り込むことで、自社の調達コストを 1〜3％ 削減できることになる。

　一方、Discount は早期の支払いで割引が受けられる点は同じだが、契約単位ではなく請求書単位になる。サプライヤーから事前に打診があるわけではなく、ただ、請求書に早期割引のオプションが記載されているようなものだ。通常、請求日から何日以内に支払うと数％の割引を受けられる。これも資金が潤沢であるという解釈になる。現金割引は次のように信用調査レポートに表記される。


2 10 Net 30


　これは、請求書の日付から 10 日以内に支払いをすれば、請求金額より 2％ の割引が受けられるが、これを活用しない場合の支払期日は、請求日より 30 日以内という意味である。**図表11** で言えば、請求書の日付が 2009 年 12 月 13 日、早期割引適用の期限が 2009 年 12 月 23 日、支払期日は 2010 年 1 月 12 日となる。

### 図表11　2 10 Net 30 のパターン

2 10 Net 30
請求書の日付：2009 年 12 月 13 日
請求金額：＄10,000
早期割引適用の期限：2009 年 12 月 23 日
支払期日：2010 年 1 月 12 日

| 期間 | 支払金額 |
|---|---|
| 2009 年 12 月 13 日～23 日 | ＄9,800 |
| 2009 年 12 月 24 日～2010 年 1 月 12 日 | ＄10,000 |

　この早期割引の日数とパーセンテージは、いろいろな組み合わせがある。非常に興味深いのが、次のパターンである。

1 30 Net 31

　30 日以内に支払えば 1 ％の割引が受けられるが、支払期日は 31 日となっている。早期割引適用の期限と支払期日の差がわずか 1 日しかない。これこそはまさに、サプライヤーの 30 日で支払わせる意図を表した支払条件である。

## (2) 支払情報の留意点

　支払情報には、情報の件数、取引金額合計、最高与信額、与信残高、遅延期間、遅延金額、支払条件、直近の取引時期などが記載されている。北米においては、取引の多い上位 10 業種について、業種別の支払一覧も記載される。無論、わかるのは業種だけであってサプライヤーの社名は開示されない。実務的に見るべきポイントは次のとおり。

① **金額と遅延の関係**
② **業種と遅延の関係**

### ③ 業種と最高与信額

①を見ることで、少額の取引は期日どおりだが、高額の取引は遅延気味である、反対に高額の取引は期日払いだが、少額取引が遅延しているなどの傾向がつかめる。自社の与信額と近い金額の取引が期日どおりに支払われているかも確認する。②を見ることで、重要でない取引業者には支払いを遅らせているが、大口の仕入先に対する支払いは、期日どおりであるなどの傾向が読み取れる。また、自社と同業種の企業に対する支払いが期日どおりかも確認する。③については、同業種企業の最高与信額を確認することで与信限度額設定の参考になる。業種別の支払一覧以外にも、時系列の支払情報が記載される。ここには、過去24ヶ月の支払情報が最大80件記載される。ここでは、支払いの傾向がつかめる。過去には支払遅延がほとんどなかったのに、ここ数ヶ月、遅延が目立ってきたような場合は要注意である。

## (3) 回収代行の履歴

場合によっては、Paydex以上に重要なのが回収代行の履歴である。Other Payment Categoriesという項目に現金取引の履歴やサプライヤーからの否定的なコメント、Collection Agency（債権回収代行会社）に対する回収依頼の件数と金額が情報として記載される。その中でもとくにこの表記に注意が必要である。

#### Placed for Collection with D&B/Other

これはD&Bと提携関係にあるCollection Agencyに回収代行を依頼した記録があるという意味である。米国では遅延期間が90日を経過すると自動的に回収代行を依頼する企業もあるほど、Collection Agencyを利用することは一般的なことである。しかし、回収成功時にCollection Agencyに支払う成功報酬は15～40%ぐらいとかなり高率なため、債権の発生原因となった取引の利益

【用語の解説】

| 用語 | 意味 |
|---|---|
| Total Rcv'd | 支払情報の総数 |
| Total Dollar Amounts | 支払情報の合計金額 |
| Largest High Credit | 最高与信額 |
| W/in Terms | 期日払い |
| Days Slow | 遅延日数 |
| Now Owes | 現在の与信残高 |
| Past Due | 遅延 |
| Selling Terms | 支払条件 |
| Last Sale Within | 直近の取引 |
| Cash In Advance | 現金による前払い |

はおろか、原価割れさえも覚悟して債権者は回収代行を依頼している。つまり、回収代行を依頼した債権者は、自社での債権回収の可能性は低いと判断したことになる。審査をする上では、格付け、支払情報と同じくらい重視すべき情報である。ただし、比較的軽微の遅延であれば、請求書の紛失や金額の誤差による未払いなどが原因である場合もある。

# 10. 財務情報の注意点

　Finance（財務）の項目では、入手した財務諸表に関する情報が記載される。ただし、ダンレポートに限らず欧米の企業信用レポートでは、B/S（貸借対照表）やP/L（損益計算書）について要約程度のものが掲載されていることも多い。通常、3年分の財務情報が記載される。D&Bにとって財務情報の入手先は基本的に2通りしかない。公開企業に法律等で公開が義務付けられている財務情報か、調査対象企業から自主的に提出された財務情報である。非公開企業にとっては、D&Bに決算書を提出する義務はないので、財務情報が入手できないことも多々ある事は否めない。英文財務情報の読み方については、後章で詳しく取り上げる。

【用語の解説】

| 用語 | 意味 |
| --- | --- |
| Fiscal | 会計年度 |
| Consolidated | 連結の |
| Current Assets | 流動資産 |
| Current Liabilities | 流動負債 |
| Current Ratio | 流動比率 |
| Working Capital | 運転資本 |
| Other Assets | その他資産 |
| Worth | 純資産 |
| Sales | 売上 |
| Net Profit（Loss） | 純利益（損失） |
| Fixed Assets | 固定資産 |
| Accounts Receivable | 売掛金 |

| Inventory | 棚卸資産 |
| --- | --- |
| Accounts Payable | 買掛金 |
| Bank Loan | 銀行借入 |

# 11. 担保の設定状況

## (1) 訴訟と判決

　Public Filing（公的届出事項）には、裁判や担保設定など一般に公開、登記された情報が掲載される。主に次の4事項について記載がある。

### ①Suits（訴訟）
　調査対象企業が関わる、つまり原告か被告となっている係争中の訴訟に関する記録。訴訟金額、原告（被告）、理由を必ず確認する。とくに個人の被害者を原告とする集団訴訟などのケースでは、企業側が敗訴すると多額の賠償金が課せられる可能性があり、企業経営にインパクトを与えることがあるので注意を要する。

### ②Judgments（判決）
　調査対象企業が関わる、つまり原告か被告となっている訴訟の判決結果。調査対象企業が勝訴したのか、敗訴したのかはもちろん、敗訴した場合は賠償金額も確認する。

## (2) 先取特権と担保設定

### ①Liens（先取特権）
　法定担保権の一種で、会社が清算された場合の資産の分配において最も高い優先順位を有する担保権。主にTax Lien（税金の先取特権）とJudgment Lien

（判決の先取特権）とがある。Tax Lien については、数ドル程度の少額の設定が多く、税金の滞納を意味しているとは限らない。日本では、企業の清算時に債権者が配当を受ける優先順位は公租公課が最も高い。ところが、米国の破産法では税金の優先順位は必ずしも高くない。少額の税金に対しても、先取特権が設定され債権が保全される必要がある。米国の超優良企業でも、税金の先取特権が多数設定されていることは決して珍しくない。

②担保設定

UCC は Uniform Commercial Code の略で、米国統一商事法典と呼ばれる、米国の商法である。商法が一つしか存在しない日本と違い、州別に商法が規定されている米国では州間の商取引についてはこの UCC に規定されている。UCC に基づき Financing Statements（担保権設定登記書）を申請するので、UCC Filing と呼ばれる。ここでは主に売掛金などの債権、棚卸資産、設備機器などの動産、不動産以外の担保設定に関する登記情報が記載される。前述したように、欧米では日本と違って債権や動産の担保が中心である。したがって、こうした信用調査レポートにも、不動産の担保設定状況は記載されないが、動産の担保設定状況は記載される。

ここで見るべきポイントは、債権者が誰かということである。通常、銀行などの金融機関、ノンバンク、リース会社であることが多い。つまり、債権者の社名には Bank, Financial Services, Leasing という言葉が含まれていることが多い。ところが、稀に一般の事業会社とおぼしき社名が記載されている場合もあるが、これは要注意である。一般の事業会社が調査対象企業の仕入先であれば、仕入先が顧客の与信リスクが高いと判断をして、債権を保全するために担保を設定した可能性がある。債権者を確認したら、次に登記日を確認する。複数の登記日が近く、先を争うかのように設定されている場合は、信用不安が起きた可能性がある。仕入先との取引年数は 10 年以上なのに担保の設定は最近という場合も注意が必要だ。調査対象企業の与信リスクの悪化を感じ取った仕入先が、取引の継続条件として担保の差し入れを要求した可能性があるからだ。

さらに担保物件も確認すると良い。担保物件は特定されずに「売上債権すべて」、「仕掛品を含む棚卸資産すべて」という具合に広く設定されていることが多い。また、複数の担保権設定者がいる場合の優先順位は、登記の順序と同じである。担保の種類の欄に Assignment（譲渡）とある場合は、その担保権が優先順位も含めて譲渡されたものであることを意味する。Termination（抹消）とある場合は抹消された担保権を指す。

【用語の解説】

| 用語 | 意味 |
| --- | --- |
| Case No. | 訴訟番号 |
| Plaintiff | 原告 |
| Defendant | 被告 |
| Cause | 訴訟の理由 |
| Where Filed | 訴訟が提起された裁判所 |
| Status | 現状 |
| Dismissed | 棄却 |
| Collateral | 担保物件 |
| Filing No. | 登記番号 |
| Secured Party | 債権者 |
| Debtor | 債務者 |
| Assignment | 譲渡 |
| Assignee | 譲受人 |
| Termination | 抹消 |

## 12. その他の情報

### (1) Banking（銀行照会）

　調査会社が、銀行から入手した情報を記載してあるが、欧米の場合、情報源である銀行名は記載されない。欧米の場合は、平均預金残高、融資条件、融資額、担保の有無、などについて言及される。アジアでは取引内容は開示されず、取引銀行名や支店名、住所などが記載される。融資額は正確な金額ではなく目安程度になるが、銀行の融資枠を表している場合も多く、与信限度額設定の参考になる場合もある。

### (2) History（業歴）

　企業の沿革、株式の所有情報、経営陣の履歴、親会社、子会社、関連会社と出資比率などが記載される。D&Bでは、親会社が50％超の株式を所有している企業をSubsidiary（子会社）として認識し、それ以下はすべてAffiliate（関連会社）と位置付けている。これは国によって商法や会計基準も異なることと、企業系列を表すFamily Linkage（企業系列の紐付け）を構築するために、必ずUltimate Parent（最上位企業）を特定する必要があるためだ。日本によく見られる二つの親会社が50％ずつ出資する合弁企業の場合は、子会社とはみなされない。この項目に記載される経営者の学歴や職歴なども定性情報として参考になる。

## (3) Operation（業務内容）

　企業の業務内容、取引条件、顧客数、仕入先数、輸出入の有無、本社の広さや所有状況、支社や支店などが記載される。取引条件を見れば、調査対象企業の国内取引における一般的な回収条件や支払条件がわかる。また、ダンレポートでは唯一、不動産の所有状況についてもここで取り上げている。といっても、所有か賃貸かということと、占有面積、外観や立地程度のことしか記載されていない。

【用語の解説】

| 用語 | 意味 |
|---|---|
| Capital Stock | 資本金 |
| Wholesaler | 卸売企業 |
| Accounts | 顧客 |
| Facilities | 施設 |
| Location | 場所 |
| Branch | 支店 |
| Subsidiary | 子会社 |
| Affiliate | 関連会社 |

## 13. 格付け以外の判断材料

　海外の取引先の財務情報が入手できない、調査会社のレポートにも格付けがないことはよくある。もちろん、調査会社に財務情報を提出しない場合は、その企業の財務内容はあまり芳しくないと考えるのが一般的である。そこでその企業との取引については、決済条件を厳しくするという方針の日本企業は多い。あるいは、財務情報がなくても、限られた情報だけでリスクを判断しようとする企業もある。こうした場合の判断基準として活用できるのが、統計学的な分析による信用リスクの評価指標である。こうした評価指標の多くは、財務情報の入手できない企業の信用リスクを評価するために開発されている。そのために、財務情報がなくても、定性項目がある程度入手できていれば信用リスクを評価できる。もちろん、財務情報が入手されている企業のレポートにも、こうした指標は掲載されている。一例までに、シンガポールで使われている D&B の New Credit Risk Index（NCRI）を**図表 12** に掲載した。

　図表 12 に記載された倒産確率は、過去一定期間における倒産発生率で、各

**図表 12　NCRI の評価の意味**

| Risk Index Level | 所見 | 倒産確率（％） |
|---|---|---|
| RI 1 | 平均よりリスクはきわめて低い | 0.7 |
| RI 2 | リスクは平均より低い | 1.4 |
| RI 3 | リスクは平均的 | 1.7 |
| RI 4 | リスクは平均よりやや高い | 1.9 |
| RI 5 | リスクは平均より高い | 2.0 |
| RI 6 | 平均より 1.5 倍高いリスクがある | 2.5 |
| NA | データが不十分なため評価できない | ― |

出所：東京商工リサーチ

レベルの企業倒産件数をシンガポールの企業総数で割って算出した値である。NCRIの判断基準となる主な評価項目および配分は次のとおり。

- 企業情報（従業員数・業歴・D&Bの記録・法人形態・業種・系列・資本）　49%
- 支払情報（支払遅延の発生）　11%
- 財務情報（売上・自己資本・純利益・流動比率）　25%
- 公的情報（担保設定・訴訟記録）　15%

　ここでは、D&Bのシンガポールの事例を紹介したが、他のアジア諸国、米国や欧州でも同じような統計分析的なアプローチによるスコアが開発され、レポートに記載されている。こうしたスコアを参考にすることで、定性情報を単に主観的に判断するだけではなく、客観的な判断が可能になる。

## COLUMN
## 海外出張 こぼれ話　中国（1）

　中国の話題には事欠かない。どこで聞いたか読んだか失念したが、裁判に関するジョークである。ある老練な中国人の弁護士と、新進気鋭の若手中国人弁護士が裁判で争った。若手は、判決の出る前日、裁判官を徹底的に接待して勝訴のお膳立てをした。ところが、次の日人民法院に行って驚いた。なんと、裁判官が全員入れ替わっていたのだ。老練な弁護士は共産党上層部に働きかけをして、裁判官を入れ替えたのだ。当然、勝訴したのは老練な弁護士であった。中国では、コネや人脈が大切だといわれるが、もし裁判でもそれが通用するのであれば、法治国家とは呼べない。

# 第3章

# 取引先の分析と与信限度額の設定

# 1. 定性分析

## (1) 取引先の分析

　取引先の分析には Qualitative Analysis（定性分析）と Quantitative Analysis（定量分析）がある。通信簿でいえば、科目ごとの点数が定量分析であり、先生の所見が定性分析になる。大雑把にいえば、決算書の分析を定量分析といい、それ以外の分析を定性分析と呼ぶ。したがって、定量分析を Financial Analysis（財務分析）、定性分析を Non-Financial Analysis（非財務分析）と呼ぶこともある。

## (2) 定性分析

　決算書以外の分析はすべて定性分析になる。定性分析の項目は多岐にわたる。日本では企業分析で、ヒト、モノ、カネというが、欧米で良く行われる定性分析に Five C's of Credit（信用の５C）がある。これは Credit の C と各単語の頭文字 C の語呂合わせのことである。

① Character（特徴）
② Capacity（支払能力）
③ Capital（資本）
④ Collateral（担保力）
⑤ Conditions（経済状態）

## ①Character（特徴）

　法人形態、業種、業歴、地域、従業員数、事業内容、商品・サービス、強みなどを分析する。業界では上位に入る企業なのか、それともその他大勢の企業なのか知っておく必要がある。また、企業が主に立脚する市場の成長性や商品・サービスのライフサイクルなども頭に入れておきたい。一般的には業歴が長いほど信用リスクは低いと見られる。系列、親会社、子会社、関連会社の信用度も大切な要素になる。メーカーであれば、技術力、研究開発力、特許の有無、投資動向なども確認したい。

　経営者の経営能力の分析も重要である。大学では何を専攻したのか、経営者になる前はどの業界でどんな職種の経験を積んできたのか、経営経験がある場合は、その会社の経営は上手くいっていたのかなどを確認する。年齢や健康状態、倒産歴の有無も大切である。他の役員や経営幹部についても経営能力を分析する。

## ②Capacity（支払能力）

　ここでいう支払能力とは、主に短期的な支払能力を指している。定量分析でも支払能力は分析するが、決算書以外での支払能力の分析である。具体的には、支払情報や回収代行履歴の有無を確認する。遅延払いの有無や、遅延がある場合は金額や滞留期間も確認する。時系列で情報が入手できる場合は、傾向を把握することも大切だ。

## ③Capital（資本）

　返済の必要のない自己資本は、長期的な支払能力を示すともいえる。企業規模に対して十分な資本があるかどうかを見る。

## ④Collateral（担保力）

　実際に担保を取得するかどうかにかかわらず、担保力は常に把握する必要がある。主な担保物件は、海外では債権や動産が中心となるが、国によっては不

動産の担保評価をする必要性もある。担保設定の有無と担保が設定されていれば、債権者や金額なども確認する。

### ⑤Conditions（経済状態）

企業が存在する国における経済状態、カントリーリスク、業種の景況はもちろん、顧客の取引先を取り巻く経済環境についても把握する必要がある。そのためにはまず、顧客の主要顧客と仕入先を知っておかねばならない。季節要因が存在する業種なのかも大切で、例えば、米国の玩具業界は年間売上の4割近くを11～12月のホリデイシーズンに稼ぐといわれている。

当事者となっている係争中の訴訟や、経営に大きな影響を及ぼす判決などがないかも重要である。また、規制業種などの場合は法規制の変更が、経営に大きな影響を及ぼす可能性があるので、その国における法規制の動向にも注意する。

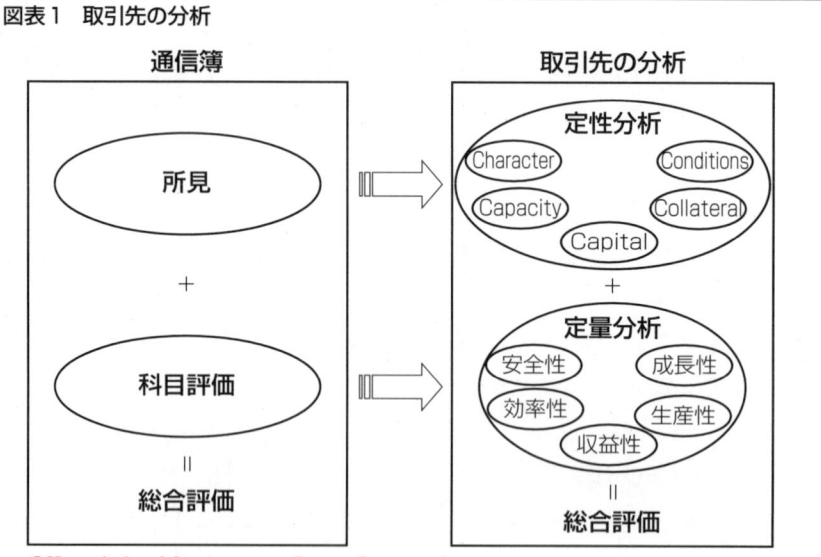

**図表1　取引先の分析**

通信簿
- 所見
- ＋
- 科目評価
- ＝
- 総合評価

取引先の分析
- 定性分析：Character、Conditions、Capacity、Collateral、Capital
- ＋
- 定量分析：安全性、成長性、効率性、生産性、収益性
- ＝
- 総合評価

©Knowledge Management Japan Corporation

## 2. 決算書の見方

### (1) 決算書の見方

　海外企業の財務分析はそれほど難しくない。もちろん、各国によって会計基準は異なるし、財務比率の計算式も多少の違いはある。しかし、分析の基本的な考え方は同じである。まずは、財務比率を計算する前に、決算書を読む必要がある。決算書を見るコツは「全体像を把握する」ことと、「数字を丸める」ことである。

**①全体像を把握する**

　「森を見て山を見ず」という表現があるように、決算書も細部にとらわれるよりもまずは全体を俯瞰し、取引先の財務状態を知ることが大切である。財務分析を行う前のウォーミングアップのようなものである。一度、大まかにとらえ傾向をつかんでしまえば、後は気になる点を細かくて見ていけばよい。

**②数字を丸める**

　財務比率の計算ではPCや電卓を使って計算するが、決算書を読む段階では計算する必要はない。数字を比較する程度で十分である。数字を比較する上で大切なのが、数字を丸めたり、桁を落としたりすることである。例えば、次の2つの数字の関係は一瞬では把握できない。

$$2,478,928,000$$
$$36,753,000$$

しかし、下記のように桁を落とし数字を丸めると、子供でもわかるようになる。25対4、つまり、25は4の6倍以上あることがわかる。

25

4

　これが、決算書を読む上で非常に大切な技術である。また、営業など非財務部門の人たちは、単位を入れて数字を読むのが苦手である。単位を数えてから数字を比較することになり、時間がかかる。ところが、こうやって数字を丸めれば、単位を数える必要もない。直感的に、2つの数字の関係が把握できるのだ。

## (2) Balance Sheet（貸借対照表）を見るポイント

　決算時点における企業の財政状態を表したのが貸借対照表である。企業の財産目録などともいう。バランスシートや、略してB/Sなどとも呼ぶ。貸借対照表を見るポイントは3つある。

① **純資産がプラスかどうか**
② **純資産と負債のバランス**
③ **流動資産と流動負債のバランス**

### ①純資産がプラスかどうか

　資産から負債を引いた残りが純資産である。95％以上の決算書では純資産はプラスになっている。しかし、中にはマイナスになっているものもある。こういう状態をNegative Net Worth（債務超過）と呼び、きわめて危険な財政状態である。一般的に、2期連続で債務超過が続けば企業は倒産する。2期連続の債務超過が上場廃止の基準になっている証券取引所もある。ほとんどの企業

では、債務超過の企業に対して与信はしない。銀行であれば、融資をすることはない。既存の取引先であれば、撤退を検討するのが普通である。債務超過というのは、それぐらい危険な財務状態なのである。仮に、取引先が債務超過であることがわかれば、それ以上の分析は不要である。債務超過の一言で分析結果を表現できる。したがって、一番はじめに見るポイントは、純資産がプラスかどうかなのである。慣れれば、10秒もかからずに確認できるはずだ。

### ②純資産と負債のバランス

純資産がプラスであることを確認したら、負債と比較する。負債は「自己資本」に対して「他人資本」と呼ばれる。企業のオーナーや株主から調達したお金ではなく、他人から調達したお金だからである。資本はオーナーや株主が出資したお金なので、返す必要がない。負債は、利子をつけて返済したり、支払期限が到来したら支払ったりしなければならないお金である。両者を比較することで、企業の財務の安定性がわかる。ここで役に立つのが、数字を丸めることだ。数字を丸めれば、一目でどちらが大きいかわかるし、どの程度の差があるのか、何倍なのかもわかる。簡単に言えば、純資産が負債より多いほど、安定した財務状態になる。反対に、純資産が負債より少なくなるほど、不安定な財務状態になる。

2期分の貸借対照表が入手できた場合は、純資産の増減にも着目する。純資産は元手と過去の利益の蓄積で構成される。したがって、純資産が増加しているということは、その会社の安定度が高くなったことを意味する。反対に、減少している場合は、安定度が低くなったことを意味する。そして、増加の原因が増資など資本の増加なのか、内部留保などの利益の蓄積なのかを見れば、さらに詳しい企業の財務体質が見えてくる。

### ③流動資産と流動負債のバランス

貸借対照表における流動資産の合計と流動負債の合計を比較することで、その会社の運転資金や資金繰りの余裕度が大まかにつかめる。だから、流動資産

から流動負債を差し引いたものを Working Capital（運転資本）という。流動資産が流動負債より多いほど、資金繰りに余裕がある。この場合、運転資本の額も大きくなる。反対に、流動負債が流動資産より多いほど、資金繰りが厳しくなる。この場合、運転資本はマイナスになる。つまり、支払いのために資金負担が生じていることになる。

### 図表2　英文の貸借対照表

**B/S　Balance Sheet**

| Assets | | Liabilities | |
|---|---|---|---|
| Current Assets | | Current Liabilities | |
| 　Cash | 10 | 　Accounts Payable | 25 |
| 　Accounts Receivable | 15 | 　Bank Loans | 15 |
| 　Inventory | 20 | 　Other Current Liabilities | 10 |
| 　Other Current Assets | 10 | 　Total Current Liabilities | 50 |
| 　Total Current Assets | 55 | Long-term Liabilities | |
| Fixed Assets | | 　Long-term Debts | 15 |
| 　Fixtures & Equipment | 20 | 　Bonds | 5 |
| 　Intangible Assets | 10 | 　Total Long-term Liabilities | 20 |
| 　Other Noncurrent Assets | 10 | Total Liabilities | 70 |
| 　Deferred Charges | 5 | **Equity** | |
| 　Total Fixed Assets | 45 | 　Capital Stock | 10 |
| Total Assets | 100 | 　Retained Earnings | 20 |
| | | 　Total Equity | 30 |
| **Assets** | **100 =** | **Liabilities　+　Equity** | **100** |

## (3) Profit & Loss Statement（損益計算書）を見るポイント

　会計期間における企業活動の結果、儲かったのか、損をしたのかを計算したのが、損益計算書である。Profit & Loss Statement、略してP/Lとも呼び、Income Statementと呼ぶこともある。損益計算書を見るポイントは2つある。

① 売上と利益の推移
② どこで赤字になったか
③ 従業員の推移

①売上と利益の推移
　最も基本的なことだが、売上と利益の推移を見ればその会社の財務状態はおおよその見当が付く。売上と利益の推移は、大まかに４つのパターンに分類できる。

● 増収増益　⇒　理想的なパターン。順調な業績。安定した財務状態。
● 増収減益　⇒　成長路線の踊り場。減益の原因が一時的か恒常的か。
● 減収増益　⇒　成熟あるいは再建中の企業に多い。新たな成長路線必要。
● 減収減益　⇒　最悪のパターン。危ない企業の前兆。不安定な財務状態。

　倒産する企業のほとんどは、前期や前々期で売上を減らしているといわれる。仮に、完全な決算書が入手できない場合でも、売上の推移を知ることは重要である。また、利益の推移を知ることで、翌期以降の赤字を予見することができる。

②どこで赤字になったか
　黒字の企業は①の分析でよいが、赤字の企業はどこで赤字になったかを知る必要がある。Gross Profit（粗利益）は黒字なのに、Operating Income（営業利益）が赤字の場合は、Operating Expenses（販売および一般管理費）に原因がある。企業が赤字に陥る最もよく見られるパターンである。売上を上げるか、販売および一般管理費を圧縮することで黒字にできる。通常は、両者を追求することになる。粗利益の段階ですでに赤字の企業はほとんどない。仮に、そういう企業があれば、その企業はビジネスモデル自体に大きな問題があると言わざるを得ない。つまり、100ドルで売る商品を120ドルかけて生産しているメーカー

であり、120ドルで仕入れた商品を100ドルで売っている卸や小売りである。大幅に売値を上げるか、原価や仕入れ値を下げない限り黒字転換できない。

　一方、Operating Income（営業利益）は黒字なのに、Net Profit（純利益）が赤字の場合は、Extra–Ordinary Loss（特別損失）に原因がある。特別損失は、一期限りの損失なので、翌期以降は黒字を確保できる可能性がある。反対に、Operating Income（営業利益）は赤字なのに、Net Profit（純利益）が黒字の場合は、Extra–Ordinary Income（特別利益）に原因がある。これは、いわゆる益出しと呼ばれる行為で、純利益を計上するために、子会社や部門などを売却して、今期限りの利益を計上する場合がある。やはり、翌期以降は見込めない利益なので赤字に陥る可能性がある。なお、日本で良く重視される経常利益という利益項目は、海外ではほとんど使われていない。営業利益で比較するか、Net Profit before Taxes（税引前純利益）で比較することになる。

**③従業員の推移**

　損益計算書に記載されていないが、従業員数の推移がわかれば、売上と比較することで企業の利益体質が見えてくる。売上は減少しているのに従業員が増えているようであれば、固定費の負担が重くなる。従業員数は、横ばいあるいは減少しているのに売上は上がっているとなればよい兆候である。利益も増加していればなお良い。また、①との比較で見るとさらに色々なことが見えてくる。例えば、従業員が増えている企業が増収減益だとすれば、順調な売上拡大を見込んで人を採用したが、人件費が負担になって利益が減少した可能性がある。

第3章 取引先の分析と与信限度額の設定

### 図表3　英文の損益計算書

## Profit & Loss Statement/Income Statement

| | |
|---|---:|
| Net Sales | 100,000 |
| Cost of Goods Sold | 60,000 |
| Gross Profit | 40,000 |
| Operating Expenses | 20,000 |
| Operating Income | 20,000 |
| Taxes | 4,000 |
| Net Profit after Taxes | 16,000 |

(C) Knowledge Management Japan Corp.

## 3. 欧米で一般的な財務比率

### （1） 財務比率の意味と目安の数値

　計算式を覚える必要は全くといって良いほどない。ほとんどの信用調査レポートでは、財務比率はすでに計算結果が記載されている。また、審査用に表計算ソフトを使った財務比率分析シートなどが社内に用意されている場合も、数値さえ入力すれば必要な比率が自動的に計算されてくる。計算する手間も入らないし、式を暗記する必要もない。重要なのは各比率の意味することを知ることである。

　また、各比率の値が大きい方が良いのか、小さい方が良いのかを知ることはきわめて重要である。日本の信用調査レポートでは、数値の理想形（値が大きい方がよいのか、小さい方が良いのか）を矢印で示してあるため、値が大きい方がよいのか、小さい方が良いのか一目でわかるようになっている。しかし、欧米の信用調査レポートでは、業種の平均値や四分位点が記載されているだけで、この知識がないと同業他社と比較して、調査対象企業の財務比率が良いのか悪いのか判断が付かない。

　さらに、各財務比率の目安となる数値を覚えておくとさらに理解が深まる。これも無理に暗記する必要はなく、財務比率の意味することを理解していれば、おのずと記憶に残るものである。すべての比率の目安値をはじめから覚えようとはせずに、代表的なものから始めれば良い。

## (2) Solvency（安全性の分析）

日本で使われている財務比率は、海外で使われている財務比率を訳したものが中心である。会計基準や計算式の違いなどはあるが、日本の財務比率を理解していれば、後は英語を理解するだけで足りる。海外企業の財務分析でも、次の3つの観点から分析することが多い。

**Solvency（安全性の分析）**
**Efficiency（効率性の分析）**
**Profitability（収益性の分析）**

与信管理上で最も重視されるのが、安全性の分析である。これは別名、支払分析とも呼ばれ、企業の支払能力を判断する重要な指標となっている。

### ①Current Ratio（流動比率）

これは短期の支払能力を判断する代表的な指標である。1年以内に支払期限の到来する Current Liabilities（流動負債）を返済するのに必要な Current Assets（流動資産）をどれだけ有しているかを見ている。日本では比率（％）で表現されるが、欧米では倍率で表すことが多い。短期の支払能力を表す一つの目安は、流動比率が2.0以上かどうかである。業種にもよるが、0.7～0.8を下回ると資金繰りが厳しくなるといわれる。

### ②Liquid Ratio（当座比率）

当座比率も流動比率と同じく短期の支払能力を見る指標だが、さらに厳しく流動性を分析している。当座比率は Acid Test（酸性試験）や Quick Ratio（当座比率）とも呼ばれ、簡単に企業の流動性を見抜くことができる指標と考えられている。流動負債に対して Liquid Assets（当座資産）がどれだけあるかを計算

した比率で、当座資産とは、Current Assets（流動資産）の中で、現金・預金や売掛金など現金性の高い資産を指す。したがって、流動比率と当座比率の大きな差は、棚卸資産の有無である。流動比率は棚卸資産を含めて流動性を分析するのに対して、当座比率は棚卸資産を含めずに流動性を見ている。流動比率は高いのに当座比率が低い企業は、総じて過剰な在庫を抱えていることが多い。当座比率の目安は1.0以上かどうかである。業種にもよるが、0.5を下回ると資金繰りが厳しくなるといわれる。

### ③Fixed Assets to Net Worth（固定比率）

固定資産への投資と自己資本の関係を分析する指標。現金化に時間がかかる固定資産への投資は通常、自己資本の範囲内で行うのが会計的には安全と考えられる。比率が低いほど安定性は高く、日本では目安が100%以下だが、欧米では75%以下が理想とされる。

### ④Total Liabilities to Net Worth（負債比率）

他人資本と自己資本の関係を分析する指標。自己資本比率とは表裏の関係にある。比率が低いほど安全性が高い。一般的な負債と自己資本との比率が6：4であることから、150%以下が一つの目安とされる。似た指標にDebt to Equity Ratio（D/Eレシオ）があるが、この指標では、有利子負債と自己資本の関係を倍数で表し、低いほど安全性が高くなる。一般的には、1倍が目安といわれる。ただし海外では、D/Eレシオが、負債比率と同義語に使われている場合もあるので注意を要する。

### ⑤Current Liabilities to Inventory（棚卸資産流動負債比率）

①〜④の比率は日本でもよく使われているが、⑤、⑥についてはほとんど使われていない。棚卸資産流動負債比率は、流動負債と棚卸資産の関係を見る指標。1年以内に支払期限の到来する流動負債に対して、棚卸資産を現金化することでどの程度対応できるのか分析する。比率が低いほど安全性が高くなる。

ただし、棚卸資産の価値は、売れ行きや市場の動勢によって変化するため、額面どおりに評価できない部分もある。この点を留意してこの比率を読む必要がある。

### ⑥Current Liabilities to Net Worth（自己資本流動負債比率）

これも日本では馴染みのない比率で、流動負債と Net Worth（自己資本）の関係を分析した指標である。流動負債を返済するのに、自己資本をどれだけ取り崩せばいいのかを見ている。この比率は割合（％）で表現されるが、数値が低いほどその会社は安定していることを意味する。一般的に 80％ を超えると、資金繰りが厳しくなるといわれている。

## (3) Efficiency（効率性の分析）

### ⑦Assets to Sales（総資産回転率）

企業の効率性を判断する最も一般的な指標。日本でもよく使われる比率だが、欧米では計算式が異なる場合もあるのでややこしい。日本のように、売上を総資産で割って回転数で表す場合と、売上に対する比率として％で表現する場合とがある。前者の計算式の場合は回転数が高いほど効率がよいが、一般的に 1～2 回転である。後者の計算式の場合は、比率が低いほど資産の効率性は高く、高いほど資産が有効に活用されていないことになる。ただし、極端に低い比率の場合は、急成長企業など経営の安定性に欠く場合もある。

### ⑧Days Sales Outstanding、DSO（売掛金回転日数）

別名 Collection Period とも呼ばれる。売掛金の回収効率を判断する指標。似た指標に売掛金回転率があるが、これは回転数で効率を表している。売掛金回転日数は、債権の回収に要する平均期間として日数で表現する。日数が少ないほど、債権回収の効率が高い。分子となる売掛金は貸借対照表の数値を使うの

が一般的だが、期中平均や2期分平均などを使う場合もある。厳密に言えば、分母は Credit Sales（信用売上）を使用するが、通常の売上でも良い。⑩の買掛金売上比率と比較すれば、その会社の資金繰りを垣間見ることができる。

### ⑨Sales to Inventory（棚卸資産回転率）

棚卸資産の効率性を計る指標。日本でも良く使われる効率性の指標の一つで、この比率が高いほど、棚卸資産の効率が良いことになる。ただし、同業他社に比較して極端に高い場合は、販売機会喪失の可能性があり、反対に極端に低い場合は不良在庫の疑いがある。一般的な目安は7〜10回転である。②の当座比率が極端に低い会社は、棚卸資産回転率も極端に低いことが多い。在庫がさばけずに、棚卸資産が陳腐化、不良化している可能性が高い。

### ⑩Accounts Payable to Sales（買掛金売上比率）

⑧のDSOと反対に、売上高に占める買掛金の割合を見る指標。日本では買掛金（仕入債務）回転率や買掛金（仕入債務）回転日数として回転数や日数で表すが、欧米では％で表現する。また、日本では売上ではなく売上原価と比較することも多い。この比率が低いほど健全性が高く、支払いのサイクルも早いことになる。反対にこの比率が高い場合は、支払いのサイクルが遅く、仕入債務過剰の可能性がある。

### ⑪Sales to Net Working Capital（運転資本回転率）

運転資本とは流動資産から流動負債を差し引いたもので、この運転資本をどれだけ効率よく、売上に転換しているのかを見るのがこの指標である。日本でははほとんど使われない。この比率が高いほど、少ない運転資本で効率良く売上を上げていることになる。ただし、同業他社に比較して極端に高い場合は、安全性に問題がないか安全性の指標を検証する必要がある。

## (4) Profitability（収益性の分析）

### ⑫Return on Sales（売上高純利益率）

　欧米の企業の収益性を判断する最も一般的な指標。ここでいう Return とは投資家にとっての配当の原資を意味し、Net Profit after Taxes（税引後純利益）ということになる。この比率が高いほど企業の収益性は高い。日本企業では1～3％が中心だが、欧米では5％以上が一つの目安となる。

### ⑬Return on Assets、ROA（総資産利益率）

　企業が保有する資産をどれだけ有効に活用して利益を上げたかを見る指標。言い換えれば、総資本に占める利益の割合を指す。この比率が高いほど企業の健全性は高く、収益力もある。日本企業では3～5％が中心だが、欧米では10％以上が高収益の目安とされる。

### ⑭Return on Equity、ROE（自己資本利益率）

　株主や投資家が出資した資本をどれだけ有効に活用して利益を上げたかを見る指標。言い換えれば、資本に占める利益の割合を指す。とくに、株式市場で重視される指標。この比率が高いほど企業の健全性は高く、収益力もある。日本企業では5～8％が中心だが、欧米では20％以上が高収益の目安とされる。

## 図表4　各財務比率

### (1) Solvency Ratio（安全性の分析）

| | | 計算式 |
|---|---|---|
| ① | Current Ratio（Times）<br>（流動比率） | $\dfrac{\text{Current Assets}}{\text{Current Liabilities}}$ |
| ② | Liquid Ratio（Times）<br>（当座比率） | $\dfrac{\text{Liquid Aseets}}{\text{Current Liabilities}}$ |
| ③ | Fixed Assets to Net Worth（%）<br>（固定比率） | $\dfrac{\text{Fixed Assets}}{\text{Net Worth}}$ |
| ④ | Total Liabilities to Net Worth（%）<br>（負債比率） | $\dfrac{\text{Total Liabilities}}{\text{Net Worth}}$ |
| ⑤ | Current Liabilities to Inventory（%）<br>（棚卸資産流動負債比率） | $\dfrac{\text{Current Liabilities}}{\text{Inventory}}$ |
| ⑥ | Current Liabilities to Net Worth（%）<br>（自己資本流動負債比率） | $\dfrac{\text{Current Liabilities}}{\text{Net Worth}}$ |

### (2) Efficiency Ratio（効率性の分析）

| | | 計算式 |
|---|---|---|
| ⑦ | Assets to Sales（Times or %）<br>（総資産回転率） | $\dfrac{\text{Net Sales}}{\text{Total Assets}}$ or $\dfrac{\text{Total Assets}}{\text{Net Sales}}$ |
| ⑧ | Days Sales Outstanding（Days）<br>（売掛金回転日数） | $\dfrac{\text{Accounts Receivable}}{\text{Credit Sales}} \times 365$ |
| ⑨ | Sales to Inventory（Times）<br>（棚卸資産回転率） | $\dfrac{\text{Net Sales}}{\text{Inventory}}$ |
| ⑩ | Accounts Payables to Sales（%）<br>（買掛金売上率） | $\dfrac{\text{Accounts Payable}}{\text{Net Sales}}$ |
| ⑪ | Sales to Net Working Capital（Times）<br>（運転資本回転率） | $\dfrac{\text{Net Sales}}{\text{Net Working Capital}}$ |

### (3) Profitability Ratio（収益性の分析）

| | | 計算式 |
|---|---|---|
| ⑫ | Return on Sales（%）<br>（売上高純利益率） | $\dfrac{\text{Net Profit after Taxes}}{\text{Net Sales}}$ |
| ⑬ | Return on Assets（%）<br>（総資産利益率） | $\dfrac{\text{Net Profit after Taxes}}{\text{Total Assets}}$ |
| ⑭ | Return on Net Worth（%）<br>（自己資本利益率） | $\dfrac{\text{Net Profit after Taxes}}{\text{Net Worth}}$ |

# 4. 経年比較と業種比較

　調査対象企業の財務比率分析が終わったら、次に、他の企業や過去の数値との比較を行う。こうすることで、相対的な財務力や財務の傾向が見えてくるようになる。比較の手法には、業種の平均値と調査対象企業の数値を比較する「業種比較」と調査対象企業の財務的なトレンドを見極める「経年比較」がある。複数年の財務数値を比較することで、より明確な企業像が浮かび上がってくる。

（1）Historical Comparison（経年比較）
（2）Industrial Comparison（業種比較）

## (1) Historical Comparison（経年比較）

　経年比較は日本と全く同じでよい。通常、3〜5期分行うが、情報が入手できない場合は、最低2期分でも比較できる。財務のトレンドを見るためのものなので、グラフ化するとさらにわかりやすく傾向がつかめる。また、財務比率だけでなく、各勘定科目の推移を3〜5期分見ると将来的な財務トレンドもある程度推測できる。環境変化への対応力など見る上でも経年比較と業種比較を両方行う方が望ましい。また、貸借対照表の資産科目と負債科目を比較したり、損益計算書の売上と費用項目を比較したりすることで、粉飾の可能性を発見できる場合もある。

## (2) Industrial Comparison（業種比較）

　日本でも業種比較は、政府の統計や調査会社のデータを基に行うが、海外でも同様である。業種平均値がD&Bなどの企業調査会社で入手できる。また、D&Bが出しているComprehensive Report（コンプリヘンシブ・レポート）などにも当該業種の平均値が記載されている。

　業種比較を行う場合に注意が必要なのが比較の対象である。日本では、業種別、資本金別の平均値や標準値が使われているが、欧米では四分位による統計分析が一般的である。業種における財務比率をLower Quartile（下位四分位点、第1四分位点）、Median（中央値、メジアン、第2四分位点）、Upper Quartile（上位四分位点、第3四分位点）で表現することが多い。データを小さい順（昇順）に並べ4等分にした場合の上位25%の点がLower Quartile、下位25%の点がUpper Quartileとなる。Medianは平均値ではなく、変数値を順に並べたとき中央に位置する値を指す。調査対象企業がどの四分位点を上回っているか、下回っているかを見れば業種における財務的な位置付けがわかる。

**図表5　四分位点**

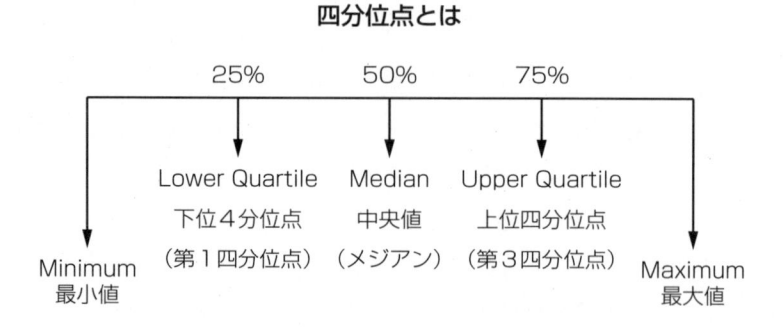

四分位点とは

|  | 25% | 50% | 75% |  |
|---|---|---|---|---|
| Minimum | Lower Quartile | Median | Upper Quartile | Maximum |
| 最小値 | 下位4分位点<br>（第1四分位点） | 中央値<br>（メジアン） | 上位四分位点<br>（第3四分位点） | 最大値 |

## (3) 粉飾決算を見抜く

　売上は横ばいで営業利益率が低下しているようなケースでは、費用科目は総じて横ばいか微増傾向であるのが一般的である。そうした中、一つだけ著しく減少している費用科目があれば、なぜその科目だけ大幅に減少したのか疑問が生じる。脚注やその他の定性情報でその疑問が解消できなければ、粉飾の可能性を検討する価値がある。とくに次の質問を常に自分に投げかけながら財務諸表を読むクセを付けると良い。

- 「売上と資産が実際はもっと少ないのではないか？」
- 「費用と負債が実際はもっと多いのではないか？」
- 「定量分析の結果と定性情報が矛盾していないか？」

　ただし、注意しなくてはならないのは、日本企業の粉飾決算を見破るのも非常に難しいところを、海外の企業、とくに非公開企業の粉飾を見破るのは至難の業である。むしろ、そのことに時間を割くよりは、情報は正確だという前提でまずは分析をしてみることである。そして、定量分析が完了した段階で、疑問がどうしても残るようであれば、定性情報との矛盾を再度洗い直してみる方が賢明である。

# 5. 与信限度額とは

## （1） 与信限度額とは

　与信限度額とは、信用取引を行う取引先に対する信用取引の限度額であり、与信残高の上限額になる。英語では Credit Line、Credit Limit などと呼ぶ。与信限度額には大きく2種類ある。一つは、営業上必要な与信限度額。もう一つは、理論上適切と考えられる与信限度額である。営業上必要な与信限度額は下記の式で算出できる。与信限度額を1回の信用取引における限度額と勘違いしている向きがあるが、そうではないので注意が必要だ。

$$年間取引金額 \times \frac{平均回収日数}{365} = 営業上必要な与信限度額$$

　これに対して、理論上適切と考えられる与信限度額の計算式には様々なバリエーションがあるが、まとめると下記の計算式に集約できる。

$$財務数値 \times リスク指数 = 理論上適切と考えられる与信限度額$$

　財務数値とは、売上や自己資本、運転資本、仕入債務など与信限度額の基本となる数値である。リスク指数とは、信用リスクに基づく格付け、評点などに応じた掛け目のことである。ここで注意したいのが、与信限度額は債権保全額でも、破たん時の回収可能金額でもないということだ。あくまで理論上、信用取引に適切と考えられる金額の上限に過ぎない。もちろん、金融機関など担保取得が前提となる債権者にとって、与信限度額は債権保全額であり、回収可能

金額である。しかし、担保取得を前提としていない一般の事業会社の場合は、取引先が破たんした場合にどの程度回収できるかは、ケースバイケースであり事前に想定できるものではない。

## (2) 海外取引の与信限度額

　日本でも 10 年くらい前までは、与信限度額を設定せずに与信取引を開始する企業が多く、上場企業においても決して珍しいことではなかった。また、仮に与信限度額という概念が導入されていても、「上場企業は、一律限度なし」というように、リスクと無関係に大雑把な管理をしている企業もよく見受けられた。今では、上場企業に対する内部統制の義務化により、与信限度額を設定する日本企業が増えた。しかし、海外の取引先に与信限度額を設定している企業はまだまだ少数派である。

　国内取引より総じてリスクの高い海外取引で、与信限度額を設定せずに取引を開始することはきわめて無謀である。おそらく、与信機能が営業部門に付随していることと関係があるのだが、販売機会の最大化がミッションである営業部門は、与信限度額を軽視する傾向がある。また、海外の取引先の信用情報が不足気味といった問題点も確かにある。しかし、一番の理由は、今まで日本企業は競争力が高く L/C や前払いで取引できたために、海外取引の与信限度額を設定する必要がなかった点だ。こうした状況はすでに過去のものとなったのはご存知のとおりである。

## (3) 与信限度額の決定要因

　与信限度額は、顧客の信用度に応じて顧客別に設定するのが基本だが、主な決定要因には次の 4 点がある。

| 与信金額 | 支払条件と取引頻度 |
|---|---|
| 自社の体力 | 顧客の信用度 |

　与信金額とは、1回の与信取引において、顧客が取引を希望する金額、または売り手が販売したい金額を指す。案外見落とされがちだが、過去の取引実績も与信限度額を算定する身近な指標だといえる。支払条件と取引頻度は、与信限度額を設定する上で相関関係にあり、支払いが終わっていない与信取引の合計金額（与信残高）の上限が与信限度額になる。自社の体力も大切な要素である。取引先の信用度だけで、与信限度額を設定すると大変なことが起こる。とくに大企業と取引のある中小企業の場合、取引先の信用度よりも自社のキャッシュフローや資金力の方が重要な場合も往々にしてある。顧客の信用度が最も重要な要素で、格付け、評点などの外部指標、あるいは自社で独自に定性分析、定量分析を行い、顧客の信用度を格付け、ランク付け、あるいは評価した数値のこと。与信限度額を決める非常に大きな要因である。

　与信限度額を運用していく上で、最も注意しなければならないのは、与信限度額の扱いである。企業によっては、単なるガイドライン程度にしか考えずに与信限度額を超えた取引が何の支障もなく行われている場合もある。もちろん、営業機会との観点から与信限度額を考慮し、場合によっては、金額の変更も柔軟に行うべきであることは否めない。だからといって単なるガイドラインでは与信管理をする意味がない。したがって、基本的に与信限度額は絶対的なものであると考え、その上で例外を認める場合もあるとし、例外的なケースへの対応や決裁権限をあらかじめ決めておくのが理想である。与信限度額の有効期限、増額申請、減額措置などの具体的な運用方法は、与信管理規定に明記すべきである。与信管理を徹底している総合商社やメーカーの中には、与信限度額を超えた取引を入力しようとすると、ロックがかかって受注できないようにシステム設計をしているところもある。

第3章　取引先の分析と与信限度額の設定

## (4) 与信限度額の役割

　債権の回収不能リスクを最小化することが与信限度額の目的だが、購入してくださる顧客に対してできるだけ多く販売したい、というのが営業部門の本音であり、ミッションでもある。こうした販売機会と与信リスクの適正化を計ることが、与信限度額の重要な役割の一つである。また、組織における与信判断基準を確立することも重要だ。日常の与信判断および与信限度額決定のプロセスが一定の基準に基づいて行われているかどうかは、内部統制の観点からも重要なポイントである。売掛管理の効率化にも応用できる。支払いを遅延している顧客が、次の注文の出荷を依頼してくる場合、与信限度額を口実に入金を早めてもらうように要請できる。以上、その役割をまとめると次のようになる。

(1) **販売機会と与信リスクの適正化**
(2) **組織における与信判断基準の確立**
(3) **売掛管理の効率化**

**図表6　与信限度額の決定要因と目的**

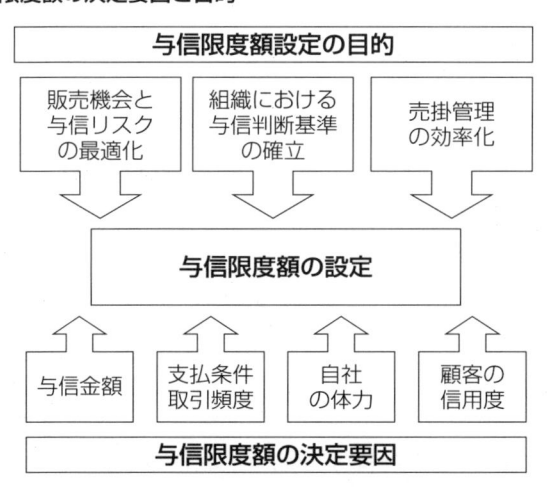

```
          ┌─────────────────────────┐
          │    与信限度額設定の目的      │
          └─────────────────────────┘
    ┌──────────┐ ┌──────────┐ ┌──────────┐
    │販売機会と │ │組織における│ │売掛管理  │
    │与信リスク │ │与信判断基準│ │の効率化  │
    │の最適化  │ │の確立    │ │          │
    └────┬─────┘ └────┬─────┘ └────┬─────┘
         ▼            ▼            ▼
          ┌─────────────────────────┐
          │      与信限度額の設定       │
          └─────────────────────────┘
         ▲       ▲       ▲       ▲
    ┌────┴───┐┌──┴───┐┌──┴───┐┌──┴───┐
    │与信金額││支払条件││自社  ││顧客の│
    │        ││取引頻度││の体力││信用度│
    └────────┘└──────┘└──────┘└──────┘
          ┌─────────────────────────┐
          │    与信限度額の決定要因      │
          └─────────────────────────┘
```

# 6. 与信限度額の設定方法

## (1) 与信限度額の設定法

　与信限度額の設定には、様々な方法がある。例えば、「上場企業は一律1000万円、未上場は500万円」という限度額設定も、かなり荒っぽいが、顧客の属性から与信限度額を決定する一つの方法である。一方では、日本でも最近、統計や倒産確率を用いた与信限度額の設定方法が普及し始めている。一般的に次のような手法がある。

（1）顧客申請法
（2）実績法
（3）法定信用限度法
（4）業種比較法（準用法）
（5）標準評点比較法
（6）売掛能力一割法
（7）自己資本基準法
（8）仕入債務基準法
（9）簡便法
（10）総合評価法

## (2) 各設定法の特徴

　「顧客申請法」とは、顧客が取引を希望する金額を基準に金額を設定する方

法である。顧客も自社が支払える範囲で注文を出しているという前提で、顧客の信用度に応じて申請額に対して70%～100%設定するのだが、営業が優先される傾向があり、非常にリスクが高いといえる。「実績法」とは、既存の顧客に対して過去の取引実績や支払実績に基づいて20%～30%の範囲で増減していく方法。過去の実績に基づいている分、顧客申請法よりリスクが押さえられているが、取引先の財務状態の急激な悪化等には、対応できないという弱点がある。

「法定信用限度法」とは、顧客の不動産など担保となる資産の評価額から、担保がすでに設定された金額を差し引いた金額を基準に設定する算出方法である。実際に担保を取得できる金融機関にとっては、安全性の高い方法だが、担保取得が前提ではない一般の事業会社にとっては、理論値の域を出ない。「業種比較法」は欧米でよく使われる方法で、支払情報が容易に入手できる国で有効な手法である。同業他社の取引金額、与信限度額、支払実績を基準に自社と他社の企業規模に応じて与信限度額を設定する。

「標準評点比較法」は、自社の顧客の中でモデルとなる企業を決め、対象企業との評点や社内格付を比較して与信限度額を設定する方法。例えば、モデル

**図表7　与信限度額の設定方法**

- 顧客申請法
- 実績法
- 法定信用限度法
- 業種比較法
- 標準評点比較法
- 売掛能力一割法
- 自己資本基準法
- 仕入債務基準法
- 簡便法
- 総合評価法

企業の評点が80点で、与信限度額が10,000ドルであれば、評点が60点の企業の与信限度額は7,500ドルになる。「売掛能力一割法」は、自社の全売掛金の10%を上限に限度額を設定する方法で、自社の体力を重視するので安全性は高いが、顧客別のリスクが全く反映されないという欠点がある。また、1割が不良債権となっても、財務体質に大きな打撃ではないが、そうした会社が10社発生すれば、財務体質を揺るがす規模の不良債権となってしまう危険性がある。

「自己資本基準法」は、仮に顧客が債務を支払えなくなった場合に、自己資本を取り崩して支払うとしたらどの程度が適当かという発想に起因しており、自己資本の5～10%を与信限度額にすることが多い。注意点は、金額が大きくなりがちな点だ。「仕入債務基準法」は自社が顧客の仕入シェアの何割を占めているかを知り、その比率に応じて限度額を設定する方法である。問題は自社商品のカテゴリーのシェアは容易にわかるかもしれないが、その他カテゴリーのシェアがわからない場合も多い。したがって、仕入債務における真の比率については、結局は推測の域を過ぎないことになる。一般的には10%～20%の範囲で設定する。また、仕入債務基準法の問題点は、支払サイトの短い企業は仕入債務が小さくなる可能性があり、支払いの良い企業ほど与信限度額が小さくなるという矛盾である。

# 7. 簡便法

## (1) 簡便法とは

　米国でよく活用されているのが、簡便法による与信限度額の設定方法だ。簡便法を行うには、基本的な財務データの入手が必要になる。簡便法の最大の特徴は、複数の財務数値を使用する点である。一つの財務数値から与信限度額を導き出すと、その数字がたまたま大きければ、与信限度額が大きくなり、反対に小さければ、与信限度額が小さくなるという弱点がある。これに対して、簡便法の場合は、三つの財務数値を使用するのでばらつきが少なくなる。ある意味、三つの数値を使用すること自体がリスクヘッジになっているともいえる。三つの財務数値を使用するのにはそれぞれ意味がある。平均月間売上で支払いの原資を、自己資本で長期的な支払能力を、運転資本では短期的な支払能力をそれぞれ見ている。

① **平均月間売上（Average Monthly Sales）**
② **自己資本（Net Worth）**
③ **運転資本（Working Capital）**

## (2) 具体的な計算例

　A社に対する与信限度額を各簡便法で計算してみよう。まず、各項目①～③の5％～10％を計算する。**図表8**の金額になるはずだ。

### 図表8　簡便法の計算

〈ケース：A社〉
売上2400万ドル（平均月間売上200万ドル）、自己資本350万ドル、運転資本150万ドル

| 財務数値 | 5％ | 10％ |
|---|---|---|
| 平均月間売上 | 100,000ドル | 200,000ドル |
| 自己資本 | 175,000ドル | 350,000ドル |
| 運転資本 | 75,000ドル | 150,000ドル |

　この六つの数字の幅は、75,000ドルから350,000ドルになる。この幅で与信限度額を設定するのが簡便法である。しかし、幅にかなり差が出るために、金額を決定する上で各社色々な工夫をしている。例えば、最もリスクの低いのが、最低金額を採用する方法だ。この場合だと、75,000ドルになる。

　あるいは、これに格付けなどを組み合わせる方法もある。例えば、D&Bの格付けであれば、格付けが1なら350,000ドル、格付けが2なら200,000ドル、格付けが3なら75,000ドルというように設定する。

　こうやって計算した与信限度額の範囲と営業上必要な与信限度額を比較する。そして、実際の取引実績が収まっているかどうかを確認する。例えば、年間取引金額が360,000ドルで、平均回収期間が60日であれば、営業上必要な与信限度額は59,178ドルになる。すると、理論値の75,000ドルの範囲なので、問題はないことになる。

$$360{,}000\text{ドル} \times \frac{60}{365} = 59{,}178\text{ドル（営業上必要な与信限度額）}$$

　各項目にかける指数は慣習的に5〜10％となっている。実際に各企業が簡便法を導入する際には、まずこの計算方法で各既存顧客に対する与信限度額を算出し、各顧客の取引実績と計算式で導き出された金額の乖離を調べ、指数の範囲を決定する。全顧客の与信限度額を算出するのが大変であれば、サンプルとして100社程度ランダムに抽出して、計算してみても良い。実際に計算してみるとわかるが、取引実績も5〜10％の範囲に比較的収まっているものだ。

# 8. 海外取引の主な決済条件

　海外取引に使われる代表的な決済条件は**図表9**のとおりである。表の下にいくほど輸出者にとってリスクが高い。取引先のリスクに応じて決済条件を選択することになる。

## （1） Advance Payment（前払い）

　海外取引において、最も確実な代金回収方法である。Cash in Advance とも呼ぶ。通常は送金取引であることが多い。この支払条件を採用している限りにおいては、代金回収のリスクはゼロである。ただし、輸出者にとってリスクがないということは、バイヤーはリスクをすべて負担することになる。代金を前払いしたが、商品が届かない、商品の品質が悪い、数量・色が注文と異なるなど、あらゆるリスクを負わなくてはならない。ゆえに、前払いはバイヤーから敬遠される決済条件である。ただし、全く存在しないかというと、サービス業

図表9　海外取引の主な決済条件

| 取引の分類 | 決済条件（英文） | 決済条件（日本語訳） |
| --- | --- | --- |
| 送金取引、小切手 | Advance Payment | 前払い |
| 信用状付荷為替手形取引 | Confirmed L/C | 確認付信用状 |
| | Letter of Credit、L/C | 信用状 |
| | Stand-by L/C | スタンドバイL/C |
| 信用状なし荷為替手形取引 | D/P | 支払時書類渡し |
| | D/A | 引受時書類渡し |
| 送金取引、小切手 | Open Account | オープンアカウント |

においては割とよく見られる。海外の情報提供や法律サービスなど前払いも多い。クレジットカードを使った決済もバイヤーにとっては、前払いの一種である。

## (2) Letter of Credit、L/C（信用状）と Stand-by L/C（スタンドバイ L/C）

　日本企業の貿易において、最も一般的な決済条件がLetter of Credit（信用状）である。略してL/Cと呼ぶことが多い。海外取引の信用リスクの観点からもL/Cでの決済は、リスクフリーと同義語に語られることが多い。L/Cとは、銀行が発行する支払いの保証書である。正確に言うと、「信用状付の荷為替手形取引」ということになる。つまり、海外取引の代金支払を銀行がバイヤーの代わりに保証するものである。

　通常、輸入地にあるバイヤー側の銀行が発行するが、何らかの理由で、バイヤーが倒産したりすれば、L/Cを発行した銀行が代わりに輸出者に対して支払いを行う。バイヤーはL/C開設に伴い、取引銀行にL/Cの開設を依頼する。バイヤーの依頼を受けて取引銀行は、取引金額に相当する保証金をバイヤーに預託させる。その保証金を担保に銀行が取引代金の支払いを輸出者に保証する。世界的に信頼性のある銀行が支払いを保証すれば、輸出者は安心して取引できるわけだ。

　L/Cには開設銀行、通知銀行、バイヤー、輸出者すべての同意がなければL/Cの修正や取消しができないIrrevocable L/C（取消不能信用状）とバイヤーが一方的に取消しできるRevocable L/C（取消可能信用状）がある。通常とL/Cいえば、Irrevocable L/Cを指す。スタンドバイL/Cとは、債務者が支払いを実行しない場合だけ支払いが行われるL/C。債権者は未払いの証拠を提示して開設銀行から支払いを受ける。

## (3) Confirmed L/C（確認付信用状）

　貿易取引において、万全であると考えられていたL/Cにもいくつかの弱点が存在する。

- バイヤー、輸出者双方に生じるL/C発行や現金化のコスト
- 煩雑な事務処理
- L/C開設銀行の倒産

　まずは、発行に伴う費用である。L/Cを発行する際に、バイヤーは、発行費用を銀行に支払う。また、L/Cを受け取った輸出者も銀行にL/Cを持ち込み、現金化するのに通知費用を支払わなくてはならない。第二に、L/Cに記載されている条件どおりに各書類を準備するなどの事務処理も煩雑である。そしてL/Cの最大の問題点は、銀行が倒産した場合の支払いに対する保証がないという点だ。いくら銀行の信用力が高いとはいえ、米国の大手投資銀行さえ破たんする時代である。先進国の銀行とて常に倒産のリスクにさらされていると言っても過言ではない。ましてや、発展途上国など取引相手国のカントリーリスクが高い場合にはなおさらである。発行銀行が仮に破たんすれば、支払いが保証されなくなる可能性もある。

　こうしたリスクを回避するためには、Confirmed L/C（確認付信用状）と呼ばれる決済手段を用いることだ。L/Cの発行銀行の信用力が低い場合、米国の大手銀行など格付けが高く、国際的に信用力の高い他の銀行が、発行銀行が発行したL/Cを二重に保証する。これをConfirm（確認）と呼び、確認する銀行を確認銀行、確認された信用状を確認付信用状という。しかし、バイヤーの信用力が高くないと、確認付信用状は開設できない。また、開設費用や時間も当然ながら、通常のL/Cよりかかるという問題点がある。

　さらには、日本の輸出企業を取り巻く経営環境として、中国を始めとするア

ジア企業との熾烈な競争が、ここ数年で顕在化し始めてきた。品質面で遜色がなければ、価格面や決済条件での優位性のある企業と取引をするのは、ビジネスの原理である。こうした理由で、海外取引の決済条件に前払いや後払いの送金取引や、D/P、D/A などの荷為替取引など L/C 以外の選択肢を採用する日本企業も増えている。前払いの送金取引を除き、必然的に輸出者のリスクは、L/C 取引とくらべて増加することになる。したがって、リスクを管理するために、海外取引の与信管理を強化しようという日本企業が増加しているのが、現在の状況である。

## (4) D/P(支払時書類渡し)とD/A(引受時書類渡し)

　信用状なしの荷為替手形取引。荷為替手形による決済条件には Documents against Payment（D/P、支払時書類渡し）と Documents against Acceptance（D/A、引受時書類渡し）がある。両者共に、荷為替手形の回収を条件に出荷をする方法である。L/C を開設する費用と手間をバイヤーが嫌がる場合などにこの支払方法が使われる。L/C と違い第三者の支払保証はなく、国際取引の現金取引のようなもの。D/P とは、手形代金の支払いと引き換えに船積書類を渡すことを条件に商品を出荷する方法。回収銀行は通常、手形代金の支払いを受領してから船積書類をバイヤーに渡すので、それまでは、積荷は輸出者の管理下にある。D/A は、手形の引き受けに対して船積書類を渡す支払条件。バイヤーは手形の期日までに支払う約束をすることで、船積書類を受け取って、商品を受領できる。

## (5) Open Account（オープンアカウント）

　欧米の企業間取引においてもっとも一般的な支払方法で、無担保の与信取引を指す。実際の支払手段によって、Check（小切手）または Bank Remittance（銀行送金）で支払われるが、圧倒的に Telegraphic Transfer（電子送金）が多い。国内取引の銀行振込による決済と同じで、債権回収のリスクが高いため、高格

付けの国の高格付けのバイヤーに対してのみ適用する決済条件といえる。オープンアカウントでは、支払期日までの期間は一般的に30～90日程度。期間は非常に重要で、請求書の日付、出荷日、商品の受領日を基に設定するかによって大きく変わるが、請求の日付を起算日とする場合が多い。

## (6) その他の決済条件

その他、販売代理店との契約において、採用される決済条件が二つあるが、双方共に格付けの高い大企業向けである。

### ①Consignment（委託契約）

先進国の有名な大企業向けの決済条件で、最もリスクの高い決済条件ともいえる。販売代理店の契約においてよく採用される決済条件で、代理店がエンドユーザーに再販できてから販売実績に応じて支払いをするという方法である。委託契約では、基本的に代理店に商品買取りのリスクはなく、一定期間販売できない場合は返品が認められる。バイヤーにとっては、常に返品のリスクを抱えているのはもちろん、最悪の場合はエンドユーザーから受領した商品代金を代理店が流用する可能性もある。非常にリスクの高い契約、決済条件で、あまりお薦めできない。

### ②Minimum Guarantee（最低保証）

海外のバイヤーは、輸出者に請求金額の最低金額、通常、運賃や商品のFOB価格の数パーセントを支払う。そして、商品がエンドユーザーに販売できた段階で残高を支払う。委託契約のように、商品が再販できるまで支払義務はないが、委託契約との違いは返品ができないという点だ。注文と価格が確定しているという点で、委託契約より保証されている。しかし、この決済条件も基本的に支払期日のない後払いであることに変わりはないので、非常にリスクが高い。

## 9. 取引先の格付けと決定条件の決定

### (1) カントリーリスクの評価

　カントリーリスクを判断する指標としてよく使われているのが、日本貿易保険（NEXI）の国・地域のリスク・カテゴリーである。NEXI は、NEXI もメンバーとなっている OECD カントリーリスク専門家会合において、国毎の債務支払い状況、経済・金融情勢等の情報に基づき決定された評価を基に、国・地域のカテゴリーを決めている。NEXI は国・地域のカテゴリーをウェブサイト上で公開している。

図表10　日本貿易保険の国・地域カテゴリー表

| 国別カテゴリー | 代表的な国 |
| --- | --- |
| A | 米国、英国、ドイツ、フランス、イタリア、スペイン |
| B | 台湾、大韓民国、香港 |
| C | 中華人民共和国、マレーシア |
| D | タイ、インド、イスラエル |
| E | フィリピン、ロシア、ハンガリー |
| F | ベトナム、インドネシア |
| G | モンゴル、カンボジア、スリランカ |
| H | 北朝鮮、ラオス、ミャンマー |

2009 年 11 月 2 日現在
出所：NEXI

## (2) マトリックスによる決済条件の選定

簡便的な方法では、下記のようなマトリックス表を作成して、取引先の相手国のカントリーリスクと取引先企業自体のリスクから決済条件を決めることができる。横軸にカントリーリスク評価、縦軸に企業格付けを配して、その2要因で決済条件を決定することができる。カントリーリスク評価はNEXI、企業格付けはD&Bの格付けを使用した。

**図表11　マトリックス表の作成例**

| D&B Rating＼NEXI | A～B | C | D | E～F | G | H |
|---|---|---|---|---|---|---|
| 1 | O/A | O/A | D/P | L/C | CL/C | A/P |
| 2 | D/P | L/C | L/C | L/C | CL/C | A/P |
| 3 | L/C | L/C | L/C | L/C | CL/C | A/P |
| 4 | A/P | A/P | A/P | A/P | A/P | A/P |

*O/A＝Open Account、CL/C＝Confirmed L/C、A/P＝Advance Payment

## (3) 社内格付けと決済条件

こうした簡便的な決済条件の選定方法以外に、社内格付けを用いた手法もある。こちらの方が、国内取引でも社内格付けをよく活用する日本企業向けといえるだろう。以下にその参考例を記載する。格付けを決める場合に評価・分析基準をすべて満たす必要はないが、大半は満たしている必要がある。この格付けおよび決済条件の選定方法では、評価・分析基準をベースに定性的に取引先の決済条件や取引方針を判断する。国格付けはNEXI、企業格付けはD&Bの格付けを使用した。

## 図表12 社内格付けと決済条件一覧（例）

| 格付 | 意味 | 評価・分析基準 | 決済条件・取引方針 |
|---|---|---|---|
| 1 | ほとんどリスクなし | 企業格付け1・国格付けA以上、支払遅延なし、回収代行履歴なし、仕入先からの担保設定なし、経営に重大な影響を及ぼす訴訟なし、経営陣に問題のある履歴なし | O/A 30～90日（送金取引）、超優良取引先。長期にわたり、支払いの確実性が高い。取引拡大 |
| 2 | 非常に低いリスク | 企業格付け1・国格付けB以上、支払遅延ほとんどなし、回収代行履歴なし、仕入先からの担保設定なし、経営に重大な影響を及ぼす訴訟なし、経営陣に問題のある履歴なし | O/A 30～60日、D/A、D/P、SBL/C、優良取引先だが、格付け1にくらべれば長期的な視点でリスクがある。取引拡大 |
| 3 | 低いリスク | 企業格付け2・国格付けB以上、支払遅延ほとんどなし、回収代行履歴なし、仕入先からの担保設定なし、経営に重大な影響を及ぼす訴訟なし、経営陣に問題のある履歴なし | D/P、SBL/C、30～60日、安定的な取引先だが、長期的には与信リスク顕在化の可能性がある。財務内容の改善、支払実績を見ながら取引拡大 |
| 4 | 平均以下のリスク | 企業格付け2・国格付けC以上、支払遅延ほとんどなし、回収代行履歴なし、仕入先からの担保設定なし、経営に重大な影響を及ぼす訴訟なし、経営陣に問題のある履歴なし | D/P、SBL/C、30～60日、短期の支払能力に問題はない。現状維持を基本とするが、財務内容の改善、支払実績により拡大も可能 |
| 5 | 平均的なリスク | 企業格付け3・国格付けC以上、30日未満の支払遅延が多い、回収代行履歴がある、仕入先からの担保設定なし、経営に重大な影響を及ぼす訴訟なし、経営陣に問題のある履歴なし | L/C、30～60日、当面の支払いに問題はない。現状維持だが、財務内容の悪化、支払実績により縮小する可能性あり |
| 6 | 平均以上のリスク | 企業格付け3・国格付けD以上、30日を超える支払遅延が多い、回収代行履歴が多い、仕入先からの担保設定あり、経営に重大な影響を及ぼす訴訟なし、経営陣に問題のある履歴なし | CL/C、30日、当面の支払いに問題はないが、財務内容や支払実績に問題あれば取引を縮小、または現金取引に変更 |
| 7 | 高いリスク | 企業格付け4または格付けなし・国格付けE以上、60日を超える支払遅延が多い、回収代行履歴が非常に多い、仕入先からの担保設定あり、経営に重大な影響を及ぼす訴訟あり、経営陣に問題のある履歴あり | 前払い、新規の与信取引はできるだけ避ける。既存取引先は縮小傾向。遅延あれば状況に応じて出荷停止。前払いや現金取引は継続可能 |

| 8 | 非常に高いリスク | 企業格付け4または格付けなし・国格付けF以上、90日を超える支払遅延が多い、回収代行履歴が非常に多い、仕入先からの担保設定多数、取引先からの債権回収の訴訟あり、経営に重大な影響を及ぼす訴訟あり、経営陣に問題のある履歴あり | 新規与信取引不可。既存取引先は債権保全、回収を優先し、取引から撤退 |
|---|---|---|---|
| F | 与信取引不可 | 企業格付け4または格付けなし・国格付けG以上、90日を超える支払遅延が恒常的に発生、仕入先からの担保設定多数、取引先からの債権回収の訴訟多数、経営に重大な影響を及ぼす訴訟あり、経営陣に問題のある履歴あり、営業停止、破産法申請、実質的な破たん状態にある | 回収不能先 |

*SBL/C＝Standby L/C

## COLUMN

## 海外出張 こぼれ話 中国（2）

　中国の格安航空会社「春秋航空」が、新しく立ち乗りチケットを企画しているという記事を「中国巨龍」で読んだことがある。すでに、同社は「一元チケット」など斬新なアイディアを出してきたようだが、この新企画は驚きである。もちろん、立ち乗りだから、その分値段はかなり安くなる。エアバスA320を利用するらしいが、安全性に問題はないとのこと。確かにバスや電車では立ち乗りはよくあるが、飛行機で大丈夫なのだろうか。特に、離着陸が大変そうだ。さらに、驚いたのが、ネットでのアンケートで乗りたいと答えた中国人が6割に上ったこと。やはり、顧客のニーズをしっかり掴んでいるのだ。

# 第4章

# 各国・地域における与信管理、債権回収のポイント

# 1. 中国ビジネスのリスク

## (1) 中国での訴訟リスク

　中国ビジネスを考える上で、裁判等における地方保護主義は大きな障害である。その典型的な事例が、大連で起こされた債権回収の訴訟である。2004年に日本の大手建設会社が、中国の大連で受託した商業施設の工事費の未払いを巡り、大連の企業を相手取って中国で訴訟を提起した。総額154億円の工事代金は4回の分割支払いであったが、4回目の代金に当たる38億5千万円相当が未払いとなっていた。遼寧省の中級人民法院における一審の判決結果は、日本側の全面敗訴。それどころか、逆に債権者に対して過払いがあったとして、約17億円の返還を命じた。これが2004年12月29日。

　日本企業はこれを不服として、北京の中国最高人民法院に上訴した。このことが日本で報道されたのが2005年の3月。中国では一審が6ヶ月、二審が3ヶ月で結審しなくてはならない。延長しても最長6ヶ月。もし、この報道の時点で上訴していたとしたら、二審の結審は2006年12月26日なので、約2年という異例に長期化した訴訟だったことになる。二審の判決も日本側の敗訴となり、敗訴確定となった。

　大手建設会社は、「契約も残高確認書も全く無意味という事態は経験がなく、どうにも理解し難い判決」と新聞にコメントしていた。個人的には全く同感であり、担当者の憤りはよく理解できる。債権者は、遅延発生後なのか決算時期なのか定かではないが、どこかの時点で残高確認書を取得していたようである。つまり、債務者（中国企業側）は契約時に契約書を締結していたばかりか、その後も債務を書面で承認していたことになる。債権債務の存在が明確な債権回

収の訴訟での債権者の敗訴は、中国の裁判における地方保護主義がまだまだ根強いことを示している。

## (2) 見積りのリスク

　中国企業側の主張は、工事代金の154億円は概算に過ぎず、第三者機関の鑑定結果によれば、実際は多く支払いすぎていた、だから4回目は支払っていなかったというものだ。ここでポイントとなるのは、契約を締結した工事代金が概算（見積り）に過ぎずという点である。実は、中国人には目に見えないものの代金を見積もるという概念が希薄である。まだ建物が完成していない工事代金を、初めから見積もるという行為が理解できない部分がある。こうした中国人独特の考え方が、最高人民法院が中国側の主張を全面的に認めた背景にあると考えられる。中国において、見積ベースに契約を締結する企業は今回の訴訟を一つの教訓としてとらえるべきではないだろうか。

　一例としては、「工事完了後に判明する実際にかかった費用に関わらず、債務者は契約金額を支払う義務があるものとする」という趣旨の条項を盛り込むことが考えられる。しかし、こうすると、追加代金の請求ができなくなる可能性がある。そこで、「本契約締結時の仕様書にない工事にかかる代金については、債権者は請求することができる。債務者はかかる追加代金の支払義務がある」と記載することも大切だ。

　また、業界としての問題もある。D&Bの調査によれば、業界内で支払遅延が発生している企業の比率は、建設業で最高の88％となっていた年もある。

　世界最大の小売業であるウォールマートも中国の政治力には勝てず、同社では異例の労組結成を中国では認めた。中国市場の魅力はかくも大きいという証左だ。魅力ある市場として中国ビジネスを拡大していくのであれば、予想もせぬリスクや数々の理不尽とも対峙する覚悟が日本企業にも求められる。

## (3) 日本企業の勝訴

　一方、ヤマハ発動機が中国の2輪車メーカーを商標権侵害で提訴していた案件で、北京の最高人民法院においてヤマハ発動機の勝訴が確定したケースもある。賠償額は約830万元で、2007年当時、中国における商標権侵害の賠償額としては過去最高の金額であった。過去にも、ヤマハ発動機をはじめホンダ、松下電器産業などが知的財産権に関する訴訟で勝訴しているが、賠償額は高くても数千万元レベルだった。中国で自社ブランドの不正使用や劣悪なコピー商品に悩まされている日本企業も多い中、朗報といえる。知的財産権に関する両国の認識や法制度の違いもあり、まだまだ問題は山積みだ。しかし、一つ言えることは、中国企業の中にもブランドの価値や重要性を認識している企業が増えてきているということだ。

第4章　各国・地域における与信管理、債権回収のポイント

## 2．中国企業の信用調査

### (1) 信用調査の重要性

　債権回収を専門とする弁護士に債権回収の最大のポイントは何かと尋ねたことがある。返ってきた答えは、与信管理の徹底である。つまり、予防が最大のリスク管理というわけだ。確かに倒産しそうな会社からお金を回収したり、遅延債権を回収したりするよりも、支払いの確実な取引先を選定する方が遥かに効率的である。「己を知り、敵を知れば百戦危うからず」という孫子の兵法どおり、与信管理を徹底する上で欠かすことができないのが取引先の情報収集、信用調査である。

　日本国内であれば、まず取引先の商業登記簿を取得することになるが、中国では登記情報の取得は日本ほど容易ではない。また、日本にいながらにして中国企業の信用情報を独自に収集するのには限界がある。そうかと言って、取引先の調査のためだけに中国を訪問するというのではコストがかかりすぎる。もちろん定性情報を分析するために、現地調査は欠かすことのできないプロセスであり、中国に現地法人等がある場合は必ず現地調査を行っていただきたい。中国に拠点がない場合は、信頼の置ける調査会社を利用する方が時間・費用対効果が高い。

### (2) 中国の信用調査会社

　中国企業を調べる場合には、最低2社の異なる信用調査会社を活用すべきというのが私の持論である。なぜなら、中国の信用調査会社はきわめて歴史が浅

い。中国で大手と呼ばれる信用調査会社でも 16～17 年程度の業歴しかない。したがって、調査手法はもちろん、企業評価のロジックや検証も日本や欧米のそれとくらべると、質量ともに低いと言わざるを得ない。そして 2 社も、1 社は中国系、もう 1 社は外資系というように意図的に活用するとよい。中国系と外資系にはそれぞれ一長一短がある。

　中国系信用調査会社の長所は何といっても、その情報源の豊富さである。これは、創業者や経営幹部の人脈の豊かさと言ってもよいかもしれない。彼らは、中央政府はもちろん、地方政府、その他共産党の高官などにいわゆるコネを持っている。一般的には、入手できない秘匿性の高い情報でも特別なルートを使えば、簡単に入手できてしまう。

　一方、短所は企業評価ロジックの稚拙さである。そもそも 20 年前は、与信管理なる言葉も存在しなかった国である。取引先の信用状態を評価するという概念さえなかったのだ。確かに、この 10 年間の中国経済の急成長ぶりには目を見張るものがある。しかし、企業評価のロジックを磨くためには、金融危機などの大規模な経済危機を経験することも重要な要素である。好況期には、企業は総じて業績が良いために企業評価は甘くならざるを得ない。自社で評価した高格付けの企業が倒産して初めて、ロジックのどこに問題があったのかが見えてくる。したがって、中国系の信用調査会社の格付けや評価を見るときは、1 段階下げて見るぐらいで日本企業にはちょうどよい。

　外資系信用調査会社の長所は、企業評価のロジックの成熟である。日本や欧米の信用調査会社は 100 年以上の歴史を持つところも多い。そうした長い歳月の中で、何度となく好況、不況の繰り返しや、大恐慌や金融危機など世界的な経済危機を経験してきている。そうした過程を経て、企業評価のロジックは微調整され、磨かれてきた。一方、短所は情報源の乏しさである。外資系とはいえ、そこで働くのは中国系信用調査会社と同じ中国人である。しかし、経営幹部が外国人であったり、香港や台湾出身であったりするために、本土出身との間には、見えない情報の壁が存在する。中国系の信用調査会社が難なくつかめる情報でさえも、外資系では苦労することもあるのだ。

第4章　各国・地域における与信管理、債権回収のポイント

**図表1　中国系と外資系信用調査会社の比較**

|  | 中国系 | 外資系 |
|---|---|---|
| 企業評価のロジック | 稚拙、主観的 | 客観的、論理的 |
| 情報源 | 多種多様 | 限定的 |

　中国系、外資系、どちらが良い、悪いではない。それぞれに長所、短所があるということだ。利用者としては、その特徴を知って使い分ければいいのである。例えば、企業評価は外資系を重視し、情報源としては中国系に期待するというように。

## (3) 経営範囲と経営期限

　中国の信用調査を見る上ではまず、登記事項である「経営範囲」を確認する。これは、いわゆる会社定款である。日本と違い、すべての業種が許可業種である中国では、事業を営むのに営業許可証が必要になる。そして、この営業許可証は経営範囲に基づいて、発行される。経営範囲を逸脱した取引は無効とみなされる可能性もある。したがって、中国企業と取引するときは、正式な営業許可証を有しているか確認が必要である。企業は営業許可証の正本を社内に掲示する義務がある。営業許可証には、登記番号、企業名称、住所、企業類別、経営範囲、資本金額、董事長名、有効期間などが記載されている。営業許可証の改ざんもよく行われるので、注意が必要である。

　また、「有限責任公司」には、「経営期限」が定められている。経営期限は、通常50年以内で、土地の使用権と同じとなっている。経営期限が到来すると、企業は清算して、借りていた土地も政府に無償で返す必要がある。ただし、その6ヶ月前までに董事会全員一致の決議があれば、管理当局に延長許可を申請することもできる。日本の株式会社に相当する「股分責任公司」には経営期限の定めはない。参考までに、有限責任公司は董事会によって運営されているが、股分責任公司は株主総会によって運営されている。重要事項の決定は、前者が

全員一致であるのに対して、後者は3分の2以上の多数決である。また、前者は上場不可だが、後者は上場が可能である。中国に進出している日系企業のほとんどは有限責任公司である。

## （4）企業照会と銀行照会

　中国では、欧米式のトレード・レファレンスは商習慣としては存在しないが、顧客や仕入れ先など取引に関する情報は入手できる。このあたりは、信用調査会社の情報源の差が出てくる。情報源の豊富な信用調査会社であれば、主要な顧客や仕入れ先の社名、取引品目はもちろん、決済条件までも判明する。売りにせよ買いにせよ、どういう企業と取引しているのかを知ることは、与信管理の基本である。場合によっては、同業他社の決済条件を知ることで、自社の決済条件として提案できる可能性もある。

　やはり、情報経路をしっかり持っている信用調査会社であれば、取引銀行からの情報も豊富である。取引銀行、支店名、口座番号はもちろん、平均預金残高やその銀行内部における企業評価までわかる。企業の生命線は銀行が握っているともいえる。銀行がその企業をどう評価しているのかを知ることは、与信管理に欠かせない。

## （5）財務情報

　一般的な認識とは異なり、中国では財務情報の入手が容易である。なぜならば、財務情報の公開が義務付けられているからだ。中国の企業には、年度検査が義務付けられている。この年度検査においては、監査済みの決算書の提出が必要になる。年度検査に合格しなければ、営業許可が下りなくなるため、強制力が高い。基本的に中国企業の決算は12月で、年度検査は翌年の1～6月に行われる。これが終了して、9月、10月ぐらいから、各地の工商行政管理局で前年の決算書が入手できるようになる。日本のように、法務局で千円の印紙代を

払えば、誰でも登記簿謄本が取得できるのとはわけが違う。公認会計士や弁護士など限られた人しか他社の登記を閲覧することはできない。また、行政により対応も様々であり、工商行政管理局に出向いて、登記簿を閲覧して、文字どおり写さなければならないところもある一方で、工商行政管理局の外郭企業が、一手に情報を管理していて手数料を支払うことで情報を入手できるところもある。

　会社法が変更される前は、内資系企業が1～3月、外資系が4～6月となっていたために、早い企業では6月ぐらいに前年の決算書が入手できたが、今はそうはいかない。さらに、中国の企業数はすでに1千万件を超えるともいわれ、増加の一途である。行政も対応しきれないために、年々、情報の更新が遅くなっている。

　工商行政管理局以外の情報源としては、国家統計局が挙げられる。国家統計局でも、統計目的で企業の財務情報を収集している。しかし、こちらは営業許可証のような強力な権限を持っているわけでもない。また、入手できる情報項目も資産、負債、純資産、売上、利益など、かなり大雑把な勘定科目しかない。こうした情報源により、90～95％の企業は何らかの財務情報が入手できる。未上場企業の決算書がほとんど入手できない日本と比べれば、中国企業の情報開示は格段に良いといえる。それでも、100％の企業で入手できないのは中国たる所以である。

## (6) その他のポイント

　基本情報で忘れがちなのが、社名や所在地の確認である。こちらが把握している情報と矛盾がないか、社名変更や吸収合併などの大きな変化はないかに着目する。また、本社、管理職、営業、生産、技術といった部門別の従業員数を知ることで、組織の全容を把握することはできる。従業員の増減などの傾向で売上の推移も推測できる。

　信用調査レポートでは対象企業の大株主が把握できる。大株主がオーナーで

**図表2　中国の信用調査のポイント**

| 経営範囲 | 経営範囲を逸脱した取引をしていないか |
|---|---|
| 経営期限 | 経営期限が近い将来到来しないか |
| 企業照会 | 主要な取引先の社名、取引品目、決済条件を確認 |
| 銀行照会 | 平均預金残高、取引銀行の評価を確認 |
| 財務情報 | 90〜95％入手できる |
| その他 | 社名や所在地の変更、従業員数の推移、大株主、経営者の能力を分析 |

はない個人の場合は、大株主と調査対象企業の関係を確認する必要がある。また、大株主が企業の場合は、その企業、いわゆる親会社についても調査することが望ましい。

　経営者の能力は与信管理の定性項目で最も重要な情報である。経営能力を外部から判断するのは難しいが、事業年数や経営年数でもある程度推測できる。最低でも5年以上、できれば10年以上の経営経験が望ましい。また、経営能力として「経営」、「技術」、「マーケティング」のいずれに強みを持っているのかも知っておくと良い。転職が一般的で、企業の経営と所有が比較的分離している中国の場合は、外部からの抜擢が大勢を占める。現在の経営者が創業者や同族継承なのか、外部からの抜擢なのか、それとも内部昇進なのか、就任の理由も押さえておく。また、信用調査レポートの内容と営業の現場等で入手した定性情報に矛盾がないかを確認することも、与信管理の重要なチェックポイントである。

## 3. 中国の与信管理の問題点

### （1）支払いを遅らせるのが経理の仕事

　日本で経理の支払担当が、理由もなく請求書の支払日を無視して支払いを遅延させていたら、どうなるだろうか。当然、この担当者は上司の注意や叱責を受けることになる。ところが、中国ではこれは必ずしも当然ではない。経理の支払担当者が理由もなく請求書の日付どおりに支払いをしたら、上司の注意や叱責を受け、下手をすれば職を追われる可能性すら存在する。また、日本企業の子会社や合弁会社でもよく見られることだが、買掛金の支払いを中国の経理担当者に任せておくと、買掛金の支払いが滞りがちになる。

　これについて、「なぜ支払いをしないのか？」と説明を求めるとこんな返答が返ってくることがある。「このA社は自分の幼稚園のときから親友が勤めているから、まだしばらくは支払わなくても大丈夫。」「じゃ、このB社はどうなんだ？」とさらに問いただすと、「B社の経理には、私の義理の弟が勤務しています。だから、ここは支払わなくても安心です。」こんな具合に支払いが遅延している取引先を順番に聞いていくと、そのすべてに何らかの人的なつながりをもっているとこの経理担当者は主張する。

　つまり、いかに自分が有能なネットワークをもち、会社の買掛金の支払いを遅らせることで、会社に貢献しているかを誇示するが如くである。たとえ、この日本の親会社が無借金経営でキャッシュフローが潤沢な会社であろうとも関係ない。中国では、よい経理マンとは、「いかに取引先との関係を悪化させることなく、自社の支払いを可能な限り遅らせることができるか」と定義できそうなほどである。もちろん、これはすべての中国企業、経理担当者にあてはま

るわけではない。ただ、こうした傾向が強いとは言える。こうした、経理担当者の意識、中国企業の商習慣が、三角債を生み出す一因だと考えられる。三角債とは、複数の企業間で支払いが常態的に遅延している状態をさす。一説には、こうした三角債は1兆元にも上るといわれている。また、業界によっては、保証金と称して代金の5〜10%を常に未払いにする商習慣なども存在する。

## (2) 手形、小切手に不渡り制度がない

　中国には日本と違って、手形や小切手の不渡り制度はない。中国の国内取引で流通している手形は、為替手形である。為替手形は日本国内でも流通しているが、主に貿易取引で使用される決済手段であり、Draft あるいは Bill of Exchange と呼ばれるものである。手形の振出人が、第三者に委託し、受取人またはその指図人に対して一定の金額を支払ってもらう形式の手形である。約束手形は支払いをする債務者が手形を振り出すのに対して、為替手形では債権者が支払いを求めて手形を振り出し、債務者がそれを引き受け、支払いを行う。

## (3) 国営企業の信用力

　日本では国営企業や政府の外郭団体などは、信用度が民間よりも高い。中国では必ずしもそうではない。民間企業に対しては与信するが、国営企業には現金取引しかしないという方針の企業もあるほどだ。国営企業でも上場している、あるいは今後、上場の予定があるところはもちろん信用度が高い。しかし、上場の予定もない国営企業は今後淘汰される可能性が高いと中国では見られている。国営というだけで信用してはいけない。また、政府や社会団体が行う保証行為も無効である。かつて、外資系企業を誘致するのに、進出後の税金の優遇などの奨励策を提示することがあったが、こうした形で地方政府などが行う保証は無効であるから、保証書も紙切れに過ぎない。

## (4) 担保に関する問題

　中国の土地は国家所有または、集団所有となっている。売買の対象となっているのは、国家所有の土地に設定される「土地使用権」である。また、土地使用権には2種類あり、売買できるのは、「払い下げ土地使用権」である。払い下げ土地使用権とは日本でいうところの定期借地権である。払い下げ土地使用権の使用期間は、用途に応じて40年～70年と定められている。通常、商業用地は40年、工業用地は50年、居住用地は70年となっている。居住用の土地使用権は期限後も自動更新されるが、それ以外の土地使用権は期間満了の1年前までに継続申請の手続を取る必要がある。耕作地などの「割当て土地使用権」は、無償、無期限で割り当てられており、賃貸や譲渡もできず、担保の設定もできない。日本でよく使われる抵当権だが、設定できるのは払い下げ土地使用権と建物の所有権になる。ただし、病院や学校など公益目的の不動産には担保設定できない。

　中国にも日本と同じように、機械設備などの動産の登記制度があるが、やはり日本と同じように動産自体が登記されていない。したがって、動産に担保を設定する場合は、工商行政管理局において動産自体の登記が必要になる。

## (5) 保証に関する問題

　中国にも日本と同じように、一般保証と連帯責任保証がある。保証契約に一般保証、連帯責任保証が明記されていない場合は、連帯保証と見なされる。ただし、中国では保証期間の定めのない保証は、債務不履行から6ヶ月間が保証期間となり、期間内に保証を履行しないと無効となる。個人、法人共に保証人になれるが、国家機関、学校、病院、社会団体は保証人になれない。

　また、こうした保証や担保設定を中国企業が外国企業に対して行う場合は、対外保証、対外担保とみなされ、外貨管理局への登記が必要になる。無断で提

供した担保は無効とされるので注意が必要である。また、欠損を抱えている企業は外国企業に担保提供ができない。対外担保の残高は、純資産の50%を超えてはならず、前年度の外貨収入範囲内でなければならないなど制約が多い。

**図表3　中国の与信管理の問題点**

| 支払いに対する姿勢 | いかに遅らせることができるか |
|---|---|
| 決済条件 | 為替手形中心、不渡り制度なし |
| 国営企業の信用力 | 必ずしも高くない |
| 担保 | 不動産、動産担保の制約多い、対外担保の外貨管理の問題 |
| 保証 | 連帯責任保証があるが、保証履行期間に制限あり |

# 4. 中国の与信管理のポイント

## (1) 決済条件による与信管理

　支払いの悪い中国企業への対応策としてまず考えられるのが、前払いによる取引である。国際取引であれば、L/Cによる取引になる。前払いであれば、サプライヤーは信用リスクを負う必要がない。L/Cも発行銀行が倒産しない限りは、支払いが保証される。実際に、日本の某大手総合バッグメーカーは、上海を中心に中国でビジネスを展開しているが、代理店や小売店との取引ですべて前払いを徹底することにより、債権回収のリスクなしに売上を伸ばし利益を上げている。また、某大手化粧品メーカーでは、代理店に対する与信管理を徹底することにより、遅延を減らす工夫をしている。支払遅延は2回までは容認されるが、3回目からは認められず、一定期間までに支払いがなければ商品の引き上げを行う。実際に、商品の引き上げを行うことが、他の代理店への抑止力にもなる。

　100％の前払いが難しいようであれば、一部前金を受領するのも一手である。中国では業種にもよるが、信用取引で代金の30～50％の前金を受領することが商習慣として存在する。100％を後払いにせず、一部でも前金として受領することにより、自社のリスクを減らすことができる。また、同じ為替手形でも、企業ではなく銀行が引き受け先となる銀行引受手形に限定して取り扱うのも得策である。

## （2）契約によるリスク回避

　中国人は契約書なんて守らないと考える向きもある。確かに、そういう部分があることは否めない。しかし、契約書を交わしていても守らないならば、口約束などは絶対に守られないといえる。したがって、中国企業との取引では基本契約はもちろん、契約の変更、取り決め、約束などすべて文書化することが重要である。とくに、曖昧になりがちな検収条件における時期や基準の数値化、明文化が欠かせない。中国に限らず、検収を意図的に遅らせることによる支払遅延は、海外企業の常套手段である。また、代理店などの場合は、顧客から代金を回収しているにもかかわらず、代金を回収不能としてメーカーに支払わないケースがある。こうした不正を防ぐために、メーカーが帳簿閲覧や実地棚卸しを行う権利を契約書に盛り込むと良い。

　また、契約の紛争解決手段を裁判ではなく、仲裁にすべきだと唱える弁護士が多い。仲裁条項を盛り込む場合は、仲裁機関と仲裁地が争点になる。日本企業としては、日本商事仲裁協会を活用したいところだが、中国企業は、中国国際経済貿易仲裁委員会（CIETAC, China International Economic and Trade Arbitration Commission）を主張してくる。その場合には、裁判のクロス条項と同じく、訴える側が訴えられる側の仲裁機関、仲裁地をそれぞれ起用するという方法がある。また、同じ中国ではあるが、司法制度の異なる香港の香港国際仲裁センターを活用するのも一手である。参考までに、香港国際仲裁センターは年間400件程度、中国国際経済貿易仲裁委員会は年間800件程度の商事仲裁を受理している。中国国際経済貿易仲裁委員会の受理件数は、日本商事仲裁協会はもちろん、世界的な国際商業会議所などよりも多い。

## （3）営業担当者の活用

　中国の消滅時効は国内取引が2年、国際取引が4年となっている。時効を中

### 図表4　中国の与信管理のポイント

| 信用調査 | 異なる2社の信用調査会社の評価、情報を比較する |
|---|---|
| 決済条件による保全 | 前払いやL/Cに限定する、前金の受領 |
| 契約によるリスク管理 | すべて文書化する、検収条件の明確化、仲裁条項の活用 |
| 営業担当者の活用 | 信賞必罰、債権回収の実績を評価制度にリンク |

断するには、督促することで足りるが、日本のように内容証明郵便が存在しないために、督促の事実を証明する手段がない。したがって、債務の承認が確実な時効中断になる。債務の承認は、日本のように決算期に合わせて残高確認を郵便で送ったりする方法もある。また、営業担当者に一部回収をさせることもよく行われる。いわゆる、面子を利用するのだ。営業担当者に、「100元でもいいから払ってください。そうでないと会社に帰れません。私の面子が立ちません」という趣旨のことを営業担当者から顧客の総経理や支払担当者に言わせる。理論的には、100元よりも少なくても良いが、あまり少ないと相手の面子がなくなる。こうやって、回収したら、後日、債権に充当した旨を書面で送っておけばよい。

　中国人に債権回収の大切さを教えるには、債権回収の実績を給与やボーナスの査定項目に取り入れることだ。給与の一部が、インセンティブ制であれば、インセンティブ支給の条件を契約締結ではなく、債権回収とすることだ。あるいは、毎月、債権回収の成績の良い営業担当者を表彰する制度も有効である。お金ばかりではなく、表彰状や盾などを総経理が全社員の前で贈呈すれば、大変な名誉に感じるはずだ。いわゆる、面子が立つわけである。

## 5. 中国における債権保全策

### (1) 動産の抵当権

　抵当権は、土地使用権以外に建物、機械設備等の動産にも設定できる。そこで、「転売のための流通市場を考えると、不動産よりも動産を担保にした方がいい」とアドバイスする中国の弁護士もいるほどだ。抵当権を設定するには、まず抵当権設定契約（抵当契約）を締結する必要がある。抵当契約に記載すべき事項は、日本のそれとほぼ同じと考えてよい。抵当契約を登記することが第三者に対する対抗要件となる。この抵当物件には企業動産や車両が含まれる。登記は、企業の設備その他の動産については、財産所在地の工商行政管理局、航空機、船舶、車両は、運送手段の登記部門となっている。

　前述のごとく、動産は登記されていないことが多いため、抵当契約を登記するのに先立ち、動産の登記を事前に行う必要がある。したがって、抵当契約の登記にはかなり時間がかかると考えておいた方がよい。登記に必要な書類は、抵当契約および抵当物件の所有権（使用権）の証書となっているが、動産の権利書などは存在しないのが一般的なため、売買契約書等で代用するしかない。

### (2) 抵当権の優先順位

　同一担保物件が複数の債権者に担保として供されている場合は、優先順位は基本的に登記で決まる。企業動産など登記により効力が発生する抵当契約の場合は、登記順位で弁済の優先順位が決まる。抵当契約の締結が効力の発生要件である抵当契約も、先に登記したほうが優先的に弁済を受けられる。担保物件

に対する登記が存在しない場合は、抵当契約の締結時間で優先順位が争われることになる。抵当契約の締結時間を証明することは実務上、不可能ではないが、第三者対抗要件を考慮すれば、担保物件に関わらず抵当契約を登記するほうが無難と思われる。

　主たる債権と抵当権は不可分であり、債権が消滅すれば抵当権も消滅することになり、債権と分離して抵当権のみを譲渡することはできない。中国にも根抵当権は存在する。金銭消費貸借契約はもちろん、特定の商品を一定期間内に連続して取引する継続取引に対しても根抵当権を設定することができる。なお、動産に関しては所有権留保条項による債権保全も考えられるが、日本と同じように第三者対抗要件がないために、公示札や名札等で所有者を明示することぐらいしか対策がないのが実情である。一方、中国の物流企業が大手銀行と組んで、在庫を担保としてサプライヤーに支払いを保証したり、資金を提供したりするサービスも盛んに行われている。

## (3) 債権譲渡

　債権譲渡による債権回収は、日本でも一般的に使用される債権回収策の一つである。債権譲渡は、一般的に、支払いの遅延している債務者が有する債権を譲り受け、債務者の顧客（第三債務者）から直接債権を回収する行為である。契約法第79条、第80条によれば、債権譲渡を成立させるためには、債務者が第三債務者に通知するだけでよく、第三債務者の同意はとくに必要とされていない。しかし、第三債務者は譲受人に対しても抗弁権を有し、なおかつ反対債権があり相殺適状にある場合は債務と相殺することもできる（契約法第82条、第83条）。したがって、実務上は第三債務者から債権譲渡に関して異議なき旨の承諾書を取得しておくことが望ましい。債権譲渡を有効に活用できれば中国における有用な債権回収策になりうる可能性がある。しかし、実務上は色々と問題点が多いのが実情である。

**図表5　債権譲渡による回収**

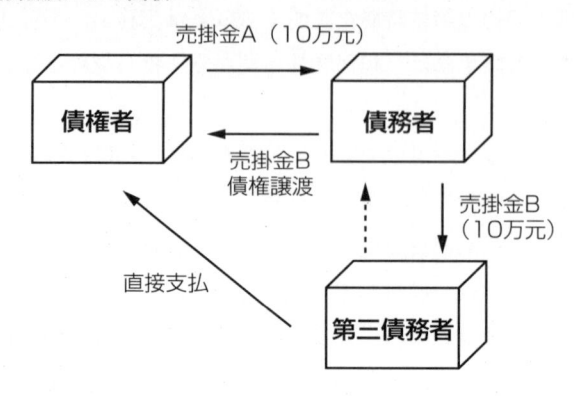

- 売掛金A（10万元）：債権者 → 債務者
- 売掛金B 債権譲渡：債務者 → 債権者
- 売掛金B（10万元）：第三債務者 → 債務者
- 直接支払：第三債務者 → 債権者

# （4）債権譲渡の問題点

　契約法には、第三者に対する対抗要件の具備に関する明確な規定がなく、二重譲渡における譲受人の優先順位がどのように決定されるのかは定かではない。普通に考えれば、成立要件を早く取得した譲受人が優先順位を有すると思われるが、その場合には、到達の早さが争われることになる。

　中国を含め諸外国には、日本のような内容証明郵便なる制度は存在しない。せいぜいあっても、配達証明か書留くらいであり、郵便の中味までは証明できない。とくに債権回収における時効を中断させるために督促し続けることが重要だが、債務者もこのことを知っているためか、督促状の受け取りを徹底的に拒否する場合もある。内容証明がない以上、それにできるだけ近い形で到達を証明するしかない。まずは、配達証明の活用が考えられる。また、中国では公証人が公証役場の外部でも交渉を行うため、公証人を引き連れて第三債務者のところへ出向き、到達を証明してもらう方法も考えられる。

　債務者と第三債務者の契約に債権譲渡禁止に関する特約が存在する場合は、債権は譲渡できないとなっている（契約法第79条）。したがって、債権譲渡を受ける際には対象債権を規定する契約書を確認する必要がある。日本では、債

権譲渡禁止特約があっても、第三債務者の異議なき旨の承諾書を取り付ければ問題ないが、中国の契約法においては明確な規定がなく、現時点では債権譲渡が有効になるのか不明である。

他にも、債務者と第三債務者が中国企業で、譲受人が外国企業の場合、譲渡の対象となる債権は対外債務とみなされるため、事前または事後に外貨管理局の許可または届出が必要なのかなど疑問点も多い。実際に二重譲渡が法廷で争われた場合に、どのような解釈がなされ、判決が下されるのかわからない。債権譲渡に関しては、まだまだかなりの試行錯誤を経ないと、実務上は活用できないというのが現状ではないだろうか。

## (5) 債権者代位権の行使

債権譲渡より強力な債権回収手段に「債権者代位権の行使」がある。債権者代位権の行使とは、債務者が債務の支払期日を過ぎても一向に支払わない場合に、債権を債務者から直接回収するのではなく、債務者が顧客に対して有している債権を、顧客から直接回収する法的手段である。こう書くと、債権譲渡ではないかと思われるかもしれないが、人民法院への申立てが必要なため、債権譲渡とは似て非なる手段である。

「債務者が期限の満了した債務を怠ったことにより、債権者に損害をもたらした場合は、債権者は人民法院に対し自己の名義をもって債務者の債権に対する代位行使を請求することができる。但し、当該債権が債務者の一身に専属する場合は除く」（契約法73条第1項）

債権譲渡は債務者から債権を譲り受けるために、当然ながら債務者の協力が必要である。また、第三債務者の同意はとくに必要要件とされていないが、債権の二重譲渡や第三債務者に異議を唱えられる可能性を考慮すると、同意を取得しておく方が無難である。それに対して、債権者代位権の行使は契約の履行に際し、債権者としての代位権を行使するため、債務者や第三債務者の協力や同意は必要としない。人民法院に対して、自己名義での債務者に対する債権の

代位行使を請求すればよい。また、債権譲渡ではないため、債務者と第三債務者の間に債権譲渡禁止特約があっても影響を受けない。債権者の代位権を行使するためにはまず、人民法院に対して訴訟の申立てを行う必要がある。

## (6) 公証債権文書の活用

　中国で、公証法が施行されたのが2006年3月1日。公証法に基づく公証機関は、日本の公証役場に似た役割を担う。今までも、公正証書による債権保全は可能だったが、法制度上の問題点も多く、実際にはほとんど使われていなかった。

　強制執行には「債務名義」が必要だが、「債務名義」にはいくつか種類があり、代表的なものが確定判決である。他にも、「執行証書」と呼ばれる、「強制執行認諾」の条項入りの公正証書も債務名義となる。したがって、契約時に強制執行を認めた条項が入った契約書を作成しておけば、債務不履行が発生した場合、訴訟を経ずに、人民法院に強制執行を申し立てることができるわけだ。つまり、地方保護主義の強い中国の司法において、外国企業である日本企業が、敗訴するリスクをある程度、回避できることになる。

　ただし、実際のところ、人民法院がどの程度迅速に強制執行に対応できるのか未知数である。また、債務者が強制執行に供する資産をどれだけ有しているのかという実務上の問題点もある。しかし、公正証書を作成することが債務者にとって心理的抑制力になる点は間違いない。おそらく最大の障害は、債務者である中国企業が、公正証書の作成に同意してくれるかどうかである。ただでさえ、支払いに対して無頓着な国民性をもつ国の経営者が、商品を買う立場という優位性を知りながら、自ら不利となる書類の作成に同意するのか疑問な部分もある。

## （7）その他の債権保全策

　債権譲渡による回収は中国でも行える。債権譲渡は、債務者が第三債務者に通知することにより効力が発生するが、中国の契約法では第三債務者に抗弁権や相殺権を認めている。実務上は、第三債務者の同意が必要になる。使い勝手の悪い不動産担保、動産担保に対して、保証金がもっとも確実な債権保全策といえるが、外国企業に行う場合は対外担保と見なされるので、外貨管理局への手続が必要であることに変わりはない。

　各種の金融サービスの活用も検討したい。日本の大手銀行は中国に進出しており、すでに人民元の取扱いもできるようになっている。こうした邦銀の債権買取りサービスを利用する方法もある。貿易取引であれば、フォーフェイティングを利用する日本企業もいる。フォーフェイティング（Forfeiting）とは、買戻請求権のない輸出手形の買取りを指す。一般的な輸出手形の買取りの場合は、輸出企業は買戻し義務を負うことになる。つまり、バイヤーが何らかの理由で支払いをしない場合のリスクは、輸出企業が最終的に負担することになる。ところが、フォーフェイティングの場合は、手形の買戻し義務がないため、輸出企業は買取りが完了した段階で、完全に売掛債権をオフバランス化できるというメリットがある。もちろん、金融機関の調達コストの他にバイヤーの信用リスクが加わるため、手数料は一般的な買取りよりも高い。

　貿易取引であれば、国際ファクタリング、貿易保険、輸出取引信用保険を活用するのも良い。金融サービスではないが、日本の商社や信頼できる中国のパートナーがいれば、その企業に手数料を支払って、債権回収を任せてしまう選択肢もある。また、債権保全ではないが、中国にも討債公司と呼ばれるコレクション・エージェンシーが存在するので、自社での回収が難しいと判断した場合は、討債公司の起用も検討する。

**図表6 中国における債権保全策**

| 動産の抵当権 | 登記制度あるも動産自体の登記がされていない |
|---|---|
| 債権譲渡 | 二重譲渡や優先順位など、第三者への対抗要件が不明 |
| 債権者代位権 | 一定の要件を満たせば、訴訟により第三債務者から直接回収できる |
| 公証債権文書 | 債務名義を取得すれば、訴訟を経ずして強制執行が可能 |
| そのほか債権保全策 | 債権譲渡、保証金、金融サービスの活用 |

## 6. 中国における金融の実態

　中国における金融を考える上で欠かせないのが、無認可金融である。無認可金融の形態には、個人が資金を融通し合う互助会方式や一般的な高利貸しなどがあり、地方都市や農村の経済に深く入り込んでいるため、事実上の野放し状態である。銀行の上限金利が約9％のところを、こうした無認可金融は年利20～30％で貸し付けている。企業が年利30％の利息を払っても十分採算が取れるほど、中国の市場というのは急拡大していると見るべきか。それとも、突然、融資を止められた企業の苦し紛れの資金繰り策と見るべきなのか。おそらくこの両方の要素があると見るのが妥当であろう。つまり、企業経営者のマインドとしては、商機を逃さないために資金を調達したい、年利が30％でも、市場はそれを上回るスピードで成長しているという考えがある。しかし、別の観点から見れば、それまで潤沢に供給された資金が止まった途端に、資金繰りが厳しくなるという状況である。ここで資金が調達できなければ、黒字倒産してしまう可能性さえあるということだ。

　確かに家電下郷などの消費刺激策は効果を発揮しているが、都市部と比較して地方や農村の経済状態はそれほど潤っているわけではない。その証拠に、農村信用社と呼ばれる日本の農協のような金融機関の不良債権の実態は尋常ではない。同社の不良債権比率は一時期、50％を超えていた。四大商銀の不良債権比率も最悪期には20％を超えていたが、貸出残高の半分が不良債権というのは異常値である。こうした状況で、農村信用社からも融資を受けられなくなった企業は、次の資金調達手段として、無認可金融に走るという構図ができているとしたら、恐ろしいことである。

　無認可金融と同じくらい盛んなのが、個人間の融資である。9％を超える経済成長率と5％を超える物価上昇率に2％程度の預金金利では、株式や不動産

などもっと効率の良い投資先を求めるのは自然である。その選択肢の一つが家族、親戚、友人、知人にお金を貸すことなのだ。ただ、貸すわけではない。もちろん利息も請求するのだが、相場は年利15％前後らしい。そして、この個人間融資の最大のメリットは、利息に税金が課せられない点だ。2％の金利に20％の税金が課せられる預金と、個人間融資の実質的な利益の差は、実に10倍近い開きがあり、銀行に預けるのが馬鹿らしくなる。

　こうした個人間融資は親族や友人間で行われるため、支払いが遅延することはあっても、踏み倒されることはほとんどない。そんなことをしたら、血縁、コネ社会の中国で信用を失い、生きていけなくなる。必然的に支払いの優先順位は、金融機関より高くなる。これが、国有銀行の不良債権問題の一因となっている。この状態はまるで、三角債のように悪循環である。非合法銀行の経営は死罪に処せられるほどの重罪だが、倒産しない限り摘発されることはほとんどない。また、非合法銀行が破たんした場合でも地方政府が救済する例もあり、高利の預金を目当てにした預金者も後を絶たない。

第4章 各国・地域における与信管理、債権回収のポイント

# 7. アジア諸国・地域における与信管理のポイント

## (1) Hong Kong（香港）

香港の債権保全に関する法規は、中国返還以降も英国法に基づき運用されており、アジアで最も先進的な部類に属する。担保については、Fixed Charge（固定担保）、Floating Charge（浮動担保）、Mortgage（抵当権）、Pledge（質権）な

**図表7　香港**

| 項目 | 内容 |
|---|---|
| 国別カテゴリー※ | B |
| 格付機関格付け※※ | Aa1 |
| 推奨される貿易決済条件 | Open Account〜L/C |
| 一般的サイト | 30〜90日 |
| 召喚状が届くまでの期間 | 2〜3週間 |
| 法的手続の期間 | 1〜2ヶ月 |
| 強制執行にかかる期間 | 3〜5週間 |
| 地方保護主義 | 強くない |
| 弁護士報酬 | 10〜30% |
| 執行費用 | HK＄500〜1500 |
| 担保 | Fixed Charge（固定担保）、Floating Charge（浮動担保） |
| 保証 | 個人、法人共に一般的、Deed of Guarantee |
| 倒産手続 | Receivership（担保権者による法的整理）、Winding Up（破産）、Workout（再建型私的整理） |

※　出所：日本貿易保険（2009年11月2日現在）
※※出所：ムーディーズジャパン（2009年12月3日現在、Moody'sカントリーシーリング（外貨建長期）格付け）

どがある。固定担保は、主に不動産や機械設備などが対象であり、浮動担保は売掛金や棚卸資産などが対象となり、登記が第三者対抗要件となっている。債務保証に関しては個人、法人共に一般的であり、通常、債権者に有利な Deed of Guarantee を取得するのが一般的である。Deed の方が、出訴期限が 12 年で Letter の 6 年より長く、保証に関する疑義が生じる余地が少ないといわれている。ただし、取引先の親会社など法人の債務保証を取得する場合は、Board Minutes（取締役会議事録）も取り付けるほうが無難である。

## （2） Philippines（フィリピン）

Real Estate Mortgage（不動産抵当権）以外にも動産を対象とした Chattel Mortgage（動産譲渡抵当）などの担保があるが、実際にはほとんど使われておらず、不動産担保が中心となっている。とくに金融機関はこの傾向が強く、金融機関の全体の与信の 7 割近くが不動産担保付であるといわれる。また人的担保であるところの保証についても連帯保証や根保証など多様な種類があるが、実際のところあまり利用されていない。不動産、動産共に第三者対抗要件は登記となっており、登記に際しては公正証書として作成した担保権設定契約書に

**図表8　フィリピン**

| 項目 | 内容 |
|---|---|
| 国別カテゴリー※ | E |
| 格付機関格付け※※ | Ba1 |
| 推奨される貿易決済条件 | L/C |
| 一般的サイト | 60〜90日 |
| 担保 | 金融機関を中心に一般的、Real Estate Mortgage（不動産抵当権）、Chattel Mortgage（動産譲渡抵当）、Pledge（動産質） |
| 保証 | 連帯保証等あるが一般的でない |
| 倒産手続 | Insolvency Procedure（破産）、Composition（和議）、Suspension of Payments（支払猶予） |

立会人2名の署名が必要となっている。なお、フィリピン土地法では、外国人または40%以上の外国資本法人は、不動産の所有が禁じられているが、担保設定や登記、担保権の実行は可能である。

## (3) South Korea（韓国）

韓国の担保制度に関しては、日本とほぼ同様であり、担保として最も活用されているのも日本と同じ不動産である。金融機関が企業に融資する際は、不動産を担保に取った上で経営者の連帯保証を取得するのが一般的である。最近では、債権譲渡担保の利用も増加しているが、日本のような登記制度はまだない。ただし、これはあくまで金融機関が債権者の場合であって、一般の事業会社が信用取引の条件として担保を要求する商習慣はあまりない。また、外国企業が不動産の所有、売却、担保権設定をする場合は、外国為替銀行の長に申告することが韓国の外為法で義務付けられている。なお、不動産取引については、登記が第三者対抗要件であるのみならず、成立要件ともなっているので注意を要する。法人の保証には保証状とあわせて取締役会議事録が必要である。

韓国では、日本と同じように商取引のほとんどは約束手形で決済されている。サイトは60〜90日前後が一般的である。韓国の不渡り制度は日本より厳しく、銀行の営業終了時間である手形の決済日の14時30分までに決済されないと、

図表9　韓国

| 項目 | 内容 |
|---|---|
| 国別カテゴリー※ | B |
| 格付機関格付け※※ | Aa3 |
| 推奨される貿易決済条件 | Open Account〜L/C |
| 一般的サイト | 60〜90日 |
| 担保 | 金融機関を中心に一般的、不動産抵当権、譲渡担保、質権 |
| 保証 | 法人、個人共に一般的、普通保証、連帯保証 |
| 倒産手続 | 会社整理、破産、和議、ワークアウト、銀行取引停止 |

1次不渡りとなる。そして翌日の14時30分までに入金がなければ最終不渡りとなり、銀行取引停止となる。

## (4) Taiwan（台湾）

台湾の担保制度も韓国と同様に日本とほぼ同じ種類の担保がある。また、担保の中心も不動産である。ただし、外国人による不動産投資は2001年10月にようやく解禁されたばかりで、中央機関の承認が必要など、制限事項もあるので注意を要する。なお、不動産取引については、登記が第三者対抗要件であるのみならず成立要件ともなっている。また、保証する会社の定款に保証業務が含まれていないと、法人は保証人になることはできないと台湾の会社法に規定されている。

図表10　台湾

| 項目 | 内容 |
| --- | --- |
| 国別カテゴリー※ | B |
| 格付機関格付け※※ | Aa 3 |
| 推奨される貿易決済条件 | Open Account～L/C |
| 一般的サイト | 30～90日 |
| 召喚状が届くまでの期間 | 3週間 |
| 法的手続の期間 | 1～24ヶ月 |
| 強制執行にかかる期間 | 4～8週間 |
| 地方保護主義 | 強くない |
| 訴訟費用 | US＄2,000～3,000 |
| 弁護士報酬 | 10～30% |
| 執行費用 | US＄2,000～3,000 |
| 担保 | 不動産抵当権、権利質権、動産抵当権、条件付売買 |
| 保証 | 単純保証、連帯保証、金融機関を中心に一般的 |
| 倒産手続 | 破産、和議、会社更生、整理（私的整理）中心 |

第4章　各国・地域における与信管理、債権回収のポイント

　台湾でも、日本と同じように約束手形による決済は一般的である。サイトは30〜90日前後が一般的である。台湾の不渡り制度は日本より緩く、小切手や手形の決済日から7日以内に銀行口座に入金がないと不渡り記録が残る。これを暦年で3回繰り返すと3年間の銀行取引停止となる。

## (5) Singapore（シンガポール）

　シンガポールは国土が狭い上に国土面積の約90％が政府機関所有のため、民有地の資産価値はきわめて高い。したがって、担保も不動産が中心となる。ただし、外国人の不動産取得に関する規制も多く、居住用資産に対する担保設定は可能だが、取得や売却には政府の許可が必要となる。一方、工業用地は政府全額出資のJTCが所有している。企業は通常、このJTCから10〜60年単位で土地をリースすることになる。このLease Rightに担保権を設定するにはJTCの許可が必要である。不動産に関する登記情報は、日本と同じようにイン

**図表11　シンガポール**

| 項目 | 内容 |
| --- | --- |
| 国別カテゴリー※ | A |
| 格付機関格付け※※ | Aaa |
| 推奨される貿易決済条件 | Open Account〜L/C |
| 一般的サイト | 30〜60日 |
| 法的手続の期間 | 3〜12ヶ月 |
| 地方保護主義 | ほとんどない |
| 訴訟費用 | SG＄100〜4,000 |
| 弁護士報酬 | 10〜20％ |
| 執行費用 | SG＄3,000〜3,500 |
| 担保 | 不動産抵当権（土地・建物一体）中心 |
| 倒産手続 | Receivership（担保権者による法的整理）、Winding Up(破産)、Scheme of Arrangement(和議)、Judicial Management（会社更生） |

ターネットを通じて確認することができる。なお、シンガポールの担保法は、英国法の流れを汲むため香港の担保制度と共通点が多い。

## (6) Thailand（タイ）

　タイも日本と同様に金融機関の与信は不動産担保が中心となっている。ただし、外資規制法により外国人の不動産取得は認められていない。また、一般の事業会社が商取引に際して担保を取得するのも一般的ではない。外国企業の場合は、金融機関から保証を取得するなどして債権を保全している例もある。担保ではないがPost-dated Checks（先日付小切手）による債権保全が、タイでは一般的に行われている。タイの刑法では、小切手が不渡りになると小切手にサインした個人が刑事罰の対象となる。タイでは、圧倒的にファミリービジネスが中心であり、オーナー経営者がほとんどを占める。したがって、先日付小切手を振り出したオーナー経営者は、他の支払いを遅らせてでも、先日付小切手を必死で決済しようとすることになる。

**図表12　タイ**

| 項目 | 内容 |
|---|---|
| 貿易保険国別カテゴリー※ | D |
| 格付機関格付け※※ | A3 |
| 高格付企業への決済条件 | Open Account～L/C |
| 一般的サイト | 60～90日 |
| 法的手続の期間 | 1～12ヶ月 |
| 地方保護主義 | 強くない |
| 訴訟費用 | 2～5% |
| 弁護士報酬 | 10～30% |
| 担保 | 不動産抵当権中心、外資規制あり、先日付小切手 |
| 倒産手続 | 破産、会社更生あるも私的整理中心、CDRAC（Corporate Debt Restructuring Advisory Committee） |

また、タイでは公認会計士が監査済みの決算書を決算終了から3カ月以内に商務省に提出する義務がある。これを3年連続で怠ると、登記が抹消されてしまうため、一定の拘束力がある。提出された決算書を第三者が閲覧することは可能である。タイ企業はほとんど12月決算なので、8月以降に前年度の決算が公開され始める。

## (7) Indonesia（インドネシア）

不動産の登記制度は存在するが、土地の所有はインドネシア国籍の個人にしか認めておらず、法人が土地を所有するには地上権を設定することになる。一般の事業会社が商取引で担保を取得することはまれである。有価証券や預金に対する質権、動産や債権を対象とした譲渡担保も制度としては存在するが、あまり活用されていないのが現状である。

**図表13　インドネシア**

| 項目 | 内容 |
| --- | --- |
| 国別カテゴリー※ | F |
| 格付機関格付け※※ | Ba1 |
| 推奨される貿易決済条件 | L/C～C L/C |
| 一般的サイト | 90～120日 |
| 法的手続の期間 | 12～24ヶ月 |
| 地方保護主義 | 強い |
| 訴訟費用 | US＄300～5,500 |
| 弁護士報酬 | 10～20％ |
| 担保 | 不動産抵当権、質権、譲渡担保 |
| 倒産手続 | 破産、和議、支払猶予、債務再編庁主導の私的整理 |

## (8) India(インド)

高成長を遂げる新興国として国際的にも影響力が高まるインドだが、道路や鉄道、上下水道などのインフラ未整備、不透明な許認可プロセス、長期化する

**図表14 インド**

| 項目 | 内容 |
|---|---|
| 国別カテゴリー | D |
| 格付機関格付け | Baa 2 |
| 推奨される貿易決済条件 | L/C |
| 一般的サイト | 30～90日 |
| 法的手続の期間 | 3～12ヶ月 |
| 地方保護主義 | 強い |
| 訴訟費用 | US＄100～ |
| 弁護士費用 | 15%～30% |
| 担保 | 不動産抵当権、質権、動産担保 |
| 倒産手続 | SICA(Sick Industry Company Act) |

**図表15 日本貿易保険とムーディーズの格付け**

| 国別カテゴリー |
|---|
| A |
| B |
| C |
| D |
| E |
| F |
| G |
| H |

出所:日本貿易保険

| Moody's |
|---|
| Aaa |
| Aa |
| A |
| Baa |
| Ba |
| B |
| Caa |
| Ca |
| C |

※上記に1～3の付加記号を加える
出所:ムーディーズジャパン

## 第 4 章　各国・地域における与信管理、債権回収のポイント

通関など問題もまだまだ多い。インドで特筆すべき点としては、SICA（Sick Industry Company Act）の存在であろう。5 年以上の業歴があり、債務超過になると、SICA を申請できる。SICA に認定されると倒産せずに、支払いを免れることができる。ただし、労働者を解雇させない目的で作られた SICA は、工場をもつメーカーが対象であり、サービス、IT 関連、金融、運輸、小売などは対象外である。SICA を申請して外部から認定されたかどうか判明するのに半年近くかかる。こうした期間を利用して、資産隠しなどをして債権者からの債権回収を逃れようとする動きがある。こうした状況下では、インドのメーカーとの取引においては、貿易取引であれば L/C、国内取引であれば、不動産担保などの保全措置を取ることが望ましい。

## 8. 英国における債権回収事情

　Credit Services Association（CSA、英国の与信管理の業界団体）によれば、英国ではコレクション・エージェンシーを活用する企業が、早急な回収を望むあまり、訴訟を起こすケースが増えている。コレクション・エージェンシーの活用は、一般的には Amicable Phase（友好的な解決）と呼ばれ、Legal Phase（訴訟による解決）と区別される。もちろん、訴訟を起こす前にコレクション・エージェンシーを活用するのが通常だ。

　そのために、コレクション・エージェンシーのほとんどは法律事務所と提携するか、社内に弁護士を抱えており、友好的な回収から訴訟まで総合的に業務を行っている。CSA によれば、訴訟に移行するタイミングが最近、劇的に早くなっているのだ。かつては、2～3ヶ月はコレクション・エージェンシーの交渉による回収をすることが一般的だった。少なくとも1ヶ月程度は猶予があった。しかし、最近ではそのタイミングが1ヶ月どころか、回収代行の依頼から数日で、訴訟に切り替えるように指示を出す企業が増えている。ひどい場合には、依頼と同時に訴訟をするように指示するケースもある。

　また、強制破産を仕掛ける債権者も増えており、8割以上は成功裡に債務者を破産させている。訴訟移行のタイミングが早まった理由はいくつかあるのだが、まず英国企業が以前にも増してキャッシュフローを重視し始めたことがある。そして、支払いを遅延する顧客（債務者）との関係を気にしなくなったこと。つまり、支払いを遅延する企業とは、将来的に取引を再開することはないと判断し、法的手段を講じる企業が増えたのだ。

　さらには、支払遅延や不良債権を重要な経営課題と捉える経営者が大企業、中小企業を問わず、増えてきたことも要因として挙げられる。ちなみに、英国企業が債権回収を依頼する債権額の平均は、2,400ポンドで、200ポンドから

11,500ポンドの範囲が中心。中には、330万ポンドという高額債権もある。CSAの会員企業だけでも年間2千万件以上の債権回収代行を受託しており、前年対比で7割も増加した。大企業の4割、中小企業の5割以上は、遅延債権の回収にコレクション・エージェンシーを活用している。

　日本企業は、英国企業が早急に訴訟を講じる最近の傾向に対して、とくに違和感を覚えないだろう。なぜなら、コレクション・エージェンシーのない日本では自社で任意に回収するか、法的手段を講じて強制的に回収するかの二つの選択肢しかないからだ。むしろ、第三者を活用して任意に回収を行う利点や意義を見出せない企業が多いはずだ。確かに、早い段階で訴訟を起こせば回収率は上がる。初期の遅延であれば、債務者の財政状態もそれほど逼迫していないことが多いからだ。しかし、自社で回収する場合はもちろん、コレクション・エージェンシーに回収させるよりも、コストは当然高くつく。訴訟費用のほかに弁護士報酬も必要になるからだ。

　債権額にもよるが、債権者の手元に残るのは半分以下になるケースもある。早期の訴訟による回収率の増加だけでなく、訴訟関連のコスト増も計算して最終的な判断をすべきである。あまり知られていないことだが、遅延債権の多くは交渉により回収できることが多い。また、支払能力のない債務者からの回収は、法的手段を講じても同じ結果になることが多い。訴訟を起こす前には、債務者の支払能力と支払意思を冷静に分析して、対応策を検討すべきだ。

## 9. 米国における債権回収の最近の動向

　金融危機により米国で急増した不良債権。今回の金融危機の発端が、サブプライムローンであったことを考えれば当然である。そんな米国の金融危機が本格化を迎える前の 2008 年 3 月 14 日、ニューヨークタイムズに興味深い記事が出ていた。Debt Collectors Try to Put on a Friendlier Face（優しくなった債権回収業者）。この記事によれば、米国全体では、失業者数が過去 10 年間で 23％増加する中、債権回収業界は急成長してきた。ここでいう債権回収業界とは、いわゆる Collection Agency（債権回収会社）だけではなく、債権回収専門の弁護士も含む。クレジットカードやローン等の返済を 4 ヶ月以上延滞している債務者は約 700 万人にも上り、いわゆる IT バブルが崩壊した 2001 年以降では 2 倍に増加した。一般的には、好景気には支払遅延や延滞は減少する傾向がある。しかし、過去数年間の米景気拡大局面では減少どころか、逆に増加したことになる。なぜだろうか。

　今回の景気拡大は、好調な企業業績だけでなく、住宅価格の高騰による住宅の担保価値増加を背景にした個人の消費意欲拡大に負うところが多かった。つまり、担保価値増加分で新たに借入れをし、消費に回していたわけで、純粋な金融資産の増加や、個人所得の増加分を超えたところで、支払能力を超える無理な購買をしていたことになる。その結果、延滞の増加につながった可能性がある。

　また、プライスウォーターハウスクーパースの調査によれば、2005 年に 15 万社/人の債権回収会社や弁護士が、回収代行の依頼を受けたり、買い取ったりした債権額は 514 億ドルに上る。調査対象の 15 万社/人の基準がわからないが、これには上場している大手の債権回収会社から個人事業主の債権回収業者、弁護士も含まれるはずだ。過去数年間の米景気拡大を背景に、債権回収業界は

第4章　各国・地域における与信管理、債権回収のポイント

急成長してきたことになる。

　巨大化する回収業界に対する世論等の風当たりも強い。FTC（米連邦取引委員会）が2006年に受けた業界への苦情は69,204件にも上り、2001年から4倍以上となった。コンプライアンスを無視した一部の会社が、回収時に債務者に罵詈雑言を浴びせたり、脅したりする現状があるのだ。確かに、米国の書籍などを見るとHow to Damp Collectors（回収業者を撃退する法）という類の本が実に多く出ている。日本と違ってそれだけ、身近な存在であるということ、また嫌な経験をした人も多い証拠だ。こうした苦情が社会問題化するにつれ、業界に対する規制や法律を強化しようという声も出始めている。

　こうした世論の高まりを敏感に察知し、ロビー活動を開始する債権回収会社も出てきている。一方では、業界では回収先を従来Debtor（債務者）と呼んでいたが、Customer（顧客）と呼ぶようになった。また、Collectorとひとまとめに呼ばれてしまう債権回収を専門とする弁護士の間では、債権回収会社に勤務する高卒で何の資格もない契約社員と同じに扱われてはたまらないと、一般のCollectorとCollection Lawyerの差別化を図ろうとする動きもある。本格的な景気後退期に入った米国では、支払遅延や延滞はますます増加するはずだ。必然的に、債権回収業界に依頼される案件数も増加することになる。こうした時期だからこそ、業界としての使命感や倫理観の向上が強く望まれる。

## COLUMN
## 海外出張 こぼれ話　**イタリア**

　イタリアに出張し、現地の日系企業を訪問して、イタリア人の部門長と立ち話をしていたときのことである。彼は、車で会社に通っているとのことだった。会社までどれぐらいかと尋ねると、全く予期せぬ答えが返ってきた。出社するときは、45分ぐらいかかるけど、自宅に帰るときは、20分もかからないというのだ。なぜかと尋ねると、彼はこう答えた。「出社するときは、業務開始時間までに行けばいいけど、帰宅するときは、早く子供や妻に会いたいから、すっ飛ばして帰るのさ。」

　日本人とはまるで逆である。特に東京近郊など出社するときは、通勤ラッシュがひどい。だから、私もそうだが、早朝に出る会社員も多い。そして、駅構内や乗り換えなどは大変な足早である。地方から東京に来た人は、初めはこのスピードについて行けないらしい。しかし、帰宅するときは、門限があるわけでもない。家族に会いたくないわけではないが、ついつい寄り道をしてしまい、帰宅は遅くなる。家族を大切にするイタリア人を見習うべきだと思った。

# 第5章

# 海外取引の債権回収実務

## 1. 債務者の心理

　債権回収という言葉の響きから、訴訟や強制執行などを連想してしまいがちだが、要するに債権回収とは人間同士の交渉である。債務者の置かれている状況を分析し、心理状態を探り、時には駆け引きをし、強硬な姿勢で回収を迫ったり、妥協したりしながら回収を図ってゆく。だから債務者の心理を常に把握しようとする努力が大切だ。ここでは一般的に債務者が置かれている心理状態について考えてみよう。著名な心理学者マズローによれば、人間の欲求は5段階に分かれている。この欲求はピラミッド状になっており、上に行くほど高次元の欲求になっていて、低次元の欲求が満たされてから、はじめて次の段階の欲求が芽生えてくる。

第1段階　生理的欲求
第2段階　安全の欲求
第3段階　親和の欲求
第4段階　自我の欲求
第5段階　自己実現の欲求

　第1段階の「生理的欲求」とは、人間が生きてゆくために欠かすことのできない食欲、性欲、睡眠欲、排泄欲などの根源的な欲求を指す。第2段階の「安全の欲求」は、第1段階の欲求がある程度満たされると起こってくる欲求で、安全に暮らしたい、お金が欲しい、物が欲しいという欲求であり、いわゆる安全欲、金銭欲、物欲などを指す。第3段階の「親和の欲求」とは、「所属の欲求」ともいわれ、他人と関わりたい、皆と同じように振舞いたい、何かの集団に帰属していたいという社会的生活に対する欲求を指す。人から愛されたいと

## 図表1　債務者の心理

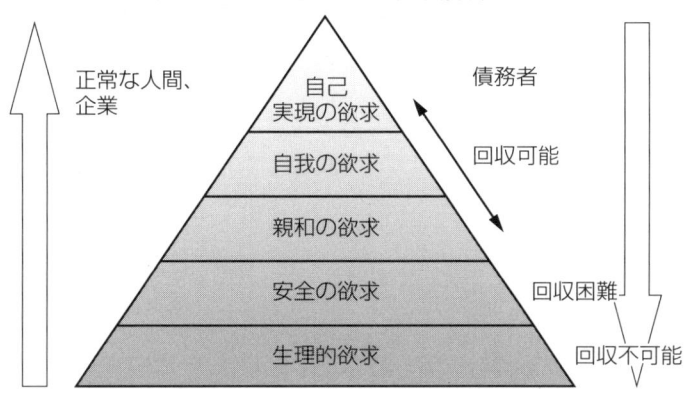

マズローの欲求の5段階と債務者

正常な人間、企業 ↑

- 自己実現の欲求
- 自我の欲求
- 親和の欲求
- 安全の欲求
- 生理的欲求

債務者
- 回収可能
- 回収困難
- 回収不可能 ↓

願うのもこのレベルの欲求である。

　第4段階の「自我の欲求」とは、自分の属する集団から価値ある存在として認められたい、評価されたい、尊敬されたいという欲求で、名誉欲などがこれにあたり、「承認の欲求」ともいう。第5段階の欲求である「自己実現の欲求」とは、自分に与えられた能力を最大限に発揮したい、自分を人間的に成長させたい、自分の存在価値を見出したいという最も高次元の欲求である。

　私は常々この欲求の5段階は、債務者にも当てはまると考えている。ただし、全く正反対の方向性を持っている。債務者、債務企業の経営者は、会社の経営が厳しくなってくると欲求のレベルはどんどん低下し、最後は自分が何とか生きていれば良いということになる。いわゆる、「居直り」というやつである。「会社は倒産寸前、お金も資産もないので、債権者にお金は支払えない。訴訟でも何でも起こしてくれ。」という状態になる。こうなった債務者は手に負えない。訴訟を起こして勝訴したところで、その会社に強制執行できる資産もないとなれば、債権者が債権回収のために打つ手はほとんどない。海外では経営者の個人保証は一般的ではないので、経営者に個人資産があったところで、執行の対象にはならないのが通常である。もちろん、経営者の取締役としての経営責任を取らせる、詐欺罪で告訴するなどの手段も考えられるが、あまり現実

的ではない。

　しかしこうした債務者も初めから低次元のレベルであったかというとそうではない、企業が成長してゆく過程では、このピラミッドの頂点を目指していたはずだ。こうした会社が経営環境の変化や様々な理由により、いつしか頂点を目指すことをやめ、安定を求め、気が付くと低レベルの欲求で満たされる企業に変わっていき、挙句の果てには「好きにしてくれ」となる。したがって、債務者がこうなる前の段階で適切な債権回収の手段を講じ、回収に結び付けることが肝要である。債務者が今はどのレベルの欲求を求めているのかと常に意識し、そのレベルに応じた債権回収の手段を講じる。一般的には「親和の欲求」以上のレベルの債務者であれば、債権回収は十分可能である。しかしこれが、「安全の欲求」レベルになると、絶対に回収できないというわけではないが、かなり難航する。そしてさらに時間が経過すれば、「生理的欲求」レベルに落ちていくことになる。このレベルの債務者からの回収はほとんど不可能に近い。債務者がこのレベルに落ちる前に、早い段階での適切な回収措置を取ることが決め手となる。

## 2. 支払能力と支払意思

債権回収を行うにあたっては、支払能力と支払意思の観点から債務者を分析することが大切である。そうすると、債務者の状況は下記の4つに大別できる。

図表2 支払能力と支払意思

| 支払能力 | ある | ある | ない | ない |
|---|---|---|---|---|
| 支払意思 | ある | ない | ある | ない |
| 対応策 | 自社での任意回収 | 訴訟、強制回収、コレクション・エージェンシー | 自社での任意回収、分割、債務免除 | 損金算入 |

### ①支払能力があり支払意思もある

これは自社で交渉により粘り強く回収を進めるべき案件である。債務者は債務を認めており、回収の原資もあるからだ。

### ②支払能力はあるが、支払意思はない

この債務者には徹底的に回収を進めるべきである。訴訟も辞さない態度で交渉に臨むことが肝要である。強制執行にかける資産を有しているからだ。無論、訴訟を起さずに回収できるのが一番いい。回収専門の弁護士やコレクション・エージェンシーなどの第三者の活用も検討すべきである。

### ③支払能力はないが、支払意思はある

海外の債務者では比較的珍しいパターンである。業績の低迷により回収の原資は枯渇しており、すぐに弁済できる財務状態ではない。しかし、債務を認識

しており、弁済する意思がある。こうした場合は、無闇に第三者を活用したり、訴訟を起したりするのではなく、自社の交渉による回収を試みる。支払原資のない債務者の場合は、裁判などでも裁判官から和解を進められることがある。

　例えば、債務者から債務の５割免除の要請があり、納得できずに訴訟を起こしたが、結局、裁判上の和解で同じ５割免除で決着したとする。結論は同じだが、債権者の手元に残る金額は訴訟前と訴訟後では大きく異なる。訴訟費用や弁護士報酬が差し引かれる分、手元に残る金額は債権額の２〜３割になってしまう可能性がある。そうなると、訴訟を起こさずに債務者の要請をのんでおけば良かったことになる。こうした債務者に対しては、分割での弁済や、債務の一部免除も検討すべきである。債務者の再生を支援しながら、回収を図ることになる。首尾良く、債務者が再生すれば、その後の取引で利益を上げて、債務免除分を回収することも可能である。

### ④支払能力はなく、支払意思もない

　いわゆる、お手上げ状態の債務者である。こうした状態の債務者に対して打てる手はほとんどない。時間と労力を掛けて回収活動を行うよりも、あきらめた方が得策である。ただあきらめるのではなく、回収不能債権として損金算入できる道を探るのだ。利益が出ていれば、その分だけ利益を圧縮することができ、税金を支払わないで済むことにより、間接的に債権額の４割を回収できたと考えることができるからだ。では、どうすれば損金算入できるのか？　様々な要件があるが、簡単にいうと、債務者が法的整理を申請していれば、債権額の５割を損金算入できる。そして、法的整理の手続が完了すれば、残りの５割も損金処理できる。そのためには、破産裁判所等からの公的な通知が必要になる。

# 3. 債務者の種類

## (1) 債務者の種類を見分ける

これまでに様々な国の債務者と交渉を行ってきた結果、国籍や言語の違いを超えて債務者には共通の特徴があることに気づいた。こうした共通点を整理すると、債務者のタイプは大きく六つに分けることができる。

①怠慢型　②引き延し型　③交渉型　④責任転嫁型　⑤強制型　⑥居直り型

**①怠慢型**

このタイプの債務者は、その名前のとおり単なる怠慢のため、支払いを遅延させる会社を指す。怠慢とは、社内の情報管理が適切に行われていないと言い換えることもできる。このタイプから出る最も一般的な言い訳は、「請求書がないので支払えない」という類のものである。このタイプは、債務者とは認識されずに「支払いの悪い顧客」として考えられている場合もある。潜在的な債務者というわけだ。このタイプの債務者に対しては、こちらが適切な与信管理を行い、遅延期間に合わせた督促状をタイミングよく発送すれば、問題なく回収できることが多い。また、リマインダーや督促状メールにあらかじめ請求書を添付しておくというのも効果的である。

**②引き延し型**

あれこれと理由を付けて支払いを1日でも遅らせようとする債務者である。このタイプによく見られる言い訳は、「サイナーがいないので支払えない」、

### 図表3　債務者の種類

**債務者の種類**

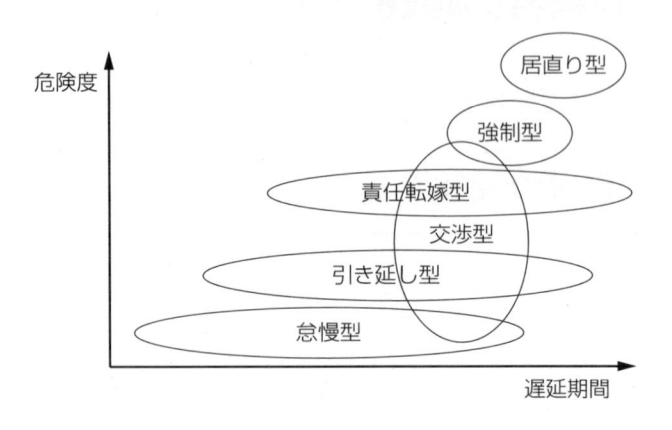

（縦軸：危険度、横軸：遅延期間）

上から順に：
- 居直り型
- 強制型
- 責任転嫁型
- 交渉型
- 引き延し型
- 怠慢型

「請求書がないので支払えない」である。サイナーとは、支払いの決裁権を持ち、支払指示書にサインする財務の管理者のことである。言い訳で見ると、「怠慢型」と似ている部分もあるが、「怠慢型」との大きな違いは、「引き延し型」の場合は、意図的な引き延しをやっているという点である。「債権者を怒らせずに一日でも支払いを遅らせるのが、経理部の仕事」という会社は海外に多く存在する。ただし、どの債権者に対しても支払いを遅らせているかというとそうではない。相手を選んでやっているのだ。大抵は、力関係が圧倒的に弱い債権者や海外の債権者が狙われることが多い。このタイプには、毅然とした態度で遅延に対して対処することが必要である。支払期日前にリマインダーを送ったり、期日前の支払いに対するインセンティブを用意したりするのも有効な手段である。実際に遅延した場合は、次回の決済条件や与信限度額への影響を示唆しながら回収を図るのも効果的である。

### ③交渉型

「交渉型」とは、支払いを債務者にとって何か有利な条件を引き出す道具に使うタイプである。有利な条件とは、値引き、支払いの引き延し、分割での支

払いなどである。「お金を払わないどころか値引き交渉までしてくるとは許せん！」という債権者の怒りの声が聞こえてきそうだが、これが海外の債権回収の厳しい現実のため、この事実を受け入れていただくしかない。実はこのタイプの債務者を招く原因が債権者にもあるのだ。契約書がなく単なる注文書だけの取引だったり、契約条項に品質に関する取り決めがなかったりということがこれに当たる。

#### ④責任転嫁型

「責任転嫁型」とは、お金を支払う段になって商品やサービスに対するクレームを付け、お金を支払わない責任を債権者に転嫁するタイプである。「注文と違う商品だった」、「品質が当社の基準に合わない」というのがその代表的な言い訳である。このタイプへの対応策でポイントとなるのは、真の狙いを探ることである。クレームは表面的な理由で、本心は案外に「値引きして欲しい」、「支払いを分割にしたい」、「商品を返却したい」などであることが多い。これも「交渉型」と同じように、契約書の不整備が理由として挙げられる。

「交渉型」、「責任転嫁型」には、理路整然と交渉することが大切で、感情的に対応したり、どちらが正しいなどの水掛け論に陥ったりしないことだ。また、今後の取引を盾にして回収するのも有効な手である。したがって、取引を停止するタイミングはきわめて重要だ。また、遅延期間が1年以上などかなり長期にわたる場合は、相手の交渉に応じることも大切である。なぜなら、いくら債権者に正当な権利があり、債務者に非があることをこちらが主張しても、実際にお金が支払われなければ全く意味がないからである。そうこうしているうちに債務者は倒産してしまうかもしれない。倒産すれば回収はますます困難に陥る。それを考えれば、回収額で妥協することも重要だ。

#### ⑤強制型

「強制型」とは、債権者が強制的な手段に出てこないと支払いをしない債務者のこと。具体的には、コレクション・エージェンシーや弁護士からの督促状

が来たり、実際に訴訟を起こされたりして初めて、債権者と真剣に交渉を開始するわけである。このタイプの債務者には法的手段も辞さない厳しい態度で回収に臨むことが大事である。ただし実務的には、訴訟には時間と費用がかかるので、訴訟ではなく和解する方が賢い選択であることも多い。

⑥居直り型

　居直った債務者に対してできることはきわめて少ない。訴訟を起こせば勝訴はするだろうが、強制執行できる資産が会社になければ、意味がない。経営者の個人保証がなければ、経営者個人の資産から回収することもできない。もちろん、取締役としての責任を追及したり、詐欺で告訴したりして、勝訴判決が得られれば、債務者の個人資産から回収することや給与を差し押さえることもできる。ただし実務的には、国内の金融機関などの担保債権者がすでに個人の資産も差し押さえている場合が多い。むしろ、債権回収はあきらめて、どうすれば回収不能債権として損金算入できるかに知恵を絞った方が良い。

## (2) 罪悪感など微塵もない

　倒産した企業の社長が記者会見で頭を下げる、涙を流す、債権者集会で集まった債権者に対し平身低頭お詫びをする、債権者から罵声が飛ぶという倒産に伴う光景は、日本ではよく見られるが、欧米ではもちろん、アジアでも一部の国を除き皆無に近いのではないだろうか。倒産した企業の経営者が悲惨な結末を遂げるのは、日本と韓国ぐらいである。他の国では、債権者に迷惑をかけたという罪悪感さえない経営者がほとんどだ。これはどちらかというと日本や韓国が特殊で、倒産や支払遅延を恥とする、支払日などの約束事を守るのが常識という文化がある。さらに、日本や韓国では、経営者の連帯保証、経営者の個人の資産の担保提供、約束手形の普及など独特の金融事情が、支払期日が守られる大きな要因となっている。

　こうした文化や金融事情がない諸外国では、債務者は未払いの債権者に対す

る罪悪感などないに等しい。罪悪感どころか、海外の債務者は威張っているような印象さえ受ける。「今まで散々お前の会社から商品を買ってやったのに、一度ぐらいお金を払わないぐらいで何だというのだ」という意識が根底にあるのではないか。また、遅延をして支払っても実質的なペナルティーは存在しないことが多い。契約書などには、遅延損害金などが定められているが、数日、あるいは数週間程度の遅延で、顧客に遅延損害金を請求する会社がどれほどあるだろうか。そうなると、期日どおりに支払っても、遅延して支払っても実質的には何の違いもない。目に見えない信用に傷がつく程度である。そうであれば、資金繰りの観点から、遅く支払った方が得だということになる。もちろん、すべての海外の企業が信用できない、約束を守らないといっているわけではない。中には、きっちりと期日どおりに支払ってくる海外企業もある。こうした意識をもっている海外の企業と取引するという感覚は常に持っていたい。

# 4. 危険な兆候

　債権回収において重要なポイントは、早い段階で適切な回収手段を講じることである。そのためには、支払遅延の兆候や破たんの兆候を早めにつかむことが大切である。海外の取引先の危険な兆候には次のようなものがある。

① 　連絡頻度やスピードの低下・約束破棄・事務所移転通知なし
② 　支払条件変更の要請・請求書再発行の依頼・値引き要請
③ 　支払いの遅延や長期化・注文量の急激な変化
④ 　格付けの低下・苦しい言い訳・支払約束書面化への抵抗・訴訟や判決の記録
⑤ 　回収代行の履歴増加・新しい担保設定
⑥ 　リスケした弁済計画の不履行

## （1）連絡頻度やスピードの低下

　人間関係の濃淡はすべからく接触の頻度により決まる。家族の人間関係が濃密なのは、接触頻度一番多いからだ。「生みの親」より「育ての親」といわれる所以もここにある。取引がうまくいっている間は、連絡の頻度も密であり、相手のレスポンスも早いものだ。海外でも電子メールが発達した現代では、アジアであれば同じ日に返事が返ってくるし、それ以外の国でも次の日には返事が来ることが多い。ところが支払いが滞るようになるとこうは行かない。2、3日たっても返事がない、何回かリマインドしてやっと、1週間後ぐらいに1、2行の短いメールが返ってくるようになる。これは顧客の中における自社の重要

性が低下している証拠である。重要ではなくなってきたので、返事が後回しになるのだ。支払いも同じで、どんどん後回しにされるようになる。

また、こちらからの質問やちょっとした依頼などに応えてもらえなくなるというのも要注意である。顧客があなたの会社との対応を面倒だ、煩わしいと感じている可能性が高い。これがひどくなると、引越しをしても移転先の住所を知らせてこないということになる。もちろんインターネットが発達した現代では、商品をデリバリーしない場合は、相手の住所を知らなくても取引をすることに支障がないわけだが、いざ債権回収、訴訟といった段階になって、督促状が不達で返送されてきた、電話、FAXがつながらないでは話にならない。国や裁判所によっては公示送達が認められない、裁判上、不利になるというところもある。こうした事態を避けるために、定期的に海外の取引先を調査することはきわめて重要である。

**図表4　危険な兆候の各段階**

| 段階 | 内容 |
|---|---|
| 第1段階 | 連絡頻度やスピードの低下・約束破棄・事務所移転通知なし |
| 第2段階 | 支払条件変更の要請・請求書再発行の依頼・値引き要請 |
| 第3段階 | 支払いの遅延や長期化・注文量の急激な変化 |
| 第4段階 | 格付けの低下・苦しい言い訳・支払約束書面化への抵抗・訴訟や判決の記録 |
| 第5段階 | 回収代行の履歴増加・新しい担保設定 |
| 第6段階 | リスケした弁済計画の不履行 |

ここに挙げた事象は必ずしも遅延の兆候ではない場合もあるが、こうした軽微の兆候を見逃さずに、早い段階で適切な対応を取ることが遅延債権の発生を未然に防ぐことにつながる。面倒がらずにわずかな疑問を追及することが大切だ。

## (2) 支払条件変更の要請

　この段階で、債権者が気をつけなければいけないのは、支払条件変更の要請である。これに安易に応じたがために債権回収不能に陥った債権者は数知れない。とくに顧客側も「L/Cの開設コストが高い」、「L/Cは書類が煩雑だ」など、もっともらしい理由を付けてくるので要注意である。もちろん商取引では取引実績に応じて、条件を緩和するのは至極当然のことである。ところが実態は、キャッシュフローが厳しいために支払いを遅らせたいという「真の意図」が存在する場合が多い。こうした提案があったら、必ず取引先の信用調査を改めて行う。

　請求書再発行の依頼は、前項で取り上げたように代表的な引き延し策である。たとえ、支払期限が到来していない段階であっても注意を要する。まして、支払期日が過ぎて、こちらが督促をして初めて、「請求書がない」と言う債務者は確信犯に近い。中には本当に請求書を紛失した例もあるだろうし、請求書の再発行を依頼してくる企業が必ずしも支払いを長期にわたり遅延するとは限らない。しかし、こうした軽微の兆候を見逃さずに、早い段階で適切な対応を取ることが遅延債権の発生を未然に防ぐことにつながる。取引成立後の値引きや分割払いの要請も債務者の特徴である。こうした要請に安易に応じると、御しやすい債権者として債務者に記憶されることになる。

## (3) 支払いの遅延や長期化

　今までは期日どおりに支払ってきた顧客が支払いを遅延するというのは、そ

の遅延期間がたとえ数日であっても要注意である。顧客の中でも自社の地位が相対的に低下したことを表しているからだ。また、初めから支払期日より遅れて支払う顧客の場合は、その期間が長期化するという兆候がある。これも支払いの遅延と同じ理由である。よく、1、2ヶ月遅れても、結局は支払われるので何の対策も講じないという企業があるが、これは危険な考え方である。いつこうした取引先に対する債権が、回収不能に陥るかわからないからだ。たとえ数日の遅延でも甘い顔を見せずに、決済条件を厳しくしたり、次回取引でペナルティーを課したりするなどの対応策を取るべきだ。もちろん、それ以前にタイムリーに督促することは当然必須である。

　また、注文量や頻度の変化にも気を付けなければならない。とくに注文量が急増した場合が危ない。国内と同じように取り付け詐欺的な行為が海外でもよくある。商品を同業者に安値で横流しして、キャッシュフローの足しにするのだ。注文の頻度が増す場合も同じで、あくまで与信限度額の内に収まるように、取引を制限していくことがリスク管理につながる。

# (4) 格付けの低下

　前回の調査時点とくらべて、格付けが低下したというのは危険な兆候である。D&Bの格付けでいえば、とくに2から3、3から4への低下が危ない。また、この段階になると、かなり苦しい言い訳が出てくる。その代表格が、「顧客からお金を回収できないので支払えない」という主旨のものである。言い訳ではないが、突拍子もない提案が債務者より出てくるのもこの時期である。「債権額を3割にカットして欲しい」、「60回払いで支払いたいなど」を思わず耳を疑いたくなるような提案が出される。こうした提案を受けるかどうかは別問題として、提案の背景にはかなり厳しい債務者の財政事情があることだけは理解しておく必要がある。

　また、こうした提案を受け入れる場合は必ず書面を作成しておくことが大切である。これは後々に法廷で争うような場合の重要な証拠になるからである。

しかし、債務者側もそういう債権者側の意図を知っていて、なかなか書面にサインしてこないことも多い。こういう可能性を考えると、とくに債権の一部を債権放棄する場合などは、実際に残額が入金されてから、初めて有効とするというような条件を出すことはきわめて重要である。最悪の場合には、一部債権放棄の事実だけが残り、残額も回収できなかったという事態にもなりかねない。

また、コレクション・エージェンシーや弁護士などの第三者を証人として、支払計画書を作成する方法も有効である。これは法的な証拠力が増すというよりは、不履行すれば訴えられるという心理的な拘束力が強まるという効果が期待できる。

また、この段階で、債権者からの訴訟が提起されていたり、債務者に不利な判決が出たりという情報が入ってくる場合がある。債務者に対する債権回収不能のリスクが高まっていることを表している。

## (5) 回収代行の履歴増加

債務者に対して他の債権者が回収代行を依頼しことが新たに判明した、件数が増加したというのも要注意である。他の債権者が、その会社からの債権回収を自社で行うのは難しいと判断した証拠だからだ。とくに短期間での急激な増加は倒産の兆候である場合が多い。また、顧客に新たな担保が設定されたというのは、債権者が債権保全措置を取ったことを示す。しかも債権者は金融機関ではなく、一般の事業会社だということになれば、さらに状況は厳しいと見てよいだろう。海外では一般の事業会社が、取引先に担保を設定することはそれほど頻繁に行われていない。

この時期には、信用調査レポートにNSF Check（Non Sufficient Fund Check、残高不足の小切手）の記載が目立つようになる。これは、小切手が現金化できず決済できなかったことを意味する。日本でいうところの小切手の不渡りとは違うため、それほど重大な影響を企業経営に及ぼすわけではない。単なる事務処理上のミスである場合もあるかもしれない。いずれにしても、資金が潤沢の企

業ではあまり見られない兆候なので要注意である。

## (6) リスケした弁済計画の不履行

　債務者の要請に応じて、過去にリスケした弁済計画が履行されないとなると、これはかなり深刻な事態である。債務者はすでに実質的に破たんしているか、近い将来何らかの形で倒産すると見てよいだろう。直ちにコレクション・エージェンシーや弁護士を通じて債権回収を図る、債権保全措置を取る、訴訟を起こすなどの手段を講じる必要がある。ただし、この段階で初めて手を打つようでは、他の債権者も同様の行動とっている可能性が高く、すでに遅すぎる場合も多い。この段階に行く手前で全額回収できてないまでも、分割でも回収が行われていることが望ましい。

# 5. 債権回収の5原則

債権回収の成功には、相手の国に関わらず共通の法則がある。それがこの5原則だ。電話で督促する場合も、FAXやメールで督促する場合も、この5原則を守ることで確実に債権回収ができる。

(1) 目標の設定
(2) 期限の設定
(3) 徹底的な督促
(4) 習慣付け
(5) 成果の確認

## （1） 目標の設定

債権回収に関わらずすべての業務は目標設定から始まるといって差し支えない。例えば電話1本かけるにしても、債務者との電話から得たい成果を決めることから始まる。なんの目標もなく電話をすると、相手が不在で何の成果がなくても、電話したということだけで満足しがちである。これで何となく仕事をしたような気になり、次の電話はまた明日という具合に先延ばしになる。債務者にとっても緊迫感がない。ところが、次の目標は「債務者から明確な支払期限を引き出すこと」と決まっていれば、その成果を求めてその日は何度でも電話をすることになる。仮にその日に債務者と話ができなくても、債務者側には債権者から何度も電話があったという事実が残り、1回の電話よりも遥かにプレッシャーが強くなる。督促のメールを書く場合も同じで、自分は何を伝え、

相手からどういう返答を導き出したいのかを考えながら督促状を書くようにする。目標の設定は５Ｗ１Ｈ（Who、When、Where、What、Why、How）で行うと明確になる。

## (2) 期限の設定

　５原則の中で最も重要なのが交渉における期限の設定である。期限を設定するものは支払いだけではなく、債務者の行動すべてにおいてだ。その理由は二つある。まずは期限を区切ることで、債務者の中に緊迫感が生まれる。人間は不思議な生き物で、仕事でも家事でも期限があるものは期限までに仕上げようと努力する。ところが、期限のない仕事は、いつも後回しになり、いつまでたっても終わらない。期限を区切ることにより、債務者の中にその期限までに支払いをする、返答をするという目標が生じる。もう一つの理由は、債権者にとって督促をするきっかけになるということだ。債権回収においてもメリハリは重要で、ただ、のべつ幕なしに督促をするというのでは効果が上がらない。「明日までに債務者に確認をさせる」、「今週中に第１回目の支払いをさせる」というように、明確な期限を設けることで、それが実行されないときにはすぐにフォローアップすることができる。「できるだけ早く」などというフレーズは督促ではなく依頼やお願いに等しい。また、期限設定は債務者だけにさせる

**図表５　債権回収の５原則**

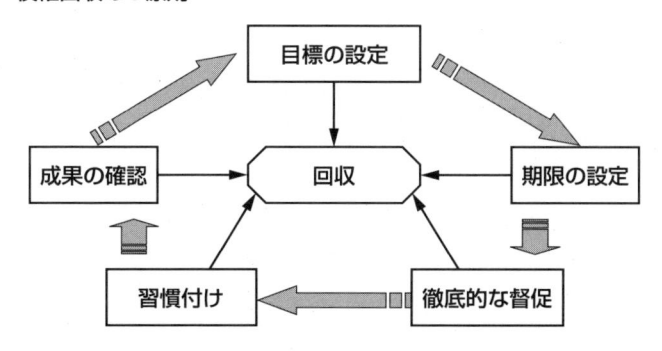

```
              目標の設定
         ↙      ↓      ↘
    成果の確認 → 回収 ← 期限の設定
         ↑      ↑      ↓
       習慣付け ← 徹底的な督促
```

のではなく、債権者側の行動にも必ず期限を設けるようにする。双方が期限を目指し行動する緊迫感が早期の債権回収につながるのだ。

## (3) 徹底的な督促

　徹底的な督促とは、決して脅かしや強引な督促ではなく、迅速な対応と粘り強い督促を指す。債務者が設定された期限を守らない場合は、すぐに対応することがきわめて重要である。例えば、「今週の金曜日までに支払計画を提出する」という主旨の期限設定であれば、金曜日の夕方になってもまだ提出がなければ、間髪をいれずに督促する。時差の関係を考慮して、月曜日に督促すればという態度では、債務者は緊急性を感じなくなる。そして交渉の結果、債務者が期限を延長したいと申し出たら、必ず延長の理由を確認した上で承諾する必要がある。理由も聞かずに延長を承諾すると債務者に都合の良い債権者と思われ、ますます増長させることになる。

　しかし実務上は、こうした債務者の延長の申し出を無条件に受けざるを得ない場合があるのも事実である。その場合には、粘り強く督促することである。私の場合では、英国の取引先の社長と直接話をするのに、20回近く電話をしたことがある。さすがにこれだけ居留守を使われると、相手も悪いと思うのか、回収は成功裏に終わった。迅速かつ徹底的な督促をすると、債務者は追い詰められて、最後には逃げられなくなる。王手をかけて王将を詰めていく将棋と同じだ。債務者が持ち駒を使い果たし、逃げ道もなくなるときが来る。そのタイミングを根気良く待つことも大切だ。粘り強く督促をしていく上で重要なことは、情報の蓄積である。債務者との交渉を記録に残すことは大前提である。交渉記録には、電話した日にちだけでなく、時間も記載する。こうすることで、債務者がつかまりやすい時間帯がわかってくる。自社の担当者が交代した場合も、貴重な資料となる。

## （4）習慣付け

　これは、債務者に期日どおりに支払いをする、債権者との約束を守るという習慣付けをさせることである。言い換えれば、債務者の中における自社の優先順位を高めるということだ。債務者は常に多くの債権者を抱えている。そして、倒産していない限りは必ず何社かの債権者には支払いを継続しているのだ。通常これは、金融機関や大口仕入先など国内の有力な債権者になる。無担保取引の海外の債権者、しかも小口などはもっとも優先順位が低いと思ってよい。債務者の企業経営への影響が軽微だと考えられているからだ。こうした状況で、海外の債権者が支払いの優先順位を上げてゆくのは大変なことである。そのためには、日頃から期限を設定し、守られない場合は「すぐに督促が来る、そう簡単にはあきらめない、あまりにうるさいから払ってしまった方が楽だ」と思わせることが大切だ。債権回収においては、常に債務者の習慣付けを意識することが肝要だ。

## （5）成果の確認

　(1) ～ (4) の原則に基づき行動したらその成果を確認する。回収できたのか、できないのならばその理由を明確にした上で次の目標を設定する。この行動を繰り返すことで効率的な回収に結び付いていく。

## （6）基本的な督促スケジュール

　基本的な督促のスケジュールを**図表6**に記した。このスケジュールはこれだけをやっていれば問題ないというものでは決してなく、このタイミングで最低限これだけはやっておくべきという主旨のものだ。これを参考にして自社に最適のスケジュールを組むとよい。またこれは、遅延期間90日を一つの目安に

**図表6　督促スケジュール**

| 遅延期間 | 督促の手段 |
|---|---|
| 支払い期日1週間前 | 売掛金確認通知書 |
| 支払期日 | 1回目の電話 |
| 5日経過 | ステートメントまたはリマインダー<br>2回目の電話 |
| 15日経過 | 3回目の電話 |
| 30日経過 | 1通目の督促状<br>4回目の電話<br>発注状況のモニタリング |
| 45日経過 | 5回目の電話 |
| 60日経過 | 2通目の督促状<br>6回目の電話<br>出荷停止 |
| 90日経過 | 最終督促状<br>7回目の電話<br>第三者への回収依頼の相談 |
| 120日経過 | 第三者への回収依頼<br>法的手段・弁護士への委託 |

社内で回収するように作られている。120日以上遅延した案件については、コレクション・エージェンシーや弁護士など外部の力を借りて回収することになる。それぞれのタイミングで発行する督促状については、次項以降でサンプルを基に詳しく解説する。

## 6. 具体的な回収手段

海外の債権回収における代表的な回収手段をここでは比較検討してみよう。

### (1) 電話

　電話の長所は即時性である。回収の結果がすぐに出るので、次なる手段を迅速に講じることができる。例えば、債務者の担当者が退職している場合、手紙だとその事実が判明するのに郵便で1～2週間、FAXや電子メールでも1～3日かかる。最近便利な電子メールだとエラーで帰ってくればすぐにおかしいと気付くが、海外の中小企業だと情報システムの担当者も置いていないところがほとんどなので、エラーにならないこともある。電話なら、相手の会社に誰かいれば即時に退職の事実が判明する。さらにうまくすれば、新担当者を聞き出すこともできる。また文章にくらべて、言外のニュアンスもつかみやすい。

　反対に、短所は時差と言語である。とくに日本からの回収においては、英会話力が直接回収率に反映するといっても過言ではない。また、時差の関係からヨーロッパ、アジアは比較的電話をかけやすいが、北米、中南米は大体、日本と反対なので効率的ではない。

### (2) 手紙・FAX・電子メール

　手紙・FAX・電子メールの長所は明確性と証拠能力の高さである。電子メール・FAX・手紙の順に即時性も高いが、やはり文書の最大の威力はこちらの伝えたい内容を明確に表現でき、しかも何度も推敲できるという点である。とくに日本人は、英会話が苦手でも読み書きに長けているので、英会話に自信のな

い人には最適の回収手段である。また、電話ほどではないが、相手の言外の意図も読み取れる場合もある。また、電話に比べて証拠能力の高さも長所である。電子メールが証拠として充分に通用することは、エンロンとアンダーセンの事件で証明された。

　短所としては、一方通行で双方向性がないという点。言い換えれば、債務者が無視しやすいという点である。電子メールなどはその典型で、督促も簡単な分だけ、債務者も無視しやすい。開封もせずにワンクリックで督促メールを削除できる。手紙やFAXも同じである。開封せずに、あるいは読まずにゴミ箱に捨てることが容易である。

## (3) 訪問

　日本における回収のイメージはまさに取り立てであり、一般的に、直接債務者を訪問して回収する場面を連想する。しかし、世界的にはこれは必ずしも常識ではない。米国などでは、債務者を直接訪問すること自体に危険が伴うし、国土の広さからも非効率的である。

　したがって、ほとんどの回収は、電話、FAX、電子メールで行われている。訪問の長所は双方向性、即時性にある。相手の表情の機微を読み取りながら、その場で交渉ができるという点が最大の利点である。短所はその効率の悪さである。事前にアポを取るべきかどうかは賛否両論が分かれるところだが、どちらの場合も訪問しても担当者に会えないというリスクが常に付きまとう。アポを取っても債務者は意図的に不在になるし、アポを取らなければ債務者が本当

**図表7　海外の債権回収の各手法の比較**

| 回収手法 | 長所 | 短所 |
|---|---|---|
| 電話 | 即時性 | 時差・言語 |
| 手紙・FAX・電子メール | 明確性・証拠能力の高さ | 一方通行 |
| 訪問 | 即時性・双方向性 | 低効率・高コスト |

に不在のこともある。たとえ会社にいたとしても、アポなしでは取り次いでもらえない可能性も高い。また、現地に駐在員がいなくて、日本から出張して回収することを考えると、非常に高いコストになる。国と滞在日数にもよるが、一人が出張するだけで最低でも30万円〜100万円程度の旅費はかかり、債権額や利益率によっては全くコスト倒れになる可能性もある。

## (4) 電話の活用

　こうして比較すると、日本からの回収では電話が非常に効果的であることがわかるだろう。自社では、海外の債権回収に電話をよく使うだろうか。使っていないなら、今後は使うべきである。非常に有効な回収手段である。また、FAXや電子メールのフォローアップにも最適である。英語を話すのが得意でないからとよく尻込みする人がいるが、全くもって心配ない。債務者が、英国、米国、カナダ、オーストラリア以外の国であれば、ほとんどまともな英語など話せない。中学から大学まで最低でも10年間は英語を学習してきた日本人の方がよっぽど文法的にしっかりした英語を話せるはずである。

　ただ彼らがすごいのは、全く物怖じしない点である。日本人のように自分の英語が相手に理解してもらえないのではないか、下手な発音で笑われるのではないかという懸念など持っていないように、一方的にしゃべりまくる。こちらも思うことをゆっくりとでもいいから、はっきり言えばよいのだ。言うべきことを紙に書いて、見ながら話しても良いだろう。ただし、相手の言っていることがわからない場合は聞き直す素直さも大切だ。"I beg your pardon？"と言えばよい。わかった振りをしていると全く交渉にならない。

## 7. 電話による回収

　ここでは、電話での督促の基本的であるオープニングトークを4段階に分けて解説しよう。

## (1) ライトパースンと話す

"May I speak to Mr. Mark Brown?"
「マーク・ブラウンさんをお願いします。」
"This is Ken Tanaka of Japan Trade.
「日本貿易の田中健です。」

　電話で最も重要なことは、ライトパースンと話すことである。例えば、責任のある社長と話さなければならないときに、その秘書に足止めを食らっているようでは、回収もうまくいかないことが多い。秘書やアシスタントが出たときは、用件は伝えずに本人を出してもらうように依頼することが大切だ。気の利いた秘書ならば、債権回収の電話は、セールスマンの売り込み同様に体よく断わろうとしたり、居留守を使ったりするものだ。

　また営業部門と債権回収部門が別組織で、営業担当者とは別の人間が、債権回収だけを数10件も担当しているような場合は、電話をする前に債務者の情報を再度確認し、相手の対応に対して機敏に反応することが必要である。そのために顧客データベースなどを活用して、債務者の企業概要、過去の取引実績、支払履歴など、情報の共有化を図ることが大切である。

　ライトパースンが電話に出たら自分を名乗る。自分の正体を明かさずに本題に入ると、相手は不信感から話に身が入らない。ひどいときには、そのまま電

第5章　海外取引の債権回収実務

話を切られることもあるので注意が必要だ。電話が直通だったりして本人が直接出れば何の問題ない。しかし、秘書やアシスタントが出た場合は、"*Who's calling, please.*"「どちら様ですか」と聞かれることになる。さて何と応えるべきか？　もちろん自分の社名と名前を名乗るしかない。嘘をつくとばれたときに、こちらの立場が弱くなるからだ。

## （2）債務の詳細を説明する

I am calling about your overdue invoice. The invoice number is JT 091220 with the amount of JPY 3,500,000–.

話している相手が実際の担当者や責任者であれば良いが、そうではなく、秘書やアシスタントが "*May I take your message?*"「伝言を承ります。」、"May

**図表8　オープニングトーク**

Collection Techniques
Telephone〜Opening Script

| 手順 | スクリプト |
|---|---|
| 担当者を呼び出す | Mark Brown answers the phone... ← May I speak to Mr. Mark Brown? |
| 自分の社名・名前を名乗る | This is Ken Tanaka of Japan Trade. |
| 用件を伝える | I am calling about your overdue invoice. |
| 債務の詳細を伝える | The invoice number is JT-091220 with the amount of JPY3,500,000-. |
| 全額の支払いを要求する | Would you please remit the full amount into our bank account today? |
| 相手の反応を待つ | Strategic Pause |

185

*I ask what this is about?*"「何のご用件でしょうか？」と聞いてくるときがある。これにまともに応えるべきかは、ケース・バイ・ケースだが、要件は伝えずに電話を切ってかけ直す方が良い。どうせ、伝言をしても債務者からわざわざ折り返し電話があることはない。ただでさえ支払いをしたくない債権者に対して、わざわざ国際電話をかける奇特な債務者はいない。伝言を残しても、債務者に警戒されて居留守を使われるのがオチである。仮に、折り返し電話があるようであれば、債務者は支払遅延などしないだろう。あるいは、今は遅延していても、今後支払われる可能性が高い。

債務者と交渉中で何度かやり取りをしているような場合で、相手が居留守を使わない可能性が高い場合などは、伝言を残すこともできる。また、何度か電話をかけて秘書やアシスタントともうまくコミュニケーションが取れるようになればしめたものだ。結構、貴重な情報を漏らしてくれることがある。

## (3) 全額の支払いを要求する

"Would you please remit the full amount into our bank account today?"
「今日、当社の口座に全額振り込んでもらえますか。」

債権回収に慣れないと、ファーストコンタクトでつい「いつ払ってもらえますか？」と聞いてしまうものだが、これは間違いである。まずは全額をすぐに支払ってもらえるように交渉する姿勢が大切だ。そして交渉をしていく中で、「全額は無理だが80％なら」とか、「今日は無理だが今週中なら」というように譲歩し、具体的な約束を取り付けていく。それを最初から、「いつ」と聞いてしまえば、「今月末とか」、「わからない」と債務者が言いやすい環境を用意してしまうことになりかねない。常に督促では「全額を」「今日」から始まるのである。

## （4）相手の反応を待つ

　これを欧米では Strategic Pause と呼ぶ。督促の電話で難しいのは相手の話を聴くことである。それもできるだけ多く話をさせる方が良い。交渉ごとはすべてそうだが、多く話した方が負けである。なぜなら相手に付け入る糸口を与えることになるからだ。回収でいえば、債務者が多く話すほど、債権者は言い訳の矛盾を見抜くことが容易になる。相手が黙っているからといって、決してこちらか話を開始してはいけない。当面言うべきことはすべて言ったのだから、後は相手の出方を待つだけである。人間というのは沈黙の気まずさに耐えられないという性質をもつ。その沈黙を埋めようと、必死で話し始めるものだ。

　相手が話を始めたら、相手の話をよく聴いてとにかく Commitment（約束）を取り付けることだ。約束の内容で最も重要なことは必ず期限を設定することだ。支払いの期限はもちろん、分割支払の提出期限、回答の期限と債務者が行うと約束した行動にはすべて期限を設定する。期限を設定することにより、期限を守る、期限を破るという結果がすぐに得られ、ただ漫然と待つだけではなく迅速な対応が可能になる。

　また、人間は自分で言い出した約束は守ろうとする傾向がある。したがって、相手に具体的な約束を言わせるよう仕向けることも大切だ。中々自分で言い出さない相手に対して、具体的な約束を言わせるコツは、無理な期日や金額の要請をこちらからすることである。だから、こちらが使う督促の台詞は、常に「全額を」「今日」なのだ。「全額が無理だといくらなら」、「今日は無理だといつなら」と相手から言わざるを得なくなる。

## 8. 電話による回収のポイント

### (1) 最適の時間帯

　回収に最適の時間帯を見極めることはきわめて重要である。一般的には午前中の電話は効率が良いといわれているが、時差の関係もあるし、債務者が電話に出やすい時間帯もあるので一概には決められない。早朝・午前・午後・夕方・夜などいくつかのパターンを試して債務者ごとの最適な時間帯を把握する。また時間帯で注意を要するのが、金曜日など休み前の夕方の電話である。債務者は週末のことで頭が一杯で、一刻も早く電話を切りたいばかりに適当に相槌を打っているような場合がある。こうした約束は守られないことが多いので、注意が必要だ。また、金曜が休みで土曜は出勤という国もあるし、中東、中近東では、午後は一度自宅に帰り昼寝をして、夕方から夜まで働くという国もある。相手の国の文化や習慣は最低限の情報として収集しておきたい。

### (2) 担当者が不在の場合

　まずは伝言を残すべきかという大きな問題がある。状況にもよるが、初めての電話やボイスメールの場合は、伝言を残さない方が良いだろう。伝言を残しても債務者から折返しの電話があるわけでもない。むしろ、相手に警戒されて、取り次いでもらえなくなったり、居留守を使われたりする可能性があるからだ。伝言と同じで秘書やアシスタントへの対応も慎重に行わねばならない。債務者との交渉がある程度進んだ段階では、秘書やアシスタントを活用するのも効率的である。伝言を残す場合は必ず相手の名前を尋ね記録として残しておく。名

前を聞かれた相手は責任感を持ち、伝言が伝わりやすくなるというのは日本と同じである。

また、担当者が海外出張などで、長期にわたり不在の場合は、上席の人間と直接交渉するようにするのも良い。未払いの件が担当者レベルで留っているような場合など、期せずして回収が進展する場合がある。また、出張先の国やホテルを尋ねることも大切だ。日本に出張している可能性もあるし、欧米の債務者が近隣のアジアに出張に来ている可能性もある。あまり知られていないが、

### 図表9　電話による回収のポイント

| | |
|---|---|
| オープニング | ①ライトパースンと話す<br>②自分の社名と名前を伝える<br>③電話の理由を述べる<br>④債務の詳細を説明する<br>⑤必ず全額の支払いを要求する<br>⑥相手の反応を待つ（Strategic Pause） |
| 時間帯 | ⑦回収に最適の時間帯を見極める<br>⑧休日前の夕方の約束は要注意 |
| 担当者が不在の場合 | ⑨伝言は残さない方がよい<br>⑩電話に出た人間の名前をメモする<br>⑪秘書やアシスタントへの対応は慎重に<br>⑫出張などの長期の不在時は他の責任者と交渉する<br>⑬出張先のホテルや連絡先を聞く |
| 交渉のテクニック | ⑭緊迫感を持ち、落ち着いたスピードで、低いトーンで話す<br>⑮商品に対するクレーム、請求ミス、誤納品への対応は迅速に<br>⑯感情的になったり、口論に陥ったりするのを避ける<br>⑰債務者に必要以上に同情しない<br>⑱オープンエンドの質問を多用する |
| 交渉の成立 | ⑲電話する前に落としどころ決めておく<br>⑳分割は総額の80％をまず支払わせる<br>㉑分割支払計画書を作成し、サインを取り付ける<br>㉒具体的行動に関する約束を取り付ける<br>㉓電話を切る前に約束を再確認する |
| フォローアップ | ㉔約束、計画不履行への対応は迅速に<br>㉕債務者は債権者を値踏みする |

出張先の回収は上手くいくことが多い。なぜなら、海外の出張先は異国であり、人々、言葉、空気も変わるため、債務者の気持ちに変化が生じることが多いからだ。とくに、相手が交渉のテーブルにつかない場合や、交渉が停滞している場合に有効である。

## (3) 交渉の仕方

督促の電話において何を話すかはもちろん重要だが、どのように話すかも大切なテーマである。話すスピードや声のトーンによって、債務者に与える印象も随分変わってくる。常に緊迫感を持って、適度なスピードで、低いトーンで話すように心がければ、債務者は真剣な態度でこちらの話に耳を傾けるはずだ。債権回収の電話で、商品に対するクレームや、誤納品、誤請求など債権者側のミスが発覚することもある。その場合には、一度は相手の主張を受け入れて事実関係を確認するようにする。クレームの深刻さによっては謝罪する必要も生じてくるが、通常この段階におけるクレームはお金を支払わない言い訳として使われることが多い。いずれにしても、債権回収部門では判断できないことも多いので、営業部門と連携を取って迅速に対処すべきである。

債務者が興奮している場合は、交渉にならないので、一度電話を切って別の機会にかけ直すほうが効率的である。間違ってもこちらも感情的になり口論になるのは避けたい。口論になれば交渉は決裂することが多く、債務者の時間稼ぎを手助けするようなものだからだ。また、債務者の所在地で新聞に載るような大きな天災や事件、病気が発生した場合、やたらと同情することは避けたい。債務者に支払遅延の良い口実を与えてしまうようなものだ。人道的であることと正当な債権を回収することは相反することではなく、全く別問題に過ぎないのだから。

債務者が支払いをしない真の理由を突き止めることはきわめて重要だが、現実的には債務者は表面的な理由しか口にしないものだ。そこで、オープンエンドの質問が効果を発揮する。オープンエンドの質問とは、「どうして支払わな

いのか？」「なぜ、支払計画を守れないのか？」「この債権についてどう考えているのか？」という形式の問いかけである。英語の場合は、What、Why、How で始まる疑問文になる。この質問に対しては、単なる Yes/No や数値では答えられないので、債務者は文章形式で答えることになる。こうしてより多く債務者に話をさせることにより、言い訳の矛盾や解決の糸口が見えてくる。

## (4) 交渉の成立

　回収の基本として目標を設定することの重要性は前に述べた。交渉が進んでいくと、いわゆる落しどころを探ることになる。落しどころを前もって決めておけば、自らの権限内で大胆に交渉を行うことができる。債権回収は時間との戦いなので、即断即決は非常に重要である。

　落しどころで分割での支払いを受け入れる用意があるのなら、まずは債権額の 80% を支払ってもらうように交渉する。その上で残りの 20% を今月末にといった提案をしていく。債務者は 2 回では支払えないことも多いので、結果的に分割払いの回数は 5〜10 回ぐらいになるのだが、初めから 10 回を提案していたのでは、20〜30 回ぐらいの分割になる可能性が高い。決してこちらから 10 回払いのような提案をしないことだ。

　電話での交渉がうまく成立した場合は、電話を切った後に債務者が取るべき行動に関して債務者の約束を取り付ける。約束とは例えば、「債務者が分割払いの合意書にサインをして、それを今日中に債権者へ FAX する」という種類のものだ。そして電話を切る前に、その約束を再度確認してから受話器を置く。分割払いの合意ができてもそれを書面にすることに難色を示す債務者は多い。債権者側としては、書面にすることで証拠をそろえる目的もあるが、それ以上に債務者の意図を再確認する意味合いが高い。それを避けるために書面での同意を条件にすべきである。

## (5) フォローアップ

　交渉の結果成立した支払日や分割払いが守られない場合、迅速に対応する必要がある。海外からの送金にはタイムラグがあるので、債務者が送金手続を処理した後に、Bank Remittance Advice（銀行送金通知書）をFAXで送付するように取り決めしておくと良い。そうすれば、通知書を受領していないことを理由に、支払日に債務者に連絡を取り督促することができる。くれぐれも海外送金のタイムラグを見越して、明日か明後日に督促しようなどとは考えないことだ。債務者は常に債権者を値踏みして支払いの優先順位を決めている。約束を破ってもすぐに督促してこない債権者は、ますますなめられて優先順位が下がることになる。

## 9. 典型的な債務者の言い訳

### (1) We have not received your invoice
### 　　（請求書を受け取ってない）

もっとも代表的な債務者の言い訳の一つだが、真実は次のいずれかである。

- 本当に受け取っていない
- 紛失した
- 嘘をついている

　ただし、債権者としてはこの真実を追求することができないというのが厄介な点だ。とくに明らかに債務者が嘘ついているとわかっていても、「嘘をついているだろう」とは言えない。したがってこの言い訳に対する対応策はただ一つ、請求書を再送することである。今では、電子メールに添付して請求書を送ることもできるので、それほどの手間ではない。また、あらかじめ債務者からこの言い訳が出ることを見越して、督促状に請求書を添付するというのも有効な方法だ。

### (2) Signer is out of town
### 　　（支払いの責任者が出張中）

　この類の言い訳もよく聞かれる。やはりこれも本当の場合とそうでない場合があるが、追求することはできない。したがって、「どこに出張に行っている

のか」、「出張先に連絡を取れるか」、「いつ出張から帰るのか」と現状を確認することになる。出張先が海外の関連会社の場合、連絡を取れることも多い。電話はつながらなくても、電子メールは毎日確認しているという場合もある。出張先のホテルなどがわかれば、ホテルに直接電話したり、国内や近隣諸国であれば、出向いていったりして面会を求める。

また、「他にサインできる管理者はいないのか」、「上席の人間と話せないか」という質問も効果的である。たまたま居合わせた財務の副社長などが電話に出て、案外すんなりと回収が進む場合もある。

## (3) We have already paid（すでに支払った）

これも請求書がないのと同じで、嘘である可能性が高い。事実を確認するもっとも確実な方法は、銀行送金通知書をFAXで送ってもらうことである。嘘の場合、いくら待ってもFAXが送られてこない。狡猾な債務者は、銀行が受け付ける前の銀行送金依頼書を送ってくるケースもある。銀行の受付印などが押されているか、日付はあっているかなどしっかり確認することが必要だ。

## (4) We would like to return your goods （商品を返却したい）

顧客が商品を受領した時点でのこうしたクレームが出るのは十分考えられることだ。品番、色、形式、仕様、品質、損傷、欠陥等の問題などはよく起こる。こうしたクレームに対しては、真摯な態度で接する必要があるが、回収担当者が対応できる問題ではないことが多い。まずは謝罪をして、営業担当者と連携を取り、迅速に問題を解決するように促すことだ。

問題は、商品が受領されて何ヶ月も経過し、支払期限も過ぎているようなケースだ。この場合、クレームと契約内容を確認して、議論を重ね解決することになるのだが、もめるケースでは、品質に関する取り決めがなされていない

ことが多い。明らかに支払いをしたくないので、品質にケチを付けているとわかるケースでも、ある程度相手の要求をのみ妥協しなくてはならないこともある。問題の解決を長引かせるほど、回収できなくなる可能性が高まるからだ。こうした問題が発生しないように、商品の受領時期を見計らって営業担当がフォローの連絡をしておくというのはきわめて重要なことである。

また、商品の受領が確認できていないので支払いをしていないという言い訳もあるが、これは単なる時間稼ぎの場合が多い。支払期日が過ぎても注文した商品の受領を確認せずにそのままにしておくというのは考えにくい。こうした言い訳を使われないように商品の受領関係の書類はしっかり管理しておきたい。

## (5) We are having poor cashflow（キャッシュフローが停滞している）

債務者の言い訳の中でも最も正直な言い訳である。だからといって、「ハイわかりました」と引き下がるわけには行かない。まずは理由を聞くことである。そしてキャッシュフローの問題が一時的なものなのか、恒常的なものなのかを見極める必要がある。また、全額ではなくとも、すぐに支払える分だけまず支払ってもらうように交渉するのも有効な手段だ。債務者は倒産していない限り、必ずどこかの債権者にはお金を支払っていることを忘れてはならない。

## (6) Customer is not paying us（顧客が支払わない）

これは全くこちらの問題とは関係ないのだが、なぜかこの言い訳を持ち出す債務者が非常に多い。もちろん単なる言い訳の場合もある。それを見極めるには、顧客の名前や債権額、遅延期間などを聞き出すこと、また必要ならば有能なコレクション・エージェンシーや弁護士を紹介してあげると申し出る。大体これで本当に顧客から回収できていないのかわかる。実際、販売代理店が顧客

から回収した商品代金を運転資金に使ってしまっていることがよくある。

### COLUMN 海外出張 こぼれ話　スペイン

　これは、現地の駐在員の方から聞いた話だが、スペインでは、飲食店や小売店を対象にしたストリートコレクションと呼ばれる回収手法がある。日本であるサンドイッチマンのように看板を持たせて、店の前に立つのだ。その看板には、「お金を払って下さい」とか「この店は未払いを抱えています」というような趣旨の文句が書かれている。これは、客商売をする店にとってはかなりの打撃である。客離れを怖れて、店側はお金を払うのだそうだ。営業妨害で訴えられないのかと思うのだが、そうした問題がなければ、債務者が未払いを抱えていることを他人に知られたくないという心理を見事に突いた回収手法である。

# 第6章

# 英文督促状のポイント

## 1. 督促状の悪い見本

　取引の相手国によらず、督促するときは英語で行うことが圧倒的に多いはずだ。ビジネスを行う上では、英語がグローバルスタンダードといってよい。したがって、英文督促状の書き方のポイントさえ押さえておけば、債務者の国にかかわらず書面での回収を行うことができるようになる。手紙・FAX・電子メールによる督促の各利点はすでに述べた。ここでは、実際に債務者に支払う気を起こさせる督促状について解説する。まずはこの手紙をご覧いただきたい。

---

May 6, 20 xx

Dear Mr. Overdue :

We shipped your order of May 1, 20 xx on Monday.

We did not know that you visited Japan last month. Why didn't you let us know about your stay? We heard it from Ms. Komura.

However, Ms. Komura told me that you were looking for new products to resell in your market. We have released a couple of new products which might sell well in U.S. If you are interested in them, we will send you our quotation.

Lastly, we request you to remit our money. We need cash to manufacture your customized products. Your balance is JPY 4,380,000–. We will appreciate if you make remittance soon.

Best Regards,


Ken Tanaka
Japan Trade Ltd.

これは実際にある会社が債権回収の目的で顧客に出した電子メールである。もちろん人名、社名、商品名、金額、国などは変更してある。自分が受取人だったら、これを見てすぐにお金を支払おうという気になるだろうか。ほとんどの人はそう感じないはずだ。文法や言葉の使い方の問題は別として、その原因は大きく三つある。

(1) 主旨が明確でない
(2) 債権の詳細がない
(3) 期限がない

## (1) 主旨が明確でない

　この督促状では、主題が最後のパラグラフに来ている。これではお金を支払って欲しいという債権者の意図は伝わらない。それどころか前半の部分を読んでいると、普通のビジネスのコレポンにしか読めない。日本的な感覚では、重要なことを最後に書くという手法は、現代のビジネス社会でも十分通用するかもしれないが、英語ではそうはいかない。最後に本題を書くなんていう回りくどいことでは、債務者に支払いをさせることはできない。主題は第1パラグラフに入れるというのが基本である。遅くても第2パラグラフまでだろう。そうでなければ、こちらの意図は伝わらないし、督促状の緊迫感も出てこない。まず結論を先に述べてから詳しくまたは補足説明をする、というのが督促状に限らず英文ライティングの基本でもある。

## (2) 債権の詳細がない

　督促状に不可欠なのは債権の詳細である。債権の詳細とは、債権額、支払期日、請求書番号等である。ここでは、債権額しか書かれていないため、実際ど

れくらい遅延しているのかわからない。債務者は都合の悪いことは忘れるものである。必ず支払期日を書き、支払いの緊急性をアピールすることが重要だ。また、振込先を書くことも大切である。過去に何度も振り込んでいる企業でも、いざ支払う段階になって、改めて振込先を聞いてくることが良くあるからだ。

## (3) 期限がない

　最後のパラグラフで支払いを促しているが、この支払要請に対して期限を設定していないのは致命傷である。期限が決められていなければ、緊迫感もない。Soon「すぐ」や As soon as possible「できるだけ早く」Immediately「直ちに」というフレーズは督促状ではあまり効果的ではない。人によって「すぐ」や「できるだけ早く」の受け取り方が異なるため、期限が明確でないからだ。また今後督促するにしても、期限があった方が督促しやすい。必ず by May 10「5月10日までに」、within this week「今週中に」などの期限が明確な表現を心がけよう。

## 2. 回収できる督促状 20 のポイント

| | |
|---|---|
| システム化 | ①遅延期間に応じた複数の督促状を用意する<br>②必要に応じてカスタマイズする<br>③定期的に督促状を見直す<br>④請求書を添付する |
| 督促状の構成 | ⑤本題を第 1 パラグラフで提示する<br>⑥1 ページで簡潔にまとめる<br>⑦大文字を有効に活用する<br>⑧遅延期間を日数で表現する<br>⑨Plain English と Long Letter Words を使い分ける |
| 相手に読ませる | ⑩遅延期間に応じ差出人と受取人を変える<br>⑪市販の封筒と切手を利用する<br>⑫速達、電報、宅配便を利用する<br>⑬手書きのメモの活用<br>⑭One Word Letter の活用 |
| 督促状の戦略 | ⑮相手の手紙を分析する<br>⑯必ず期限を設定する<br>⑰配達証明などで配達履歴を確認する<br>⑱弁護士名での Final Demand の発送<br>⑲Thank You Letter の活用<br>⑳支払期日前の確認を行う |

## (1) システム化

　遅延期間に応じた複数の督促状を準備しておき、必要に応じてカスタマイズしたものを使用すると効率的に回収活動ができる。消費者相手に大量の請求、督促を行わなければならない電話、電気、水道、金融機関、カード会社など債権回収のシステム化が進んだ会社では、顧客と遅延時期にあわせた督促状が自動的に作成され、ボタン一つで PC から出てくるようにしてある会社も多い。

そこまでする必要はないにしろ、あらかじめ複数の督促状のテンプレートを作成しておけば、債権回収の効率化が図れる。

遅延期間別の英文督促状のサンプルを後に記載したので参考にしていただきたい。このサンプルは体裁を若干変更すれば、手紙やFAXでも使い回すことができる。自社のテンプレートは実態にそぐわなくなることも多いので、債務者の反応を見ながら定期的に見直す必要がある。また、代表的な言い訳を防ぐために初めから督促状に請求書を同封するのも効果的だ。

## (2) 督促状の構成

督促状の全体の構成としては、手紙やFAXの場合は1ページにまとめるようにする。電子メールの場合は、2～4パラグラフで構成されている方が読みやすい。また、1つのパラグラフも2～3文程度が読みやすい。忘れてはならないのが、主題を第1パラグラフにもって来ることである。すべてを大文字にすると読みづらくなるが、強調したい部分に大文字を使ったり、アンダーラインを引いたりするとわかりやすい。緊迫感を出すために支払期日を入れるのは必須だが、遅延期間を日数で表現するとよりインパクトがある。また、督促状で使用する英単語はPlain Englishが基本だが、適宜、Long Letter Wordsと呼ばれる長い単語を織り交ぜると、回収のプロフェッショナルな雰囲気が出せる。

## (3) 相手に読ませる

常習的な債務者になれば、督促状を1日に何通も受け取っている。ひどい場合は、差出人を見ただけで開封もせずにゴミ箱に直行である。したがって、督促状には開封させる工夫、内容を読ませる工夫が必要となる。手紙やFAXの場合、末尾の書名欄は印刷されたものより手書きの方が読まれやすい。遅延期間が経過するにつれて、差出人と受取人を変えるのも一つの方法である。差出人の役職を上げていくことで、こちらの社内における問題の大きさをアピール

することができるし、相手の宛名の役職を上げていくことで、真剣に支払いを検討するようになる場合もある。

　市販の封筒と切手を利用すると、未開封のまま捨てられる可能性が減る。誰から来たかわからない手紙は、内容を確認したくなるのが自然な感情だからだ。かつて炭そ菌事件が米国で広まったときは、逆にこの作戦が裏目に出てしまったことがある。とにかく相手に開封させるには、速達、電報、宅配便を利用するというのも有効な手段である。

　きちんとタイプして印刷した督促状にUrgent！（緊急）、Immediate Action Required（迅速な対応必要）などのメモを手書きで入れるとインパクトがある。郵送ならば強調したい部分にアンダーラインを引くのも良いだろう。また、債務者に全く無視されているような場合は、One Word Letterと呼ばれるA4の白紙に1語、1フレーズとあなたの名前と社名だけ手書きで記載してFAXを送るというやり方もインパクトがある。例えば、"PLEASE！＄1,000.00-"というようにである。ただし、同じ債務者に何度も使うと効果が薄れるので注意を要する。

## （4）督促状の戦略

　効果的な督促状を書くには、債務者からの手紙を分析する必要がある。そして、相手の真の狙いがどこにあるのかを見極めて、その真の狙いに答えるように督促状を書く。クレームがある場合は、債務者も何枚にもわたる詳細な返事を書いてくる場合がある。その返事を熟読して内容や事実関係を確認することは無論重要だ。しかし、そこに書かれた一つ一つの項目に対して、丁寧に返事をする必要はほとんどない。結局は議論になり平行線をたどることになるからだ。むしろ、債務者がなぜそんなに長い返事を書いてきたのか、結論は何を言いたいのかと分析をして、その意図や結論に対して返答や提案をした方が進展しやすい。そして提案や相手の行動には必ず期限を設けよう。手紙を受け取っていないという言い訳を防ぐために、配達証明や宅配便を利用し受け取りを確

認すると良い。

　また、Final Notice を送る場合は、日本人で構わないので、顧問弁護士の了解を得て弁護士の署名を入れておくと効果がある場合もある。分割払いの場合は、入金を確認したら Thank You Letter を送り、次の支払期日前には確認通知やリマインダーを送ることも大切だ。分割払いを承認したら、債務者のサインを入れた合意書を作成するのが確実だが、債務者が応じない場合も多い。その場合には、こちらから電話の内容をまとめた確認書を一方的に送り、3日以内に返事がなければ債務者はこの内容を認めたとする一文を入れておく方法もある。その場合には、必ず一度でも支払いが遅れた場合は全額の支払期限が到来する旨の期限の利益喪失条項を入れておく。

## 3. 督促状によく使われるフレーズ

　たった１通の督促状で１千万円クラスの債権が回収できてしまうといったら驚くだろうか。しかしこれは紛れもない事実なのだ。私自身も経験があるし、顧客が同じ経験をしたのを聞いたこともある。もちろん、督促したタイミングが良かっただけかもしれないが、下記のようなフレーズを盛り込むことも大切なポイントである。

① "Your payment has been past–due for 45 days."
「御社の支払は45日遅延しています。」

　督促状の冒頭部分に述べるべきフレーズ。はっきり遅延期間を記載することで、これが督促状である旨をはっきり伝える。単に支払期日を明記するよりも、遅延期間を日数で書いた方が、インパクトがある。

② "We ask that you remit the full amount within *this week*."
「今週中に全額の送金を要求します。」

　これは督促状の基本中の基本のフレーズ。必ず記載していただきたい。斜字は期日に応じて変更する。「全額を今すぐ」要求することが大切。

③ "To prevent further delays for the next shipments, your payment today is highly requested."
「今後の出荷を遅らせないためにも、本日中にお支払いただくことが非常に重要です。」

督促状のコツの一つに、「債務者に支払いの動機を与える」というのがある。ここでは今後の出荷が遅れるという軽いペナルティを示唆することで、支払いをさせようとしている。

　この三つのフレーズを見て何か共通点に気付かないだろうか。すべてに具体的な日数や期限が設定されている。とくに期限の設定は、督促状を書く上で最も重要なことである。理由は電話での督促と同じだが、期限の設定により次なる行動が迅速に取れるからだ。期限が決められていなければ、緊迫感もない。

## 4. 英文督促状の基本フォーマット

　このフォーマットは、督促状の本文部分だけである。全体の構成は一般的なビジネスライティングと同じである。手紙、FAX、電子メールで使える。このフォーマットでは、(1) 現状の提示は箇条書きにするので、本文自体は3パラグラフで構成されている。

### (1) Present the situation（現状の提示）

　ここでは主に件名と債権の詳細について記載する。件名は Overdue Account（遅延債権）、Outstanding Payment（未払い）などと明確に書くのが一般的である。債権の詳細で最低限必要なのは、債権額、請求書番号、支払期日である。他にも Reference Number（参照番号）、Purchase Order Number（注文番号）なども記載すればより良い。

### (2) Make a proposal（提案をする）

　提案とは通常支払いの要請である。いつまでにお金をいくら支払えという要請をすることになる。提案の内容と表現方法は督促の段階によってはかなりきつい表現になる。この督促状の前後に電話をしたり、請求書などの添付資料を付けたりした場合は、そのことにも言及する。

## (3) Provide motivation for the debtor
（債務者に支払いの動機を与える）

　ここでいうところのモティベーション（動機）とは簡単に言えば、インセンティブかペナルティを指している。インセンティブは遅延期間の短い時期に、ペナルティは遅延期間がかなり経過した時点で有効である。というのは、債務者といっても元々はお客様であり、多少の遅延で脅していては、債権は回収できるだろうが、2度と注文が来ない可能性があり、商売が成り立たなくなる可能性があるからだ。ある程度の見極めが必要である。与信限度額を維持することもインセンティブになるし、減額すればペナルティにもなる。今後の注文も同じである。次なる手段は法的手段などを示唆しており、ペナルティの一種といえる。

## (4) Action（行動）

　ここでは、第2パラグラフの提案を再確認することで、債務者に即行動に移らせるように働きかけている。支払方法や銀行の振込先などもここに記載する。ここでも行動の期限を設定することを忘れないようにする。

第 6 章　英文督促状のポイント

(1) Present the situation（現状の提示）

　　Subject（件名）
　　Invoice Number（請求書番号）
　　Invoice Amount（請求金額）
　　Due Date（支払期日）

(2) Make a proposal（提案をする）

　　Request for the payment（支払いの要請）
　　Addressing the matter（問題の言及）
　　Reference to your calls, attached documentation（電話や添付書類の参照）

(3) Provide motivation for the debtor（債務者に支払いの動機を与える）

　　Credit line（与信限度額）
　　Future order（今後の注文）
　　Next step of action（次なる手段）

(4) Action（行動）

　　Action deadline（行動の期限）
　　Payment method（支払方法）

# 5. 売掛確認通知書の効用

　支払期日を重視しない海外の顧客に対しては、売掛確認通知書が効果的である。これは支払期日前に顧客に支払期日をリマインドさせることにより、債権の遅延を未然に防ぐという主旨のものである。

## (1) 債権の詳細

Subject :　　　　　Accounts Receivable Verification Notice
Invoice Number :
Invoice Amount :
Due Date :

　前頁の督促状フォーマットと同じように箇条書きで件名と債権の詳細が記載されている。これによりこの手紙の主旨と目的がすぐにわかる。督促状ではないので、件名は Accounts Receivable Verification Notice（売掛確認通知書）となっている。

## (2) 主題の提示

Would you please check the details against your records about the above account? Attached is a copy of the invoice.
（上記債権の御社の社内記録の詳細をご確認いただけませんでしょうか。添付が請求書です。）

これは督促状ではないので、表現が丁寧な言い回しになっている。請求書がないという言い訳を防ぐためにはじめから請求書を添付している。社内記録の詳細とは支払予定のことだが、間接的な表現を使うことで丁寧さを出している。

# (3) 行動を促す

Please complete the attached form and return it by fax within this week.
(添付の書面をご記入の上、FAXにて今週中にご返信いただくようお願いします。)

丁寧ではあるものの、期限を設定して相手にすぐに行動を取らせるように仕向けている。今週中が曖昧と感じる場合は、〇月〇日までとすべき。

# Accounts Receivable Verification Notice

Month/Day/Year


Contact Person
Title
Company Name
Fax Number/Address
Pages


Subject :                              Accounts Receivable Verification Notice
Invoice Number :
Invoice Amount :
Due Date :


Dear Contact Person :

Would you please check the details against your records about the above account? Attached is a copy of the invoice.

Please complete the attached form and return it by fax within this week.

Our fax number :         813–fax number

Sincerely,



Name
Title
Company Name

## 6. レスポンスシートの活用

### (1) レスポンスシートとは

　海外の取引先とのやり取りにおいて、せっかくこちらはワープロを打って印刷した書面をFAXしているのに、先方はこちらのFAXの余白に要件だけを殴り書きして返信してきたという経験がないだろうか。これは国民性の違いかもしれないが、国を問わずこういう取引先は非常に多い。電子メールが発達した今でも、FAXを使用する取引先も依然として多い。こうした面倒がり屋の海外の取引先のために考案したのが、215頁のレスポンスシートである。これは前頁の売掛確認通知書とセットになっている。これを受け取った取引先は選択肢から適切なものを選び、必要事項を記入してFAXするだけで良いので、レスポンスの率もスピードも上がる。もちろん、電子メールでもこれは応用できる。返信部分を電子メールの最後に付けておけばよいのだ。海外の債権回収においては、こうした細かな工夫が非常に大切である。

### (2) 記載する内容

The above information is correct. Full payment will be remitted by the due date.
（上記情報は正しいです。支払期日までに全額を振り込みます。）

The above information is correct. Full payment was already remitted on＿＿＿＿＿.

（上記情報は正しいです。全額はすでに〜日に送金済みです。）

　ここではあえて、債権者にとって良い情報しか選択肢として記載してない。余計な口実を与えたくないとの配慮である。単なる支払いではなく全額となっているのも細かい工夫。すでに問題が発覚している場合や可能性が高い場合は、次のような選択肢も十分考えられる。

The invoice amount is incorrect. The correct amount should be＿＿＿＿．
（請求金額は正しくありません。正確な金額は〜です。）

The order is in dispute. The dispute in issue is as follows ;
（注文にはクレームがついています。問題点は次のとおりです。）

We confirm the information on this form has been checked with our records.
（本書面の情報は当社の記録と照合したことを確認します。）

　これは相手に再度、念を押させるための決まり文句と思えば良い。

第6章　英文督促状のポイント

## Accounts Receivable Verification Notice (Response Sheet)

Name
Title
Company Name
Fax Number/Address


Subject :　　　　　　Accounts Receivable Verification Notice
Invoice Number :
Invoice Amount :
Due Date :


─────The above information is correct.
　　　　Full payment will be remitted by the due date.

─────The above information is correct.
　　　　Full payment was already remitted on_____.

We confirm the information on this form has been checked with our records.

Sincerely,


Name :
Title :
Company Name :
Phone/Fax :
Address :
Date :

# 7. 英文のリマインダー

Reminder（リマインダー）とは、Remind（思い出させる）という意味である。したがって、督促ではなく、表現も丁寧なものが中心になる。このリマインダーは5日程度の遅延で、電子メールで送ることを想定して作成されたものである（**図表1**参照）。件名も Late Account（支払いの遅れ）と少し柔らかな表現になっている。件名は直接、Reminder でもよい。

**図表1　督促スケジュール**

| 遅延期間 | 督促の手段 |
| --- | --- |
| 支払期日1週間前 | 売掛金確認通知書 |
| 支払期日 | 1回目の電話 |
| 5日経過 | リマインダーまたはステートメント<br>2回目の電話 |
| 15日経過 | 3回目の電話 |
| 30日経過 | 1通目の督促状<br>4回目の電話<br>発注状況のモニタリング |
| 45日経過 | 5回目の電話 |
| 60日経過 | 2通目の督促状<br>6回目の電話<br>出荷停止 |
| 90日経過 | 最終督促状<br>7回目の電話<br>第三者への回収依頼の相談 |
| 120日経過 | 第三者への回収依頼<br>弁護士への委託・法的手段 |

## (1) 主題の提示

We wish to advise you that we have not received your payment.
(ご連絡させていただきたいのですが、御社からお支払いをまだいただいておりません。)

ここではただ単に We have not received your payment とせずに、We wish to advise you〜と、丁寧な表現を使っている。「ご連絡させていただきたいのですが」という控えめなニュアンスになる。

## (2) 行動を促す

Please disregard this notice if you have already paid.
(すでにお支払いの場合は、本通知を無視してください。)

これはリマインダーや督促状の決まり文句である。この文の代わりに、次の文を入れる方法もある。

If you have already remitted your payment, please send us the bank remittance advice by fax.
(すでに送金済みの場合は、銀行振込通知書をお送りください。)

## Reminder (5 Days Slow)

Subject : Late Account / Reminder
Invoice Number :
Invoice Amount :
Due Date :

Dear Contact Person :

We wish to advise you that we have not received your payment.
Would you please check the details against your records about this and let us know when you can pay?

Attached is the copy of the invoice. Please disregard this notice if you have already paid.

Sincerely,


Name
Title
Company Name

# 8. 1通目の督促状

この督促状は1ヶ月程度の遅延を想定して、電子メールで送ることを想定して作成されたものである。件名もはっきりと Overdue Account Notice（遅延債権の通知）と明確な表現になっている。

## (1) 主題

You were recently advised that the above account has not been paid. We ask that you remit the full amount via telegraphic transfer to our bank account by January 31, 20 xx.
（先日、上記債権が未払いの旨を連絡しました。当社口座に全額を電信送金で、20 xx 年1月31日までにお振り込みいただくよう要求します。）

We ask that you remit the full amount〜というのは強い表現になる。リマインダーで使われている丁寧な表現との違いを確認していただきたい。Beneficiary は口座名義人の意味で、Bank Account Name とも表記できる。

## (2) 再確認

If there is a problem or a reason justifying the nonpayment of this account, please explain it to us, so that we can find a solution.
（未払いに関する正当な理由がある場合はご説明ください。一緒に解決策を考えられます。）

品質等でのクレームやその他問題点がないかを確認し、相手に釈明のチャンスを与えている。

---

### First Demand(30 Days Slow)

Subject : Overdue Account Notice
Invoice Number :
Invoice Amount :
Due Date :

Dear Contact Person :

You were recently advised that the above account has not been paid.
We ask that you remit the full amount via telegraphic transfer to our bank account by January 31, 20 xx.

Bank Name : The Tokyo Mitsubishi Bank
Branch : Shibuya Branch
Bank Address : 1-3-2 Dogenzaka, Shibuya-ku, Tokyo JAPAN
Account Number : XXXXXXX
Beneficiary : Knowledge Management Japan Corporation

If there is a problem or a reason justifying the nonpayment of this account, please explain it to us, so that we can find a solution.

Sincerely,



Name
Title
Company Name

## 9. 2通目の督促状

　この督促状は2ヶ月程度の遅延で、電子メールでの送付を想定して作成されたものである。件名も Second Overdue Account Notice（2通目の遅延債権通知）と明確な表現になっている。

### (1) 主題

Your payment for the above account has been past-due for 60 days.
（上記債権に関する御社の支払は60日遅延しています。）

### (2) 支払いの動機を与える

To prevent further delays for the next shipments, your prompt remittance is highly requested. We are honored to count you among our distinguished customers and we hope that the excellent relations between our companies will remain.
（今後の出荷を遅らせないためにも、早急にお支払いいただくことが非常に重要です。御社は当社にとって大切な顧客であり、両社の良好な関係が続くように願っています。）

　ここでは、今後の出荷や取引継続への影響を示唆しながら、支払いを直ちにするように促している。裏のメッセージは残された時間は、少なくなってきているということです。

# Second Demand (60 Days Slow)

Subject : Second Overdue Account Notice
Invoice Number :
Invoice Amount :
Due Date :

Dear Contact Person :

Your payment for the above account has been past–due for 60 days. We ask that you remit the full amount via telegraphic transfer to our bank account by February 28, 20 xx.

Our Bank Information :

To prevent further delays for the next shipments, your prompt remittance is highly requested. We are honored to count you among our distinguished customers and we hope that the excellent relations between our companies will remain.

Sincerely,



Name
Title
Company Name

第 6 章　英文督促状のポイント

## 10．最終通知

　この最終通知は 90 日程度の遅延で、電子メールでの送付を想定して作成されたものである。90 日を一つの目安に、自社内における債権回収を行うことを目標としているために、この時点で最終通知ということになっている。必ずしも 3 回目の督促状が最終通知になるという意味ではない。ただし、欧米では 3 通目が最後と決めている会社も多い。それ以降は外部に委託をして回収を図るからだ。件名も Final Notice（最終通知）と厳しい表現になっている。

## （1）前置き

Your payment for the above account has been past–due for **90** days.
（貴社債権の支払いは 90 日遅延しています。）

　遅延期間を太字にすることで遅延期間の異常な長さを表現している。これは前置きである。

## （2）主題

Unless you remit the full amount via telegraphic transfer to our bank account within **TODAY**, we will have no other alternative than to pursue further collection measures.
（本日中に当社口座に全額の電信送金がない場合は、次なる回収手段を講じざるを得ません。）

非常に長い一文だが、かなりインパクトがある。内容に加えて、太字やアンダーラインを組み合わせることにより、緊張感を出そうとしている。we will (have no other alternative than to) pursue further collection measures というフレーズはわざと間接的な表現を使っている。意味としては、カッコ内をなくしても十分通用するが、これがあることで次なる行動を取らざる得ないことを強調している。further collection measures としたのは、次なる回収手段がこの時点で決まっていない可能性があるためである。コレクション・エージェンシーや弁護士の起用が決まっているのなら、はっきりそう書けばよい。

第6章　英文督促状のポイント

## Final Demand (90 Days Slow)

Subject : **FINAL NOTICE**
Invoice Number :
Invoice Amount :
Due Date :

Dear Contact Person :

Your payment for the above account has been past-due for **90 days**.

Unless you remit the full amount via telegraphic transfer to our bank account within **TODAY**, <u>we will have no other alternative than to pursue further collection measures.</u>

Bank Name : The Tokyo Mitsubishi Bank
Branch : Shibuya Branch
Bank Address : 1-3-2 Dogenzaka, Shibuya-ku, Tokyo JAPAN
Account Number : XXXXXXX
Beneficiary : Knowledge Management Japan Corporation

Sincerely,


Name
Title
Company Name

# 11. その他英文督促状サンプル

## A　1通目の督促状

　これ以降は遅延期間に応じた英文督促状のサンプルである。適宜、自社に合うようにカスタマイズして、活用いただければ幸いである。とくに下線を引いた部分は、督促状で効果的な表現なので利用されることをお薦めする。

## (1) 前置き

<u>We have not received your payment to date.</u> You can easily imagine that <u>this matter must be concluded without further delay.</u>
(本日現在、お支払いをいただいていません。お察しのとおり、この問題は迅速に解決しなければなりません。)

"We have not received your payment to date." は未払いを示すよく使われる言い回し。
"without further delay". これ以上遅れることなく

## (2) 主題

Therefore <u>it is vital that you remit the full amount</u> via telegraphic transfer to our bank account by April 25, 20 xx.
(したがいまして、20xx年4月25日までに当社口座に電信で全額ご送金いただくこと

が非常に重要です。)

"it is vital that you remit the full amount～" vital の代わりに、critical、crucial、essential、imperative、important、significant とも置き換えることができる。

## (3) 補足

Please disregard this notice if your payment has already been remitted.
(すでにお支払いいただいた場合はこの通知は無視してください。)

　これは行き違いの支払いを懸念する督促状の決まり文句。

## A. First Demand

Subject : Overdue Account Notice
Invoice Number :
Invoice Amount :
Due Date :

Dear Contact Person :

We have not received your payment to date. You can easily imagine that this matter must be concluded without further delay.

Therefore it is vital that you remit the full amount via telegraphic transfer to our bank account by April 25, 20 xx.

Our Bank Information :

Please disregard this notice if your payment has already been remitted.

Sincerely,



Name
Title
Company Name

第6章 英文督促状のポイント

> B　2通目の督促状

## (1) 主題

Our internal records for the outstanding accounts caused us to send this additional demand for <u>immediate resolution of this account</u>, which is now seriously past due.
（当社の債権残高を調べましたところ、本債権がかなり遅延していることがわかりまして、お支払いいただきたく本状をお送りする次第です。）

"immediate resolution of this account" 本債権の迅速な解決（つまり支払いのこと）

## (2) 行動の促し

Because you have not responded to earlier notice, we urge you to remit the full amount due via telegraphic transfer within this week <u>to avoid the consideration of further collection activity</u>.
（今まで何度か通知をお送りしていましたが、回答がありませんでした。今週中に電信で全額送金いただければ、これ以上の回収活動を検討しなくても済みます。）

"to avoid the consideration of further collection activity." コレクション・エージェンシーや弁護士への委託など断固とした回収手段をとるという債権者の意向を示唆する表現。

# B. Second Demand

Subject : Overdue Account Notice
Invoice Number :
Invoice Amount :
Due Date :

Dear Contact Person :

Our internal records for the outstanding accounts caused us to send this additional demand for immediate resolution of this account, which is now seriously past due.

Because you have not responded to earlier notice, we urge you to remit the full amount due via telegraphic transfer within this week to avoid the consideration of further collection activity.

Our Bank Information :

Sincerely,



Name
Title
Company Name

## C 最終通知

### (1) 主題

You have been granted ample time to settle this account which remains considerably past due. Again we request your immediate attention to this URGENT matter. Please remit the full amount via telegraphic transfer to our bank account within today.
（御社には、本債権を支払うのに十分な時間がありましたが、今でも遅延したままとなっています。再度、この緊急案件について直ちに対処することを要求します。本日中に当社の口座に全額を電信送金してください。）

"remains considerably past due" 相当遅延している
"we request your immediate attention to this URGENT matter"「この緊急の件に対する即刻の注目」とは緊急性を伝える言い回しで、督促状でよく使われる表現である。

### (2) 補足

This is our FINAL NOTICE on this matter. Be aware that any information you provide will be used to collect this debt.
（これが本件に関する最終通知です。御社の回答はすべて、本債務を回収するために使用されるのでご注意ください。）

"Be aware that any information you provide will be used to collect this debt." 督促状でよく使われる常套的な表現。法的措置をとる印象を債務者に与えている。

## C. Final Demand

Subject : Final Notice
Invoice Number :
Invoice Amount :
Due Date :

Dear Contact Person :

You have been granted ample time to settle this account which remains considerably past due. <u>Again we request your immediate attention to this URGENT matter.</u> Please remit the full amount via telegraphic transfer to our bank account within today.

This is our FINAL NOTICE on this matter. <u>Be aware that any information you provide will be used to collect this debt.</u>

Our Bank Information :

Sincerely,




Name
Title
Company Name

## COLUMN　海外出張　こぼれ話　**メキシコ**

　東京でも雪が降ると、交通機関に支障が出て大混乱に陥ることがある。雪で電車が遅れましたというのは、東京では立派な遅刻の理由になる。メキシコでは雨もそうなのだ。メキシコでは地域にもよるが、あまり雨が降らない。雨を想定したインフラが整備されていないのだ。

　例えば、舗装道路も日本のように整然としていない。でこぼこだらけであり、雨が降ると大きな水たまりがあちこちでできる。また、日本のように電車網が発達していないから、公共の交通機関はバスになる。後は、マイカーが主な通勤手段だ。車を運転する人も雨の運転に慣れていないので、速度を落とし慎重にならざるを得ない。だから、雨が降ると渋滞がひどくなり、バスが遅れるのだ。最近は、異常気象でメキシコでも雨が多いそうだ。

第7章

# 海外取引の債権保全策

# 1. 契約によるリスク管理

## （1）契約書のひな形

　契約書作成において有利に交渉を進めるには、こちらから契約書のひな形を提示することである。当然、そのひな形は自社に都合の良い条項がはじめから盛り込まれている。相手は、その一つ一つを精査して、不利な条項について指摘をして、交渉するハンディを負うことになる。反対に、相手からこうしたひな形を提示されると、自社でこうした作業を行うことになり、労力と時間が膨大にかかる。また、こちらが見逃す点も出てくる可能性がある。野球など後攻が有利とされているスポーツもあるが、契約締結においては先攻が圧倒的に有利である。そのためにも、国際法に詳しい弁護士に自社の業種と取引形態に適合した英文契約書のひな形をいくつか作成しておいてもらい、使い分けることをお勧めしたい。

## （2）誠実協議条項は通用しない

　海外企業との取引において、契約の締結が非常に重要であることはすでに述べた。国により異なるが、Agreement（契約）自体は通常、契約書がなくてもOffer（申込み）と Acceptance（受諾）によって成立する。しかしそれでは、トラブルが発生したときに「言った、言わない」の論争になるので、書面にて明確に記載し、双方が捺印することにより効力を生じさせるわけである。したがって、最大のポイントは事細かに取り決めをすることである。日本で見られる何かあったときはお互いに誠意をもって解決しようという考え方とは正反対

である。したがって、英文契約書にはいわゆる日本の契約書にある「誠実協議条項」なるものは存在しない。何かあったときは、お互い相手に不信感を抱き、とても誠実に協議などできないので、そんな条項を入れること自体が無意味なわけだ。こう考えると、良い悪いは別として、単一民族国家である日本の考え方が特殊なのかもしれない。

　こんな細かいことまで決めるのか、というぐらいあらゆる可能性を想定して、契約書を作成するぐらいで丁度良い。それだけ周到に準備をして契約を締結しても、想定もしないトラブルが起きるものだ。海運業界の英文契約書は数百ページに及び、単行本1冊のような体裁をしているのはご存知のとおりである。すべての日本企業の海外取引に数百ページの英文契約書を作成しろとは言わないが、最低限盛り込むべき条項については網羅していただきたい。

## (3) 債権回収において重要な条項

　英文の契約書は固有条項と一般条項に分かれるのが普通である。固有条項は、各契約に固有の契約内容であるのに対して、一般条項は契約内容によらずに各種の契約にある程度共通する状況である。したがって、一般条項を常日頃より整備しておけば、後は個別の契約に合わせて特有の条項をドラフトすればよい。本書では、英文契約の各条項の詳細に触れずに、債権回収の観点からとくに重要と思われる条項のみ取り上げる。

　債権回収において最も重要な条項といえば、Payment Condition（支払条件）である。ここには基本となる支払条件を取り決めるのはもちろんだが、期日どおりに支払われない場合に、Overdue Interest（遅延金利）を加算する旨の条項も盛り込むことがきわめて重要である。利息制限法が規定されている国もあり上限利息の確認も必要だが、重要なのは利率ではなく、この条項を盛り込むことで、遅延に対する抑止効果があるということだ。また、Termination（契約解除）の条項で、債務者が支払いを遅延し、債権者からの通知に対しても一定の期間内に支払いを実行しなかった場合は、債権者は契約を一方的に解除できる

> **図表1　一般的な英文契約書の構成**
>
> Title（表題）
> Premises（頭書）
> Whereas Clause（前文）
>
> Specific Provisions（固有条項）
> 　Definitions（定義）
> 　Price & Payment Condition（価格と支払条件）
> 　Delivery & Title（引渡しと所有権）
> 　Order & Shipment（注文と出荷）
> 　Inspection（検査）
> 　Warranty（品質保証）
> 　Products Liability（製造物責任）
> 　Intellectual Property Rights（知的所有権）
>
> General Provisions（一般条項）
> 　Term（契約期間）
> 　Termination（契約解除）
> 　Force Majeure（不可抗力）
> 　Confidentiality（秘密保持）
> 　Entire Agreement（完全合意）
> 　Assignment（譲渡）
> 　Waiver（権利放棄）
> 　Notice（通知）
> 　Disputes Resolution（紛争解決）
> 　Governing Law（準拠法）
> 　Jurisdiction（裁判管轄）
>
> Signature（署名）

旨を入れておく。こうすることで、契約残の商品の出荷を停止しても、債務者から損害賠償に問われる可能性がなくなる。同じように債務不履行時には、債務者が期限の利益を喪失する旨も定めておくと良い。

　裁判を行う法律である Governing Law（準拠法）と Jurisdiction（管轄裁判所）は、裁判を有利に進める上で非常に重要な点。できれば、準拠法は日本の東京地方裁判所を管轄裁判所としたいが、相手側も自国の裁判所で有利にことを進めたいと考えるので、原告が被告地の裁判所を活用するクロス条項がよく採用

される。いずれにしても、契約書にしっかりこの二つの条項は盛り込む必要がある。

## 2. 貿易保険と輸出取引信用保険

### (1) 貿易保険と輸出取引信用保険

　貿易保険と輸出取引信用保険とは、名称は違っても基本的には同じ保険商品である。ただし、両者の大きな違いは、貿易保険は政府が提供し、輸出取引信用保険は民間が提供するという点だ。実は、この輸出取引信用保険、案外と知られていない。また、名前だけは聞いたことがあっても、実際に利用している企業は大企業を除くと意外に少ない。数少ない国際取引の債権保全策の一つなので、貿易や国際取引に関与している企業であれば、基礎知識として知っておくと良いだろう。

　貿易保険も輸出取引信用保険も、日本企業の輸出入、仲介貿易、海外投資等の対外取引におけるリスクを回避する保険商品である。最近、日本で普及し始めた取引信用保険の国際版と思えば良い。主に貿易保険や輸出取引信用保険では、国際取引に絡む下記の2種類のリスクをカバーすることができる。

● 非常危険　「戦争や外貨送金規制など取引相手国のマクロなリスク」
● 信用危険　「取引先の支払遅延や破綻による回収不能などの与信リスク」

### (2) 貿易保険のメリット、デメリット

　貿易保険は公的な保険制度。独立行政法人である日本貿易保険（NEXI）が日本での保険の引き受け先となり、保険料の大半は再保険の形で国に回り、特別

会計で管理されている。貿易一般保険では、輸出・仲介契約に伴う非常危険や信用保険を、ニーズに応じて船積み前から保証を付保することができる。この保険は、取引先ごとに掛けることもできるし、取引先全体を対象として包括的に設定することもできる。一般的な物品の売買や仲介にかかる取引だけでなく、技術提供契約や知的財産等のライセンス契約を対象とした保険もある。また、金融機関などを対象に貸付金を保証する貿易代金貸付保険もある。

　貿易保険の最大のメリットは、取引先を選んで保険を付保することができる点である。もちろん、すべての企業に保険を付保できるわけではない。NEXIでは、海外商社名簿と呼ばれる独自のバイヤー格付けを行っており、この格付けに基づいて引き受けの可否が決められる。また、国が産業政策として保険を提供している面もあり、民間がリスクを取らないカントリーリスクの高い国の企業にも保険を掛けることができる点もメリットである。

　一方、最大のデメリットは、取引先の破産などの事故が発生した場合に、保険金が輸出者に支払われた後も、回収義務が輸出者に課せられる点である。保険金を請求してから3ヶ月ごとに回収義務履行状況報告、あるいは権利行使状況等報告をする必要がある。これは、終了認定と呼ばれるNEXIが本債権を回収不能と認めるまで続くことになる。こうした報告だけでなく、全般的な書類や手続の煩雑さもユーザーが不満をもつ点である。また、取引先の破産などの事故が発生してから保険金を受領する前に、NEXIに保険金請求書を提出してから1～2ヶ月もかかることも使い勝手が悪い点である。

※　独立行政法人日本貿易保険（NEXI）　http://nexi.go.jp/index.html

## (3) 輸出取引信用保険のメリット、デメリット

　取引信用保険自体は、欧州で以前から普及していたもので、100年以上の歴史を持っている。したがって、主なプレイヤーもほとんど欧州勢である。日本

**図表2　取引信用保険の主要保険会社**

| 英文社名 | 日本語社名 | 国 | 日本での主な提携先 |
| --- | --- | --- | --- |
| Euler Hermes | ユーラーヘルメス | ドイツ | 三井住友海上 |
| Atradius | アトラディウス | オランダ | 東京海上日動 |
| Coface | コファス | フランス | あいおい損保、損保ジャパン |

では、1990年代後半にようやく上陸したが、本格的に普及したのはここ数年である。また、日本では国際取引にかかる信用保険は、国が独占事業として行ってきたが、規制緩和の一環として、2005年4月より民間にも開放された。日本の大手損保会社もこうした欧州の保険会社と提携をして、輸出取引信用保険を提供している。輸出取引信用保険は、貿易保険と基本的には同じ保険商品で、取引先が倒産、あるいは一定期間支払不能になった場合に、回収不能額の一定割合が保険金として支払われる。

　最大のメリットは、保険金の支払後の回収義務を保険会社が負う点である。回収義務がないのだから、当然、報告義務も生じない。また、書類や手続などがNEXIにくらべて煩雑でないことも利点になる。一方のデメリットは、実質的にシングルバイヤーでの引き受けができず、包括保険が中心である点だ。各社の方針により違いがあるが、概して取引先で5〜10社から、取引金額で5億〜10億円からといった制限が設けられている。そして、こうした取引先も輸出者が自由に選択できるわけではない。例えば、化学事業部のタイにおける取引先すべてなどというセグメント別での抽出になる。そして、保険料もこうした取引先に対する売上のコンマ数パーセントという計算で決まってくる。

## (4) アジア企業との取引における信用リスク

　日本貿易保険の2008年度の決算を見ると、保険の引受金額は前年度比2.2%増加の9.7兆円であった。興味深いのが、地域別のシェアである。地域

第7章　海外取引の債権保全策

## 図表3　日本貿易保険の2008年度主要データ

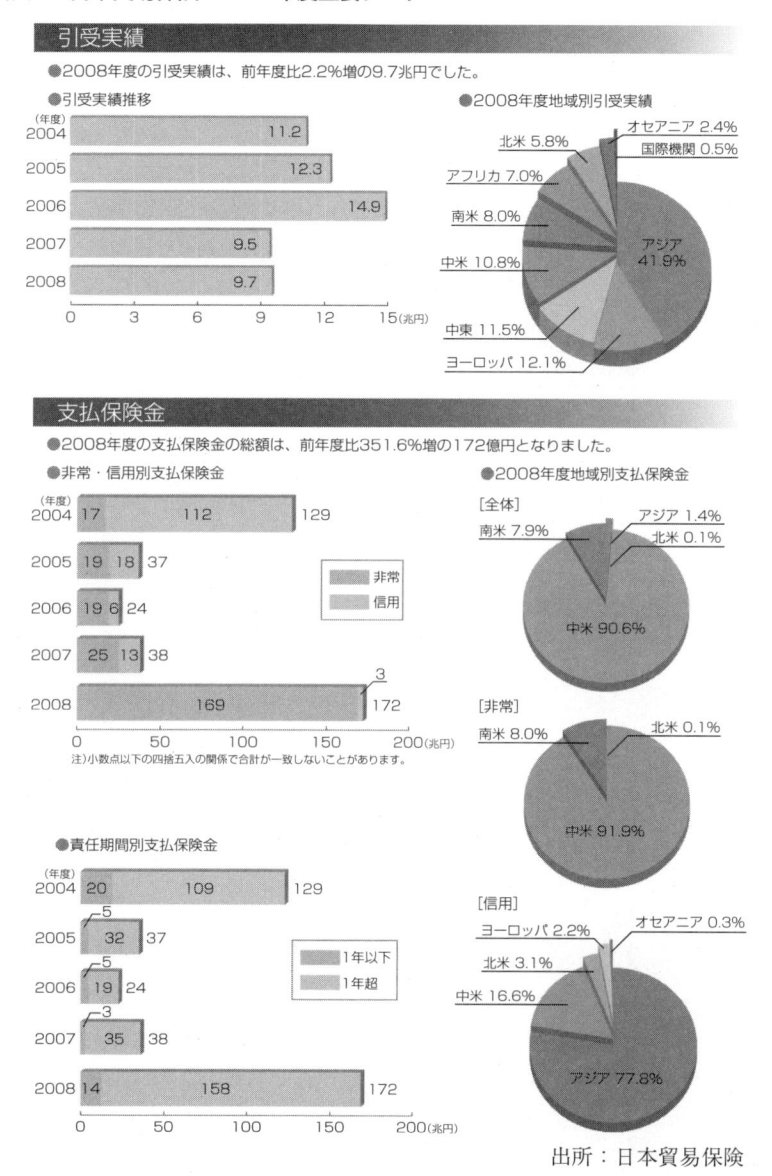

### 引受実績

●2008年度の引受実績は、前年度比2.2%増の9.7兆円でした。

●引受実績推移 (兆円)

| 年度 | 実績 |
|---|---|
| 2004 | 11.2 |
| 2005 | 12.3 |
| 2006 | 14.9 |
| 2007 | 9.5 |
| 2008 | 9.7 |

●2008年度地域別引受実績

- アジア 41.9%
- ヨーロッパ 12.1%
- 中東 11.5%
- 中米 10.8%
- 南米 8.0%
- アフリカ 7.0%
- 北米 5.8%
- オセアニア 2.4%
- 国際機関 0.5%

### 支払保険金

●2008年度の支払保険金の総額は、前年度比351.6%増の172億円となりました。

●非常・信用別支払保険金 (億円)

| 年度 | 非常 | 信用 | 合計 |
|---|---|---|---|
| 2004 | 17 | 112 | 129 |
| 2005 | 19 | 18 | 37 |
| 2006 | 19 | 6 | 24 |
| 2007 | 25 | 13 | 38 |
| 2008 | 169 | 3 | 172 |

注）小数点以下の四捨五入の関係で合計が一致しないことがあります。

●責任期間別支払保険金 (億円)

| 年度 | 1年以下 | 1年超 | 合計 |
|---|---|---|---|
| 2004 | 20 | 109 | 129 |
| 2005 | 32 | 5 | 37 |
| 2006 | 19 | 5 | 24 |
| 2007 | 35 | 3 | 38 |
| 2008 | 14 | 158 | 172 |

●2008年度地域別支払保険金

[全体]
- 中米 90.6%
- 南米 7.9%
- アジア 1.4%
- 北米 0.1%

[非常]
- 中米 91.9%
- 南米 8.0%
- 北米 0.1%

[信用]
- アジア 77.8%
- 中米 16.6%
- 北米 3.1%
- ヨーロッパ 2.2%
- オセアニア 0.3%

出所：日本貿易保険

別の引受金額のシェアでは、アジアが41.9%となっており、2位の欧州の12.1%を大きく引き離している。以下、中東11.5%、中米10.8%、南米8.0%、アフリカ7.0%となっている。2001年度では、37%もあった北米のシェアは5.8%まで低下していることが興味深い。日本企業の貿易相手国が、金融危機の影響もあり低迷した北米市場から、BRICsなどの新興国を中心に変化していることがわかる。引受金額に対してもっと顕著な増加を示したのが、支払保険金である。前年度比351.6%も増加し、172億円となった。原因はキューバをはじめとした非常危険の事故の急増である。全体の支払保険金のシェアでは、中米が91.9%とほとんどを占めているのに対して、信用危険による支払保険金だけを見ると、アジアが77.8%とダントツとなっている。いかにアジア地域の取引先との信用リスクが高いかがわかる。

## 3. 国際ファクタリング

### (1) 国際ファクタリングとは

　貿易保険、輸出取引信用保険と並んで、海外取引の信用取引に伴うリスクを外部化できるのが、国際ファクタリングである。国際ファクタリングは、銀行やファクタリング会社がオープンアカウントの海外取引を輸出者に対して保証するものである。ファクタリング業務は日本の大手銀行や、その子会社であるファクタリング会社が提供しているサービスである。自行、海外の銀行、ファクタリング会社等のネットワークを通じて、代金回収のリスクを引き受ける。日本のファクタリング会社のほとんどは、国際的なファクタリング組織であるFCI（Factors Chain International）などに加盟している。ただし、戦争などのカントリーリスクやマーケットクレームによる未払いはカバーされない。対象国はファクタリング会社にもよるが45ヶ国程度なので、ほぼ全世界と考えて良いだろう。

　ファクタリングは、国内取引においても使われる債権保全手段で、債権を保証する方式と買い取る方式がある。さらに保証式は、個別の案件ごとに保証する個別保証式と包括的に保証する根保証式の2種類がある。国際ファクタリングは、輸出ファクタリングが中心だが、輸入ファクタリングを扱っているところもある。

### (2) 国際ファクタリングのメリット

● **海外取引の与信リスクを外部化できる**

- 格付けのない取引先も引き受け可能
- 輸出代金の100%が保証される
- 債権譲渡により期日前に資金化可能

　最大のメリットは、貿易保険に頼らずに送金取引など海外取引のリスクを回避できる点である。海外取引の代金回収を保全するには、L/Cを決済条件とすれば良いのだが、海外バイヤーにとってはL/Cの開設に伴う費用や手間が相当かかり、敬遠されることも多い。無論、輸出者が圧倒的な競争力を有し、L/Cか前金でしか取引しないとすることができれば問題はないわけだが、そのような絶対的優位性を持つ日本企業は多くない。したがって、輸出者は海外のバイヤーに負担をかけずに、L/Cと同等のリスクヘッジができれば、これに越したことはないわけである。格付けが低い取引先に対する与信取引も安心して行うことができる。

**図表4　ファクタリングの仕組み**

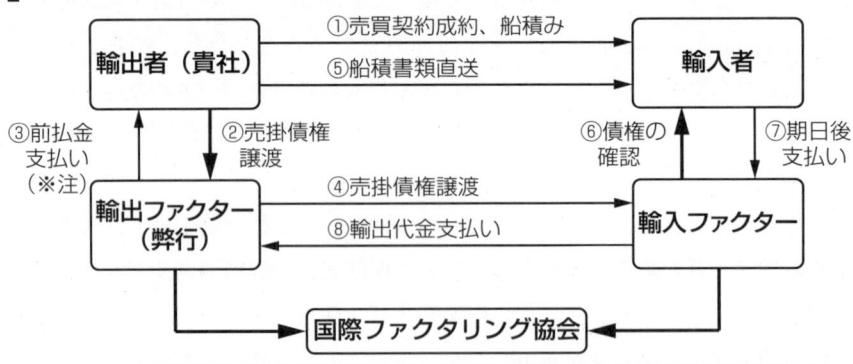

```
輸出者（貴社） ──①売買契約成約、船積み──→ 輸入者
              ←──⑤船積書類直送──

③前払金         ②売掛債権              ⑥債権の    ⑦期日後
支払い          譲渡                   確認       支払い
（※注）

輸出ファクター ──④売掛債権譲渡──→ 輸入ファクター
（弊行）     ←──⑧輸出代金支払い──

         ↓                    ↓
         国際ファクタリング協会
```

お取扱いの前提
1. 国際ファクタリングの取扱いについて、上図スキームの5者が応諾していること。
2. 輸入ファクターが極度ベースで輸入者の支払いを輸出ファクターに保証していること。

※注：売掛債権の前払金につきましては当行所定の審査が必要となります。

出所：三井住友銀行

貿易保険や輸出取引信用保険を付保できない場合に、国際ファクタリングを利用することも可能である。保険を付保できても、限度額に制限がある場合や、格付けのないバイヤーとの取引を保全できる。また、貿易保険の保険支払金額は、最高でも輸出金額の95％だが、国際ファクタリングの場合は100％カバーされるという利点もある。また、L/Cやその他荷為替手形取扱いに伴う事務処理や費用も省くことができる。貿易保険のように、事故発生時から保険金受領までの煩雑な手続もない。保険金受領後の回収活動報告なども必要ない。インボイスとB/L（Bill of Lading）のコピーでファクタリングの手続ができるメリットは大きい。

## (3) 国際ファクタリングのデメリット

最大のデメリットは、貿易保険や輸出取引信用保険は、バイヤーに知られることなく、リスクヘッジできるのに対して、ファクタリングではバイヤーの承諾が必要になる。買い取り型では、輸出者が保有する債権を輸出ファクター（国内の銀行やファクタリング会社）に譲渡することになる。さらに、同債権はバイヤー所在地の輸入ファクターに債権譲渡される。保証型でも代金回収は輸入ファクターが行うため、バイヤーの承諾が必要になる。また、引き受けに際しては契約締結前に手続が必要で、ファクタリング会社がバイヤーの信用調査をするのに1週間〜1ヶ月を要する。当然、審査の結果、バイヤーの信用状態が悪く引き受けてもらえないこともある。また、この引き受けの判断は、輸出ファクターよりも輸入ファクターが行うことが多い。そして、日本のファクタリング会社はFCIなどを通じて、引受先の輸入ファクターを探すので、1社がだめなら他のファクタリング会社も同じ回答になる場合もある。

# 4. 訴訟は最後の手段

　最後の手段として法的手段を検討する債権者は多い。果たして、どれくらいの確率で訴訟による回収が成功するのだろうか。適切な統計は探すことができなかったが、感覚的には1割にも満たないのではないだろうか。訴訟による回収が成功しない理由は、大きく分けて三つある。

## （1）勝訴＝回収ではない

　訴訟経験のない企業では、裁判に勝てば回収したのも同然と、勘違いしている企業が多い。訴訟が日常茶飯事の欧米社会と違って、日本企業は訴訟に慣れていない。日本人は、生涯一度たりとも弁護士や裁判所の世話にならずに過ごす人が大半だ。まず、裁判の結果、債権者が勝訴をしても、敗訴した債務者が控訴する可能性がある。三審制であれば、最高裁まで争うことができる。債務者が控訴せずに判決が確定しても、債務者が自主的に支払うとは限らない。強制執行をするにしても、大前提として債務者に執行する資産がなくてはならない。

　法的手段に訴える前に債務者の資産調査を行うことが不可欠である。これを行わないと、勝訴はしたが債務者に強制執行できる資産がなく、裁判費用と弁護士費用だけ損したということになりかねない。よくある話である。調査には通常1〜2ヶ月ほどかかるので、法的手段を視野に入れた段階で調査を開始すべきである。さらに言えば、これはあくまで勝訴した後の話であって、敗訴することもある。とくに債務者からクレームが出ている場合、品質に関わる場合で、米国のように陪審制をとっている国では、債務者側に腕の良い弁護士が付くと債権者が敗訴することもある。あるいは、発展途上国など保護主義の強い

国も、現地の企業が勝ちやすいという訴訟リスクがある。

## (2) タイミングの問題

　これは意思決定の遅い日本企業に共通の失敗である。現地の弁護士に直接依頼しても、必要資料の提出、現地語への翻訳など1ヶ月以上かかることはザラにある。ましてや債権者側の書類管理がずさんで必要な書類を整備するのに時間がかかる場合も珍しくない。すべての書類が整い裁判所に提出し、訴状が債務者に送達される頃には、債務者はすでに倒産していた。笑えないが実際にあることだ。

## (3) 個人からの回収はできない

　日本では中小企業に対する融資やリースの条件として、代表者の個人資産の担保提供や連帯保証を要求されることが多い。日本の銀行のほとんどは、担保至上主義から抜け出せないのが現状だ。先日もある大手銀行の融資担当者と話していたら、現在も融資先の審査と称しては、登記簿を取得して担保価値を調べる毎日だと言っていた。また、代表者もこれを当たり前として受け入れる土壌があり、経営者として個人資産を担保に出せば経営者として初めて一人前などと言われる。

　また、日本では、マスコミやドラマのせいか、社会通念的に株式会社や倒産に関する大きな誤解が存在するようである。株式会社の代表者は無限の責任を有していて、会社が倒産した場合は必ず私財を提供しなくてはならないと勘違いしている人が多い。これは大きな間違いである。私財を提供するのは代表者が銀行からの借り入れに個人で連帯保証をしているからなのだ。この事実が忘れ去られ、会社の倒産＝代表者の私財提供という図式ができてしまった。要は日本では代表者の連帯保証は前提条件なのである。

　しかし、これはあくまで日本の常識であって、世界では非常識なのだ。欧米

では、銀行が企業に融資する場合も、企業の事業性そのものを審査して融資するノンリコース型の融資や無担保融資が多い。ノンリコースローンや無担保融資のリスクの見返りとして、利率を高く設定し収益を上げている仕組みだ。仮に、担保を取る場合でも現金化に時間のかかる不動産よりも、現金性の高い売掛金や棚卸資産が担保の主流である。

　つまり、破たんした企業の資産がない場合、代表者が裕福であることと強制執行に供する資産があるかどうかは全く別物なのである。第一に、個人の資産を提供させるには代表者の連帯保証が必要である。これがなければ話にならない。連帯保証もないのに代表者の個人資産を売却して債権を回収できるものと勘違いしている担当者が実に多い。国により法律が異なるので一概には言えないが、連帯保証なしで個人の資産を提供させるには、代表者としての責任を問う民事訴訟か、詐欺などの刑事訴訟を起こす必要がある。したがって、海外の企業と取引する際には、代表者の個人財産ではなく、企業としての与信リスクを十分に分析する必要がある。また、万が一取引先の代表者が連帯保証に同意し連帯保証を取得する場合にも、連帯保証の文面には注意が必要だ。取引先の国の法律に長けた弁護士に相談することが必須である。

## 5. 訴訟に踏み切る前に検討すべきこと

### (1) パラリーガルアクションと予備調査

　訴訟を起こす場合には様々な要因を多方面から検討する必要がある。とくに、訴訟提起から回収までの大まかな流れを確認し、最善と最悪のケースを想定し、それぞれのケースの費用、手間、時間を比較検討することが大切である。国や州の法律によって異なるが、一般的な法的手段による回収のプロセスは、**図表5**のような流れになっている。また、欧米ではParalegal Action（パラリーガルアクション）と呼ばれる弁護士のサービスがある。訴訟を起こす前の段階で、弁護士が第三者として介入し債権の回収を図るものだ。具体的には弁護士が督促をしたり、和解のための交渉をしたりすることになる。この段階で成功裏に回収できれば回収金額に応じた成功報酬を支払うことになる。

　また、Feasibility Study（予備調査）と呼ばれる訴訟等の法的手段による回収の可能性についての事前調査を有料で依頼することもでき、専門家の見解を知ることができる。予備調査で勝訴の可能性はもちろん、債務者の資産調査も行う弁護士もいて、強制執行に供する資産の有無までわかる場合もある。実際に訴訟に踏み切る場合は、債務者が破産法を申請する可能性や、担保債権者や大口の国内仕入先の動向も確認する。国や州の法律により異なるが、破産法を申請されると債権者単独での回収は難しくなり、破産手続における配当を待つことになる。

## (2) 海外弁護士起用の留意点

　また、欧米ではCollection Attorney（回収専門の弁護士）も多く、Contingent Fee（成功報酬）だけで回収を依頼できる。回収できない場合弁護士費用がかからないので、無駄なコストをかけずに済むという利点がある。成功報酬は、回収金額の30〜40%が一般的だ。債権額が数千万円と大きい場合は、弁護士だからと臆せずに、積極的に値引きを要請してみよう。5%くらいは十分対応してくれる可能性はある。とくに米国など、弁護士も競争が厳しく仕事を獲得するために、多少の無理は聞いてくれる。ただし、実際の回収ではなく勝訴判決

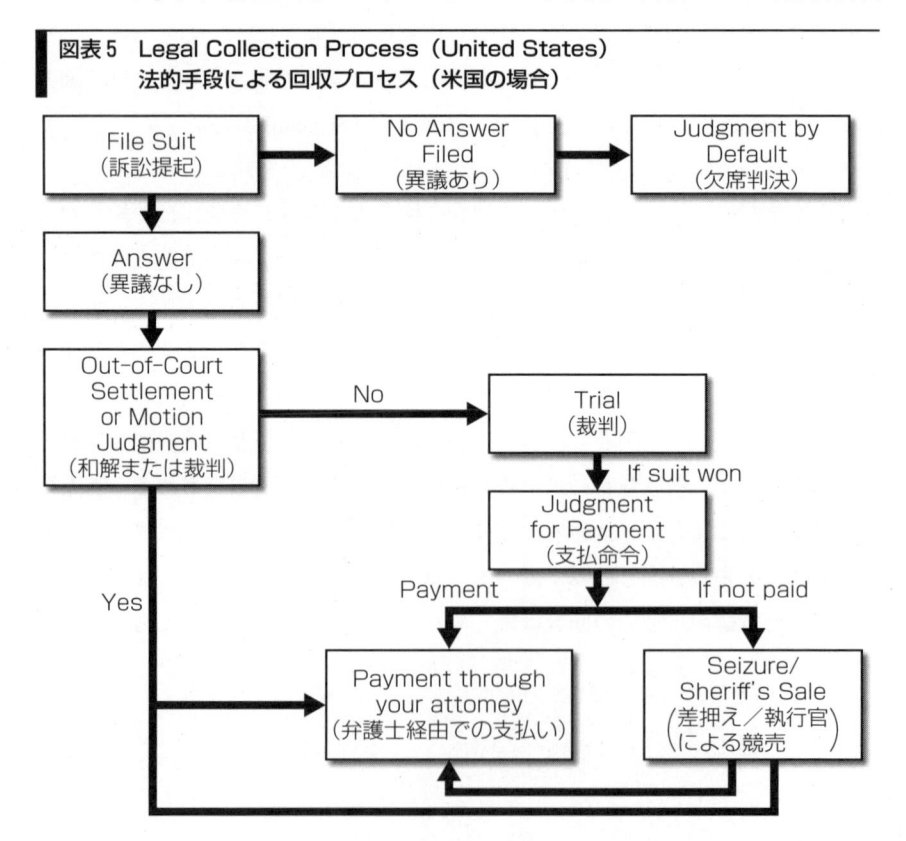

図表5　Legal Collection Process（United States）
　　　　法的手段による回収プロセス（米国の場合）

```
File Suit          →   No Answer Filed   →   Judgment by Default
(訴訟提起)              (異議あり)              (欠席判決)
    ↓
Answer
(異議なし)
    ↓
Out-of-Court         No      Trial
Settlement or      ────→    (裁判)
Motion Judgment               ↓ If suit won
(和解または裁判)         Judgment for Payment
    │                      (支払命令)
    │ Yes          Payment ↙       ↘ If not paid
    ↓              ↓                  ↓
         Payment through          Seizure/
         your attorney            Sheriff's Sale
         (弁護士経由での支払い)    (差押え／執行官
                                   による競売)
```

を得ることを成功とみなし、成功報酬を請求するという料金システムの弁護士もいる。そうなると、目的が回収ではなく勝訴になってしまうため、債権者の意向と乖離が生じてトラブルの基になりやすい。依頼に際しては成功報酬の定義を十分確認する必要がある。

　成功報酬の弁護士は総じて、報酬を得るために懸命に努力をしてくれる場合も多いが、あまりに複雑な案件や回収の可能性の低い案件は、見込みが薄いとしてきちんと対応してもらえない可能性もある。また報酬体系が、Hourly Charge（時間ごとの請求）になっている弁護士事務所もある。思った以上に訴訟に時間がかかったが、結局債務者に資産はなく債権を全く回収できなかった。挙句の果てに、莫大な弁護士費用までも負担させられたというケースもあるので、細心の注意が必要である。また、弁護士は業務に費やした時間に単価を掛けた金額を請求してくるわけだが、実際に、弁護士がその業務を行っていたか検証する術はない。いわゆる、水増し請求などの可能性も考えられる。

　日本人的な感覚で海外の弁護士に依頼をすると、非常に落胆する場合がある。「こちらは素人だから、それぐらいはこちらが聞かなくても最初から教えておいてくれ」というような考え方だ。海外の弁護士は、聞かれた質問にしか答えない場合が多い。また、依頼者に不利なことでも聞かれない限り黙っているという傾向がある。例えば、前述の予備調査にしても、「勝訴の可能性は未知数だが、他に回収できる手段がないので、訴訟を起こすのが残された最後の手段である」というような結論が出てきやすい。依頼する側からあらゆる可能性について分析するように、積極的に問い合わせていく方が良い結果が得られる。そうした努力を惜しむのであれば、世界的なネットワークをもつ欧米の法律事務所や日本の総合法律事務所を使う方が、コストは高いが安心して依頼できる。

# 6. ADR も一つの選択肢

## (1) ADR とは

　ADR とは、Alternative Dispute Resolution（裁判外紛争処理）のことで、裁判によらない紛争の解決策を指す。具体的には、和解、仲裁、調停、斡旋などがある。海外取引で最もよく使われるのが、Arbitration（仲裁）である。仲裁の場合は当事者双方に対する強制力が認められている。裁判ではなく、仲裁を活用するには契約書にその旨を定めた仲裁条項を記載しておく必要がある。契約当事者は紛争解決の手段として、裁判か仲裁のどちらかを事前に選択することになる。もうすでに紛争が起こっているものについては、紛争の解決方法に仲裁を採用する旨の仲裁合意をする必要がある。参考までに一般社団法人日本商事仲裁協会の商事仲裁規則により仲裁を行う場合の推奨仲裁条項を下記に記す。

"All disputes, controversies or differences which may arise between the parties hereto, out of or in relation to or in connection with this Agreement shall be finally settled by arbitration in (name of city), Japan in accordance with the Commercial Arbitration Rules of The Japan Commercial Arbitration Association."

「この契約からまたはこの契約に関連して、当事者の間に生ずることがあるすべての紛争、論争または意見の相違は、(社)日本商事仲裁協会の商事仲裁規則に従って、日本国（都市名）において仲裁により最終的に解決されるものとする。」

出所：(社)日本商事仲裁協会

## (2) 仲裁のメリット

裁判ではなく仲裁を選択する利点について整理してみよう。

① 仲裁人を選ぶことができる
② 一審制のため時間と費用が節約できる
③ 仲裁判断による外国での執行が可能
④ 非公開なので企業秘密が維持できる
⑤ 合意があれば英語でできる

最大のメリットは、仲裁判断に国際的な強制力が与えられている点だ。例えば、日本企業と中国企業に紛争が生じて、日本企業が東京地裁で中国企業を相手取って訴訟を起こし、勝訴したとする。仮に判決が確定しても、日本での確

図表6　仲裁の仕組み

仲裁による解決方法

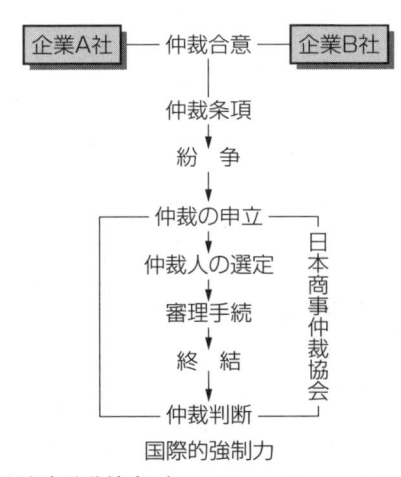

企業A社 ── 仲裁合意 ── 企業B社
　　　　　　↓
　　　　仲裁条項
　　　　　↓
　　　　紛　争
　　　　　↓
　┌──仲裁の申立──┐
　│　　　↓　　　　│
　│　仲裁人の選定　│日
　│　　　↓　　　　│本
　│　審理手続　　　│商
　│　　　↓　　　　│事
　│　終　結　　　　│仲
　│　　　↓　　　　│裁
　└──仲裁判断──┘協
　　　　　　　　　　会
　　国際的強制力

出所：日本商事仲裁協会（http://www.jcaa.or.jp/index.html）

定判決を基に中国で強制執行することはできない。強制執行したいのであれば、中国の中級人民法院で初めから訴えを起こし、勝訴、確定判決を取得することが必要になる。中国企業が日本企業を訴える場合も同じである。日本と中国は相互条約に批准していないからだ。これは、日本と中国だけの問題ではなく、他の国とでも同じ状況である。しかし、相手国がNY条約に加盟していれば、仲裁判断を基に、新たに相手国で訴訟を起こすことなく、強制執行をかけることができる。

また、仲裁人を選択できる点も大きな利点だ。訴訟では、当事者が裁判官を選択することはできない。仲裁人は1名か3名にすることが多い。偶数だと、意見が分かれたときに最終的な判断ができないこともあるからだ。1名だと両者にとってリスクがある。多ければ多いほど、意見が偏るリスクはないが、費用がかさむ。したがって、3名にするわけだ。3名にしておけば、そのうちの1名を日本人に選ぶこともできる。

隠れたメリットと言えるかもしれないが、仲裁を英語でできる点も見逃せない。海外企業との訴訟で最大の費用は、翻訳・通訳費用だといわれている。外国で裁判を起こすには、弁護士や裁判所に提出する取引の関連書類をすべて外国語に翻訳する必要がある。これには、莫大な費用がかかる。取引が10年以上も経過していれば、分厚いファイルが何冊にもなる。こうしたファイルの中には、訴訟の論点とは関係のない書類もあるが、日本語が読めない外国の弁護士にはそれが判断できないため、すべてを翻訳する必要がある場合もある。しかし、国際ビジネスは英語が基本のため、契約書をはじめ、貿易書類なども英語で書かれているものが多い。英語で仲裁を行うことができれば、相当の翻訳費用の節約になる。

また知的財産権に関する紛争など高度な企業秘密に関わる場合も、仲裁手続、仲裁判断が非公開であることも企業側にとって大きなメリットである。また、最先端の分野など一般の裁判官の専門知識などに疑問がある場合も、専門性の高い弁護士、弁理士、大学教授を仲裁人として選択できる利点は大きい。

## (3) 仲裁のデメリット

　では、仲裁にデメリットは全くないかというとそうでもない。一般的には、仲裁判断の基準が不明確であるという声もある。これは恐らく、仲裁が非公開であることと、特定分野の専門家ではあるが、法律の専門家ではない仲裁人が選ばれることとに関連があると思われる。また、1審制で上訴できないために、絶対的に有利な立場にない場合など敗訴のリスクもある。また、1審制であるために、仲裁の方が裁判よりも費用も時間もかからないが、審理が長期化した場合など、逆に裁判よりも高く付いてしまうこともある。

# 7. コレクション・エージェンシーの活用

## (1) コレクション・エージェンシーとは

　今まで解説してきた手段を尽くしても回収できないこともあるかもしれない。そんなときは回収代行の専門会社である Collection Agency の起用を検討してみると良い。Collection Agency は、コレクション・エージェンシーと読み、当事者間では解決の付かない債権回収に関するトラブルを法的手段によらずに、安価で迅速に解決する専門家集団のことである。他にも、Collection Agent、Debt Collector、Debt-Collection Agency などとも呼ばれる。日本語の定訳はないが、「債権回収代行会社」というのが、最もその意味を端的に表していると思われる。

　日本では、聞きなれないビジネスだが、米国では150年以上の歴史をもち、全米でも10,000社以上、全世界で20,000社以上の会社が活動を行っているといわれている。法的制限のある日本や中国などの共産圏を除き、ほとんどの国で企業活動を支えるビジネスインフラとして広く普及しているのだ。第2章でも言及したD&Bの一部門が独立して、別法人となったReceivable Management Services は、本社が米国にある法人向けコレクション・エージェンシーの大手だが、北米のみならず東南アジアでもその地位を確立している。

　また、コレクション・エージェンシーは債務者の種類や債権の種類によって、専門の会社に細分化され、こうした会社が所属する業界団体も多数存在している。例えば、個人なら住宅ローン、保険料、車のローン、ショッピングローン、消費者金融、クレジットカードといった具合である。さらには、離婚に伴う慰謝料、養育費、事故の賠償金の回収などまであるというから驚きである。法人

であれば、売掛金、貸付債権、リース債権、ライセンス料、出資金、法人税などに細分化されている。

## (2) なぜコレクション・エージェンシーを利用するのか

　回収代行というビジネスがなぜ、これまでに広く普及するのだろうか。日本人にしてみれば、まず初めに浮かぶ疑問である。日本では弁護士法の規制があり、第三者による債権回収が弁護士だけに許された仕事であり、限定された債権を扱えるサービサーを除けば、あとは反社会勢力などが違法で行っているからである。したがって、そういう合法的なビジネスが存在するという発想が元々ないのだ。しかし海外では、コレクション・エージェンシーを利用するというのは当たり前の商習慣なのである。コレクション・エージェンシーの一般的なサービスには、次の4種類がある。

① First Party Collection（債権者名での回収）
② Third Party Collection（第三者としての回収）
③ Outsourcing（アウトソーシング）
④ Legal Services（法的サービス）

　これ以外にも債務者の追跡調査や資産調査、企業調査を行っている会社も多い。料金体系は、Annual Membership Fee（年会費）と債権回収時のContingent Fee（成功報酬手数料）の2本立てが一般的だが、最近では年会費を取らずに、No Collect, No Fee（回収できなければ費用はかかりません）などと銘打って完全に成功報酬制を採用している会社もある。成功報酬の料金体系は、一律30％などというところもあるが、遅延期間と回収金額に応じて料率を細かく設定している会社も多い。成功報酬の料率は、回収金額に対する割合であり、15〜45％まで幅広い。

①の債権者の社名での督促というのは、回収代行会社の名前を全く出さずに、債権者の名前で回収活動をするということで、回収業務のアウトソーシングに近いものがある。利点は、顧客側に債権の回収を債権回収代行会社に依頼したことを知られずに済むという点である。つまり、督促状の発行は、債権者の社名の入ったレターヘッドと封筒で行い、電話でも債権者の社名を名乗る。また、債務者からかかってきた電話にも債権者の社名で対応するわけで、日本のテレマーケティング会社が行うサービスに似ている。

## (3) 第三者としての回収

　第三者としての回収が、コレクション・エージェンシーの最も一般的なサービスで、債権者の代わりに、コレクション・エージェンシーの社名を出して回収活動を行う。第三者からの督促ということで、債務者にプレッシャーを与えるわけである。コレクション・エージェンシーは回収に関する様々なノウハウや技術を有しているが、回収の手法自体はいたってシンプルで、督促状、FAX、電話、電子メールが中心で訪問するということはあまりない。これは、日本と違い債務者を訪問すること自体が、身体的な危険を伴う場合があること、そして効率が悪いからである。

　一般的に、Personal Collectorと呼ばれる回収担当者は圧倒的に女性の比率が多い。女性の方が男性より回収率が高いという明確なデータがあるのだ。また、回収手法が電話中心で、女性の方が債務者も応対しやすい、地道なフォローアップが必要な業務には女性が向いている点も理由として挙げられる。あるコレクション・エージェンシーでは、Personal Collectorと呼ばれる担当者の実に8割は女性である。これは、督促業務は根気の要る細かい仕事で、かつまめに債務者をフォローしなければならないので、女性の方が向いているという経験則から来ている。反対に、日本やアジア企業の回収担当者は男性も多い。伝統的に債権回収のような手荒な仕事は男性という偏見や、男性の低い声が信用されるという文化的背景もある。また、債務者を訪問して回収することも一

般的であることも大きな要因だ。

## (4) アウトソーシングと法的サービス

　ここで言うアウトソーシングとは、回収業務そのもののアウトソーシングで、請求書を発行した全売掛金に関して入金まで一貫して管理するという業務である。ある意味で、①の債権者の社名による回収の一部ともいえるが、違いは管理するのが売掛金すべてというところである。つまり、遅延していない正常な債権も含まれることになる。コレクション・エージェンシーは、アウトソーシング業務を受託すると、非常に大量の債権回収を行うことになるので、情報システムに莫大な投資が必要になる。関連書類を読み込むスキャナー、電話の督促をサポートするCTI、アラーム機能付のスケジューラー、督促状を遅延期間に応じて発行するソフトウェアなど、コレクション・エージェンシーの回収効率を高める様々なシステムやソフトが開発されている。

　コレクション・エージェンシーを利用する企業の中には、遅延期間が3ヶ月を超える売掛金はすべて回収代行を依頼するという方針をもっているところも多い。第1章で言及したグラフにもあるとおり、遅延期間が3ヶ月経過すると平均的な回収率は70%を切り、時間の経過に伴い回収率はどんどん低下する。回収が困難な3ヶ月超の遅延債権に、社内の人材の貴重で高コストな時間と労力を費やすよりも、手数料を支払ってでも専門家に回収してもらった方が、効率は良いと考えるからだ。

　コレクション・エージェンシーは、Amicable Phase（友好的局面）といって、友好的な回収手段の一つとして考えられている。よって、訴訟や法的な手続による回収であるLegal Phase（法律的局面）に移行する前に利用するのが一般的である。しかし、コレクション・エージェンシーによる回収が日常茶飯事の米国であってさえも、コレクション・エージェンシーに回収代行を依頼した後に、取引先との関係が悪化するケースはある。

　ほとんどのコレクション・エージェンシーでは、ワンストップサービスを掲

**図表7　コレクション・エージェンシーのサービスの高付加価値化**

サービスの高付加価値化

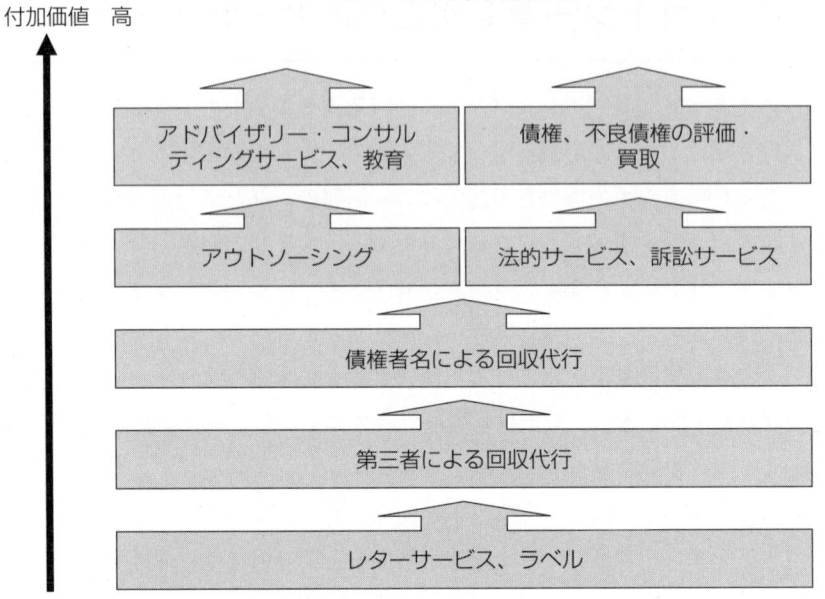

付加価値　高

- アドバイザリー・コンサルティングサービス、教育
- 債権、不良債権の評価・買取
- アウトソーシング
- 法的サービス、訴訟サービス
- 債権者名による回収代行
- 第三者による回収代行
- レターサービス、ラベル

©Knowledge Management Japan Corporation

げて、訴訟や法的な手続が必要な場合は、提携先の弁護士を紹介している。日本では、弁護士の紹介を有料で行うことはできないが、欧米にはそうした法規制はない。また、債権回収を専門とする弁護士も多数存在する。日本と違い、債権回収を成功報酬のみで引き受ける意欲的な弁護士も多い。

## (5) なぜ回収できるのか

　コレクション・エージェンシーを活用したことのない企業では、魔法のようなテクニックで回収しているのではないかと期待する向きもあるが、実は、その回収手法は、とくに新規性のあるものではない。当たり前の回収活動を行っているに過ぎない。ではなぜ、債権者が必死に努力しても回収できない案件を

回収できるのだろうか。主な理由は三つある。

① 第三者であるから
② 信用への影響を懸念する
③ 回収の豊富なノウハウを有している

　回収できる理由の一つ目は、「第三者からの督促」というプレッシャーである。つまり、第三者の介入により、債務者の中での債権者に対する支払いの優先順位が上がるわけである。だから、世界的に名前の通っていない小規模なコレクション・エージェンシーでも立派な債権回収の実績を残すことができるわけである。徹底的なフォローアップもまた重要な要因で、コレクション・エージェンシーは、債務者と利害関係がないので、相手の対応を気にすることなく確実に回収スケジュールをこなすことができる。債権者に取って債務者は、元々大切な顧客なのである。それ故に債権者が、顧客という意識があると気が引けてしまったり、逆に感情的になってしまったりすることがある。誤解してはいけないのが、徹底的に回収するからといって、高圧的な姿勢で債務者に接するわけではないということである。そうした態度では、遅延債権はほとんど回収できない。

　次に、信用調査への影響というのもきわめて重要な要素だ。D&Bの信用調査レポートには、支払いに関する情報を記載するPaymentという項目があり、その会社に対する回収履歴があるとその事実がレポートに記載されてしまう。ただし、情報源である債権者名は公表されない。通常、海外の企業は新規取引に際して、ダンレポートを取るのが習慣化している。この履歴を見た取引先は、支払いに問題のある顧客と与信取引をすることはない。したがって、前払いや現金取引でしかビジネスが行うことができなくなる。それだけではない。支払遅延が頻繁になったり、債権回収代行の依頼が増えてきたりすると、その企業の格付けそのものが格下げになる。米国の銀行は取引先の信用度に応じて貸出金利を変えている。米国では信用度を判断する基準として、D&Bの格付けを

活用している銀行もある。こうした事実を知っている債務者は D&B からの督促状には敏感に反応し、直ちに支払いをする場合も珍しくない。今ではもう扱っていないが、かつて D&B が発行した督促状 DunsGram® （ダンズグラム）を郵便物の中で、真っ先に開封するという会社は少なくなかった。また、顧客が自社の督促状に貼れるように、D&B のロゴマーク入りのシールも以前は販売していた。もちろん、独自に信用情報のデータベースを有していないコレクション・エージェンシーも多い。

　最後のポイントは、専門会社ならではの豊富なノウハウである。コレクション・エージェンシーでは、毎日、回収業務だけを行っている。前述の Collector は、朝から晩まで債務者に電話を掛け続けている。多くの会社では、1日何件電話を掛ける、何名の債務者とコンタクトを取るなどのノルマが個人に課せられている。そして、回収成績に応じたインセンティブも支払われる。Collector は、基本給が低くインセンティブが厚い報酬体系になっている会社も多い。皆、必死で回収を行っているのだ。債務者の言い訳なども決まっており、それに対する応酬話法なども研究されている。例えば、年間に 10 件程度の回収案件しかないような一般的な弁護士にくらべ、圧倒的な経験を有している。IT を駆使した情報システムが、徹底的なフォロー体制を可能にしている点も見逃せない。

## 8. 多様化するコレクション・エージェンシー

### (1) サービスの高付加価値

　現在、米国の債権回収業界では吸収合併の大きな流れが起こっている。各業界の顧客も吸収合併して超巨大企業が次々と誕生する中、債権回収業界も例外ではない。そうした巨大化した顧客の多様化、複雑化するニーズに応えるために戦略の集中や転換が必要になってきているのだ。多様化のキーワードの一つは高付加価値である。今までは成功報酬ベースでの回収代行が主流だったが、ここ数年では、回収の結果に関わらず一律の月額契約式の債権管理、回収サービスが増えてきた。また、企業が売掛管理の業務を丸ごとコレクション・エージェンシーにアウトソーシングするという契約形態も出てきている。法的手続に関する各種のサービスも高付加価値路線の一種で、弁護士の紹介はもちろん、債権登録の代行や債務者の資産調査まである。与信管理のコンサルティングやトレーニングも高付加価値化の一つと考えられるし、最近では、M&Aや債権のバルクセールに必要な債権や不良債権の評価を行う Portfolio Management というサービスも行っている。

### (2) サービスの総合化

　各社は、与信管理・債権回収に関するトータルソリューションの提供を目指しており、そのサービスには横の広がりが見られる。遅延債権は全債権の比率から見ればわずかで、正常な債権の比率が圧倒的に多く、この正常債権に対する各種のサービスが増える傾向にある。例えば、売掛確認通知書と呼ばれる支

払日の確認書を支払日が近づいた顧客に送るサービスなどである。あるいは、契約自体の管理や分割払いを約束した顧客の分割払いのモニタリングもある。日本でも見られるように、請求書や入金の管理といった経理業務の代行をしている会社も多い。面白いところでは、封筒や督促状のデザインを請け負うサービスまである。債務者の注意を引く色やデザインに関するノウハウがあるわけだ。また、米国ではコレクション・エージェンシーも、アンケートや顧客満足度調査など一般のテレマーケティング会社と同じような業務を行っている。さらには、コールセンターの構築に関するコンサルティングや社内の債権回収部門の構築、バックオフィス業務の運営に関するアドバイザリーサービスなどまでも行っているコレクション・エージェンシーもある。また債権回収ではないが、情報サービスとして過去の支払延滞者や不正者に関する情報が照会できる

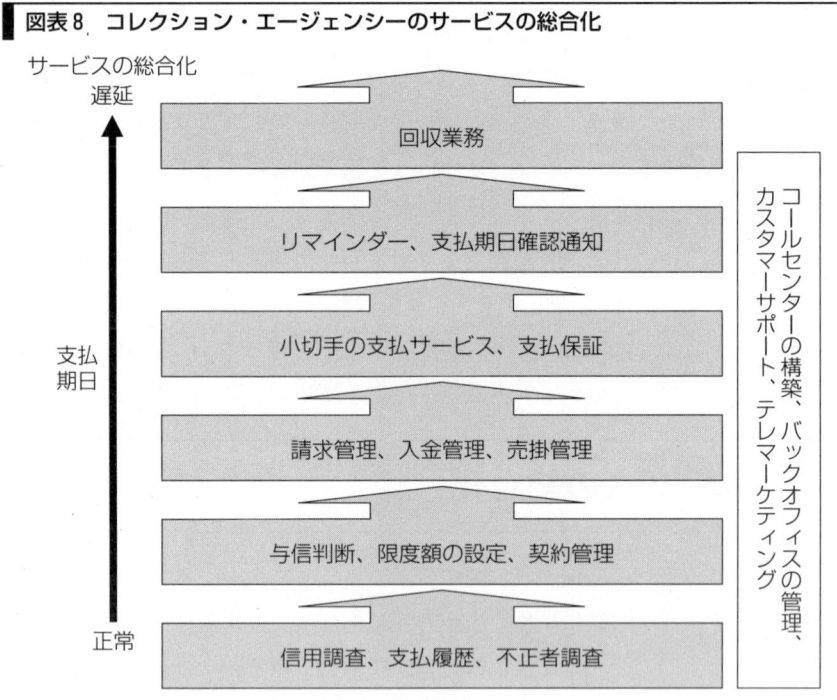

**図表8　コレクション・エージェンシーのサービスの総合化**

サービスの総合化

遅延 ↑
- 回収業務
- リマインダー、支払期日確認通知
- 小切手の支払サービス、支払保証
- 請求管理、入金管理、売掛管理
- 与信判断、限度額の設定、契約管理
- 信用調査、支払履歴、不正者調査

正常

支払期日

コールセンターの構築、バックオフィスの管理、カスタマーサポート、テレマーケティング

©Knowledge Management Japan Corporation

サービスも一般的だ。

## (3) サービスの専門化

　専門化は総合化の流れと相反するようだが、総合化するコレクション・エージェンシーがある一方で、さらに専門性を高めていくコレクション・エージェンシー社もある。コレクション・エージェンシーは元来、個人向けの債権回収と法人向けの債権回収に分かれる傾向があったが、そうした専門性がさらに細分化されてきた。例えば、病院の診療費の回収に特化したコレクション・エージェンシーのように業界に特化するパターンと、訪問だけによって回収するコレクション・エージェンシーなど、サービス自体に特化するパターンの両方がある。こうした流れは、早晩日本でも訪れるであろう。正確にいえば、多様化したサービスの一つ一つは、すでに日本でも存在するものがある。例えば、経理業務の代行やテレマーケティング、コールセンターの構築、与信管理に関するコンサルティングなどがそれに当たる。欧米の市場もまだ成熟産業ではなく、サービサーが解禁されて10年程度の日本のマーケットは規制も多く、市場規模も成長率も欧米の比ではない。

## 9. 海外の取引先が倒産したら

### （1）債権者として取るべき行動

　日本国内であれば、取引先倒産の情報は様々な形で入手できる。新聞などのメディアはもちろん、信用調査会社の倒産速報、携帯電話にまで配信してくれるサービスまであるから非常に便利である。また、営業マンが顧客を訪問してみると、事務所の扉に倒産を知らせる貼り紙が貼ってあったというケースもよくある。

　ところが、これが海外企業の倒産を日本で把握するとなると、そう簡単にはいかない。「最近海外の取引先と連絡が取れずに、おかしいと思って調査会社に調査を依頼したところ、数ヶ月前に倒産した事実が判明」という笑えない話も実に多い。こうした失態を防ぐためには、調査会社のモニタリングサービスを活用するのも一つの方法だし、やはり取引先の定期調査を行うことが大切である。ある日突然、管財人から取引先の破産法申請の通知が届くというのもよくある話である。債務者が倒産する前には、ある種の兆候が必ず見られる。担保債権者による固定資産、棚卸資産に対する差し押さえ通知や執行、一般債権者による多数の訴訟、金融機関による与信枠の削減、示談交渉の失敗などが主な兆候である。こうした兆候を見逃さずに詳細な調査を行うことで、こうした事態は回避できる。取引先の倒産情報をつかんだら、債権者として次の行動を迅速に取る必要がある。

① **倒産の種類を確認する**
② **債務者に説明を求める**

③　取引先の信用調査を依頼する
④　債権残高、契約残を確認する
⑤　契約残がある場合は出荷を停止する
⑥　債権登録をする
⑦　倒産手続の進捗状況をモニタリングする

## (2) 事実関係の把握

　海外の取引先倒産の情報を入手したら、まず事実関係の把握に努める。信用調査会社に調査を依頼したり、債務者に対するヒヤリングを行ったりして事実関係を把握する。一概に Out of Business（倒産）といっても、様々な種類がある。国により詳細は異なるが、倒産は法的整理と私的整理に大別できる。海外の倒産の場合は圧倒的に私的整理が多い。信用調査レポートにもただ単に Out of Business（倒産）、Ceased Operation（営業停止）、Dormant Concern（休眠会社）などと記載されている場合があるが、そのほとんどは私的整理である。法的整理であれば、File for Bankruptcy（破産を申請）、File for Chapter 11（米連邦破産法第11条を申請）などの表記になる。どちらとも判断の付かない場合は、債務者や調査会社に直接問い合わせをする。法的整理であれば、裁判所や Liquidator、Trustee（管財人）から正式な破産通知が来るのが一般的である。

　こうした倒産の事実関係の確認と同時に、債務者との契約内容を確認する。未回収の債権残高、契約残高を調べる。もし、契約残がある場合はまず出荷を停止する。もちろん債務者との契約内容によっては、一方的に契約を解除できない場合もある。あるいは、管財人からの要請でどうしても原材料などを供給しなくてはならない場合もある。いずれにしてもまずは出荷を停止してから、契約条項を精査して今後の対応を検討する。

## (3) Filing of Claims（債権登録）

　債務者が法的整理を申請した場合に忘れてはいけないのが債権登録である。通常、裁判所から送付される債務者の破産通知には、債務者が債権者に対して有する債権額がすでに記載されている。その金額に間違いがなければ債権登録をする必要はない。しかし、たとえ少額でも差異があれば、関連書類一式（注文書、請求書、受領書、通信文等）と共に債権を裁判所に登録しておくべきである。債権の一部が担保債権の場合は、無担保債権の分だけ登録する。担保債権の関連書類も同封しておくとよい。

　海外の債権者はリストからもれる可能性があり、債権登録に関する書類が送付されてこないことがある。あるいは単純に債務者や裁判所のミスにより裁判所から通知が送られてこないこともある。その場合でも、債務者や管財人に連絡を取り債権登録の手続を取るように要請する。なお、債権登録に関する書類が送付されてこなくても、破産管財人側で債権登録を行っている場合もある。例えば、米国の倒産手続は情報公開が徹底されているので、米裁判所が運営するPACER（Public Access to Court Electronic Records）というウェブサイトでも債務者の法的整理に関する情報が確認できる。事前に登録が必要で情報取得に応じた費用もかかる。

　Unsecured Creditor（無担保債権者）の場合、配当はほとんど期待できないが、債権登録していなければ、そのわずかな配当を得ることすらできない。国により異なるが、債権登録の手続はいたって簡単である。公正証書にする必要もなく、債権額の合計を記載し責任者が署名をして、関連書類一式を添付して送り返せばよいだけである。では、管財人より何の通知もなく債務者の倒産も知らずに、気づいたら債権登録の期限を過ぎていた場合はどうなるのか。経験上で申し上げれば、登録する権利があることを主張すれば通ることもある。これはあくまで債権登録手続に不備があった債務者や管財人の責任なので、こちらの権利を主張すべきである。

債権登録が済めば後は、破産手続や再建手続の動向をモニタリングし、必要に応じた対応を取ればよい。国や債権額によるが、実務上行うことはほとんどない。大口債権者で、再建計画に影響力があるようであれば、債権者集会に出席したり、再建計画を評価したりする作業も生じるが、そのために海外に出向くのは費用と時間がかかるので、弁護士を代理人に選任し一任することもできる。

# 10. 米連邦破産法の流れ

## (1) 債権者として知っておくべきこと

　米国の取引先が米連邦破産法を裁判所に申請した場合に必要となる、債権回収の制限など債権者の必須知識を取り上げよう。主な米連邦破産法は次の5種類だが、日本企業が債権者として関わるのは、1か3である可能性が高い。このうち、債権者からの強制破産を申請できるのは、3のみである。

**図表9　米連邦破産法の主な種類**

| | 英文名称 | 日本語訳 | 概要 |
|---|---|---|---|
| 1 | Chapter 7 | 米連邦破産法第7条 | 企業の清算型の法的手続、破産 |
| 2 | Chapter 9 | 米連邦破産法第9条 | 公的機関の再建型の法的手続 |
| 3 | Chapter 11 | 米連邦破産法第11条 | 企業の再建型の法的手続 |
| 4 | Chapter 12 | 米連邦破産法第12条 | 農家の再建型の法的手続 |
| 5 | Chapter 13 | 米連邦破産法第13条 | 定期的な収入源のある個人や個人事業主の再生型の法的手続 |

## (2) 各手続の特徴

　米連邦破産法第7条（あるいはチャプターセブン）は、企業の清算を前提とした破産手続である。Chapter 7の申請が受理されると、債権者に対する弁済が自動的に禁止となる。その後管財人が、企業の全資産を評価、売却、換価して売却益を優先順に従い配当していく。一般債権者の優先順位は低く、債権登録

をする以外に一般債権者ができることはない。担保債権者でも100%回収できないのが常識で、一般債権者に仮に配当があってもきわめてわずかな金額である。Chapter 11に移行した方が、債権者にとって有利であると裁判所が判断すれば、Chapter 7からChapter 11に移行する場合もある。

Chapter 11は、企業やパートナーシップの企業再建を前提とした法的手続である。債務者は債権者に大幅な債権放棄を依頼し、Plan of Arrangement（再建計画）を作成し、債権者と裁判所の承認を得て、計画を数年かけて履行し企業再生を図っていく。再建計画履行中、債務者は自己の資産を所有することができる。日本の民事再生法はChapter 11を基に立案されている。

Chapter 9は、市・郡・学校・トンネル・橋・港・高速道路のような、公的機関の再建型の法的整理手続。Chapter 11の公的機関版と思えばよい。Chapter 12はChapter 11の農家版。Chapter 13は、定期的な収入源のある個人を対象にした再生型の法的手続で、一般債権で336,900ドル未満、担保債権で1,010,650ドル未満の負債を持つ債務者が対象になる。この負債額の範囲内であれば、個人事業主も対象になる。この手続では、裁判所が3〜5年の返済計画を指示することが多い。

## (3) Chapter 11の流れ

Chapter 11の申請が受理されると、担保債権者、法定担保権者を含むすべての債権者は、債権回収行為を進めることが一切できなくなる。これが、Automatic Stay（自動停止）と呼ばれる規定で、米国の破産手続の最大の特徴である。ただし、裁判所により例外的にRelief Order（解除命令）が出される場合もある。裁判所は、債権者すべてに破産通知と第1回の債権者会議の日程を送付する。

日本の法的手続と大きく異なる点にCreditors Committee（債権者委員会）の存在がある。債権者委員会は、7大無担保債権者で通常構成される。裁判所が債務者の重要な財務・運営情報を調査、見直し、分析するのに必要な債権者を任命する。裁判所は債務者が正直にすべての資産を開示したかどうか、事業継

続が可能かどうか、債務者の提案した再建計画作成や修正が可能かどうかを判断する重要な役割を担っている。もし大企業で債権者が多岐にわたる場合、複数の債権者委員会を結成する場合もある。また、Chapter 11 の大きな特徴に Debtor in Possession（DIP、占有債務者）がある。これは現経営陣が破産後も経営陣として残り、裁判所や管財人の管理の元に企業再建を主導していくものである。DIP のお目付役として、Examiner（調査員）が稀に任命されることもあるが、管財人にくらべてその権限は制限されている。

　第1回目の債権者集会のすぐ後に、裁判所は債権者が承認した管財人を任命して債務者の業務と手続全体の管理を任せる。このプロセスの一環として、債務者から詳細な報告を頻繁に受けて、経営陣がきちんと会社を運営しているか、資産が流出していないか、裁判所の規定を遵守しているかを判断する。債務者が破産を申請してから 120 日以内に更生計画を提出しなければならないものの、裁判所の権限でこの期間を延長することがよくあるが、18 ヶ月を超えてはいけない。120 日を経過すると今度は債権者側からも更生計画を提出することができる。

　こうした交渉が行われる中、裁判所は様々な法的問題に注意しながら、一般債権者からの債権登録を処理する。債権登録には Bar Date と呼ばれる提出期限があり、破産通知の中に通常記載されている。弁護士を通して債務者は、債権を抹消・減額するような措置を取ろうとする。債務者の主張に対して、適切に反論できないと債権が抹消・減額する可能性があるので、直ちに、債権を証明する書類一式と共に反論書を提出するべきだ。

　債権者委員会が債務者の更生計画を承認すると、確認のために計画書を各債権者に対し送付する。計画書と一緒に Disclosure Statement（開示説明書）と呼ばれる一覧表が送られてくる。これには、債権者が計画書を評価できるような背景と財務に関する情報が記載されている。更生計画の承認は、担保債権者や一般債権者、劣後債権者など債権の Class（クラス）別の承認が必要となる。各クラスの債権者数で 2 分の 1 超、債権額で 3 分の 2 超の債権を有する債権者が計画に賛成であれば、計画は承認されたことになる。最低でも、一つのクラス

で承認されれば、他のクラスで承認されていなくても、裁判所がその計画がすべての関係者にとり最良のものであると判断すれば更生計画を認可する。反対に、更生計画が承認されなかったり、業務の継続が必ずしも債権者の利益にならないと裁判所が判断したりすれば、Chapter 7 に移行して会社を清算することになる。

## (4) Preference（偏頗譲渡）

　COD（Cash on Delivery）、CWD（Cash with Order）等の現金取引以外の取引において、債務者の破産申請から 90 日以内の債権回収については、裁判所に偏頗譲渡とみなされ、否認される可能性がある。裁判所からこうした通知を受け取った債権者にも、裁判所に控訴する権利がある。偏頗譲渡の通知を受領したら、社内の法務部や弁護士に相談するべきである。そうしないと、支払期限までに回収額を裁判所に返済しなければならなくなる。また、裁判所が要求する返済額についても間違っている場合もあるので、通知をきちんと確認して金額に差異がある場合には、弁護士を通して減額の申請をすると良い。

　その他の偏頗譲渡に、Chapter 11 申請の 90 日以内に行われた新規・追加の担保設定、納入済みで未払いの自社商品の引き上げなども含まれる。この場合も、偏頗譲渡の通知を受領したら、弁護士に相談すべきで、裁判所が債権者の主張する例外を認める場合もある。例えば、偏頗譲渡の期間内の取引と同時に行われた支払いがそれにあたる。偏頗譲渡に該当することを怖れて、Chapter 11 を申請する可能性のある債務者に対しての債権回収を避ける債権者もいるが、債務者の申請日が予測できない段階では、回収を優先すべきである。また、同じ偏頗行為でも Insider（インサイダー）に対して行われた場合は、90 日ではなく 1 年以内の取引と長期にわたる。インサイダーに該当するのは家族や親戚、社長や役員などである。

## （5） Chapter 11 手続中の顧客との取引

　Chapter 11 の手続で再生中の会社とは現金取引しかしない企業もあれば、高リスクの新規顧客と考えて金額を限定して与信する企業もある。再生中の会社は裁判所の管理下にあり、決裁は管財人の判断にすべて委ねられている。毎月のキャッシュフロー計算書の提出と、モニタリングを条件に与信するというのが一般的。既存債務はすべて凍結されているが、Chapter 11 申請後に発生した債務は、担保債権の次に優先配当される。必ず支払われるという保証はないが、状況を把握して手堅く支払条件を設定すれば良い取引先になる可能性もある。

## 11. 米国の企業倒産の動向

　世間では、100年に一度の危機といわれているが、米国の倒産動向もそれを反映しているのだろうか。米連邦破産裁判所によると、2001年〜2009年の米国の企業倒産件数は**図表10**のとおりとなった。今回の世界的な景気低迷の震源地である米国の2008年の企業倒産件数は、前年対比で5割超の大幅な増加となった。しかし、100年に一度の水準かというとそうでもない。1992年には米国の企業倒産は70,643件もあり、1993年〜1997年は5〜6万件で推移していた。100年どころか、10年前の件数よりも少ないレベルである。2009年通年の倒産件数はまだ発表されていないが、9月末時点での直近12ヶ月のデータで見ると、前年対比34.8％増で、倒産件数の増加率が沈静化していることがわかる。こうしてみると、倒産件数的には100年に一度どころか、10年に一度程度の水準であったことがわかる。

　2008年の企業倒産をさらに詳しく見ると、全体の件数は前年対比で53.7％増である。それに対して、清算型のChapter 7は60.2％増加となっている。一方、再建型のChapter 11は61.6％増となった。全体に対する比率で見ると、2008年のChapter 7の構成比率は69％だった。破産法の改正があった2005年を除くと、大体6割前後で推移している。これに対して、Chapter 11は21.3％に過ぎず、過去5年間でも2〜3割で推移している。

　このあたりは、日本の倒産動向と似たような傾向を示しており興味深い。2008年の日本の企業倒産全体15,646件のうち破産が9,351件と全体の59.8％を占め、過去最多となった（東京商工リサーチ調べ）。破産は年間2,000〜3,000件程度で推移していたが、ここ数年は着実に増加してきた。その結果、構成比率は米国と似たような状況になったわけである。倒産の米国化といえる。なぜ、破産が増えたかについては色々な原因があるだろうが、老舗企業の倒産増加が

一つの要因であろう。

さらに、個人破産の状況を見てみよう。メディアなどでは、住宅ローンが支払えなくて、自己破産が相次いでいると報道されているが、本当にそうなのだろうか。2008年の個人破産件数は1,074,225件。前年対比で30.6%の大幅増加となった。しかし、2005年には200万件を突破しており、それにくらべると半分程度の水準に過ぎない。もちろん、2005年には破産法の改正があり、申請の要件が厳格化される関係で、駆け込み需要があったという特殊要因もある。しかし、2001年～2004年も150万件を突破していたわけで、それにくらべればそれほど高い水準ではない。

内訳としては、自己破産に相当するChapter 7が、714,389件で42.7%の大幅増加となった。金融危機による急激な景気悪化で、解雇されたりして、返済をギブアップした個人が多かったのであろう。こうして検証すると、確かに米国の倒産は、企業が5割増、個人が3割増と2008年に大幅な増加を示した。しかし、100年に一度と言えるほどの水準には至っていないといえる。

図表10　米国の企業倒産件数の推移

| 年 | Total | Chapter 7 | Chapter 11 | Chapter 12 | Chapter 13 |
|---|---|---|---|---|---|
| 2001 | 40,099 | 23,482 | 10,641 | 383 | 5,542 |
| 2002 | 38,540 | 22,321 | 10,286 | 485 | 5,361 |
| 2003 | 35,037 | 20,631 | 8,474 | 712 | 5,138 |
| 2004 | 34,317 | 20,192 | 9,186 | 108 | 4,701 |
| 2005 | 39,201 | 28,006 | 5,923 | 380 | 4,808 |
| 2006 | 19,695 | 11,878 | 4,643 | 348 | 2,749 |
| 2007 | 28,322 | 18,751 | 5,736 | 376 | 3,412 |
| 2008 | 43,546 | 30,035 | 9,272 | 345 | 3,815 |
| 2008/10～2009/9 | 58,721 | 40,225 | 13,439 | 487 | 4,424 |

Source: U. S. Courts, Total Business Filings

## 12. 回収不能債権の処理

　これまでに述べてきた債権回収のテクニックや債権保全策を実行すれば、債権の回収率は向上するはずである。それでもなお、債権が回収不能となってしまった場合は、貸倒れ費用を損金として処理できるように調査や資料を準備することをお薦めしたい。国税庁が損金として認めるケースは、債務者が法的整理の場合が中心である。しかし、海外では、法的整理よりも私的整理が中心の国も多い。そうした場合には、できるだけ公的な資料を収集して債務者の破たんを裏付けるしかない。自社でこうした調査を行ったり、資料を収集したりするのが難しい、あるいは時間や労力が割けない場合は、外部に委託する手もある。

　当社では、全世界にネットワークをもつ企業調査会社やコレクション・エージェンシー、弁護士などと連携を取り、債権回収の可能性に関する調査、分析を行い、海外債権の回収が不可能であることを第三者として客観的に証明する「回収不能証明書」を発行している。証明書といっても公的な書類で、あくまで第三者が客観的に調査、分析した報告書である。対象国は共産圏や紛争のある地域を除く全世界で、調査期間は通常1～2ヶ月かかる。例えば、以下のようなケースで、回収不能証明書を発行した実績がある。

〈ケース A〉
　金融危機後、10年以上の信頼関係があった米国の代理店が、突然支払いを滞らせ始め連絡も取れなくなった。会社の存在自体確認が取れない。

〈ケース B〉
　中国企業に対する輸出代金の回収が遅延、債務者は倒産との噂だが、現地に

ネットワークがなく、事実関係を確認できない。

〈ケースC〉
　タイ企業が突然破たんして、債権が不良化。関連資料も少なく、債務者の担当者もやめてしまったため必要な情報が入手できない。事務所は閉鎖されているが、法人登記はそのまま残っている。

第7章　海外取引の債権保全策

## COLUMN
### 海外出張　こぼれ話　**カナダ**

　以前にバンクーバーに出張したときのことである。バンクーバーは2010年の冬期オリンピック開催地に選ばれた美しい街である。ガスタウンという観光スポットにお客さんと出かけた。ガスタウンの近くには、チャイナタウンがあったので、横浜の中華街をイメージしながら我々は期待して出かけた。しかし、そこは横浜の中華街どころではなかった。時間は夜の6時ぐらいなのだが、路上にはいろいろな人種の浮浪者があふれていた。叫び声や罵り合う声もあちこちで聞こえてくる。麻薬の受け渡しでもしていそうな雰囲気である。犯罪が多いのか、パトカーも停車しており、警察官が見回りをしていた。男数人の一行であったが、思わず足早に通り過ぎた。しかし、数分歩くとそこはガスタウンで、観光地の顔をした美しいバンクーバーだった。街の光と影を垣間見た一瞬だった。また、世界中にあるチャイナタウンは危険な地域が多いことも再認識した。

〔参考資料〕 ダンレポートの見本

# Business Information Report

Print this Report

Copyright 2009 Dun & Bradstreet - Provided under contract for the exclusive use of subscriber 716000061

ATTN: **Sample Report**

Report Printed: AUG 19 2009
**In Date**

## BUSINESS SUMMARY

**GORMAN MANUFACTURING COMPANY, INC.**
492 Koller Street
San Francisco, CA 94110

| | | | |
|---|---|---|---|
| Do not confuse with other Gorman companies, this is a fictitious company used by D&B for demonstration purposes.<br>This is a **headquarters** location.<br>Branch(es) or division(s) exist. | | **D-U-N-S Number:** | 80-473-5132 |
| | | **D&B Rating:** | **3A4** |
| | | **Financial strength:** | 3A is **$1 to 10 million.** |
| **Telephone:** | 650 555-0000 | **Composite credit appraisal:** | 4 is **limited.** |
| **Manager:** | LESLIE SMITH, PRES | **D&B PAYDEX®:** | |
| **Year started:** | 1985 | **12-Month D&B PAYDEX: 73**<br>When weighted by dollar amount, payments to suppliers average 11 days beyond terms. | |
| **Employs:** | 144 (110 here) | | |
| **Financial statement date:** | DEC 31 2008 | 0 — 120 days slow — 30 days slow — Prompt — 100 Anticipates | |
| **Sales F:** | $28,646,009 | | |
| **Net worth F:** | $1,812,635 | Based on trade collected over last 12 months. | |
| **History:** | CLEAR | | |
| **Financial condition:** | FAIR | | |
| **SIC:** | 2752 | | |
| **Line of business:** | Lithographic commercial printing | | |

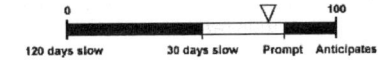

## SUMMARY ANALYSIS

**D&B Rating:** 3A4
   **Financial strength:** 3A indicates **$1 to 10 million.**
   **Composite credit appraisal:** 4 is **limited.**

This credit rating was assigned because of D&B's assessment of the company's financial ratios and its cash flow. For more information, see the D&B Rating Key.

Below is an overview of the company's rating history since 03/20/08:

| D&B Rating | Date Applied |
|---|---|
| 3A4 | 03/20/08 |

The Summary Analysis section reflects information in D&B's file as of August 17, 2009.

## CUSTOMER SERVICE

If you have questions about this report, please contact your local D&B office
© D & B, Inc. All rights reserved. This report is provided for your internal business use only and may not be reproduced or re-distributed in any manner whether mechanical or electronic without the permission of D&B. Whilst D&B attempts to ensure that the information provided is accurate and complete by reason of the immense quantity of detailed matter dealt with in compiling the information and the fact that some of the data are supplied from sources not controlled by D&B which cannot always be verified, including information provided direct from the subject of enquiry as well as the possibility of negligence and mistake, D&B does not guarantee the correctness or the effective delivery of the information and will not be held responsible for any errors therein or omissions therefrom.

## HISTORY

The following information was reported **01/12/2009**:

**Officer(s):**  LESLIE SMITH, PRES
KEVIN J HUNT, SEC-TREAS

**DIRECTOR(S):**  THE OFFICER(S)

This is a Corporation formed in the State of California on May 21, 1985.

Business started 1985 by Leslie Smith and Kevin J Hunt. 60% of capital stock is owned by Leslie Smith. 40% of capital stock is owned by Kevin J Hunt.

LESLIE SMITH born 1946. Graduated from the University of California, Los Angeles, CA, in June 1967 with a BS degree in Business Management. 1967-85 General Manager for Raymor Printing Co, San Francisco, CA. 1985 formed subject with Kevin J Hunt. 1985 to present active as Principal in Gorman Affiliate Ltd, San Francisco, CA.

KEVIN J HUNT born 1945. Graduated from Northwestern University, Evanston, IL in June 1966. 1966-1985 was General Manager for Raymor Printing Co, San Francisco, CA. 1985 formed subject with Leslie Smith. 1985 to present active as Principal in Gorman Affiliate Ltd, San Francisco, CA.

**AFFILIATE:**
The following is related through common principals, management and/or ownership. Gorman Affiliate Ltd, San Francisco, CA, started 1985. Operates as commercial printer. Intercompany relations: None reported by management.

### CORPORATE FAMILY

Click below to buy a Business Information Report on that family member.

**Subsidiaries (US):**
| | | |
|---|---|---|
| Gorman Catalog Printing Inc | San Francisco, CA | DUNS # 05-963-3730 |
| Gorman Poster Printing Inc | San Francisco, CA | DUNS # 05-806-3731 |

**Branches (US):**
| | | |
|---|---|---|
| Gorman Manufacturing Company, Inc. | Los Angeles, CA | DUNS # 03-873-2116 |

### BUSINESS REGISTRATION

CORPORATE AND BUSINESS REGISTRATIONS PROVIDED BY MANAGEMENT OR OTHER SOURCE

The Corporate Details provided below may have been submitted by the management of the subject business and may not have been verified with the government agency which records such data.

**Registered Name:**  Gorman Manufacturing Company, Inc.

〔参考資料〕 ダンレポートの見本

| | | | |
|---|---|---|---|
| **Business type:** | CORPORATION | **Common stock** | |
| **Corporation type:** | PROFIT | Authorized shares: | 200 |
| **Date incorporated:** | MAY 21 1985 | Par value: | |
| **State of incorporation:** | CALIFORNIA | | |
| **Filing date:** | MAY 21 1985 | | |
| **Registration ID:** | testcase102 | | |

**Where filed:** SECRETARY OF STATE/CORPORATIONS DIVISION, SACRAMENTO, CA

## OPERATIONS

01/12/2009

**Description:** Engaged in commercial lithographic printing (100%).

Terms are Net 30 days. Has 280 account(s). Sells to commercial concerns. Territory : United States.

Nonseasonal.

**Employees:** 144 which includes officer(s). 110 employed here.

**Facilities:** Occupies premises in a one story cinder block building.

**Location:** Central business section on well traveled street.

**Branches:** This business has multiple branches, detailed branch/division information is available in D&B's linkage of family tree products.

**Subsidiaries:** This business has 2 subsidiaries listed below.

The extent of ownership where known, is shown in parenthesis following company name:

Gorman Poster Printing Inc, San Francisco, CA (100%) chartered 2003. Operates as a poster printing company.

Gorman Catalog Printing Inc, San Francisco, CA (100%) chartered 2003. Operates as a catalog printing company.

## SIC & NAICS

**SIC:**
Based on information in our file, D&B has assigned this company an extended 8-digit SIC. D&B's use of 8-digit SICs enables us to be more specific to a company's operations than if we use the standard 4-digit code.

The 4-digit SIC numbers link to the description on the Occupational Safety & Health Administration (OSHA) Web site. Links open in a new browser window.

27520000    Commercial printing, lithographic

**NAICS:**
323110  Commercial Lithographic Printing

## D&B PAYDEX

The D&B PAYDEX is a unique, dollar weighted indicator of payment performance based on up to 38 payment experiences as reported to D&B by trade references.

**3-Month D&B PAYDEX: 73**
When weighted by dollar amount, payments to suppliers average 11 days beyond terms.

0 — 120 days slow — 30 days slow — Prompt — Anticipates — 100

**12-Month D&B PAYDEX: 73**
When weighted by dollar amount, payments to suppliers average 11 days beyond terms.

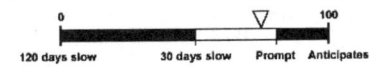

0 — 120 days slow — 30 days slow — Prompt — Anticipates — 100

Based on trade collected over last 3 months. | Based on trade collected over last 12 months.

When dollar amounts are not considered, then approximately 68% of the company's payments are within terms.

## PAYMENT SUMMARY

The Payment Summary section reflects payment information in D&B's file as of the date of this report.

Below is an overview of the company's dollar-weighted payments, segmented by its suppliers' primary industries:

|  | Total Rcv'd (#) | Total Dollar Amts ($) | Largest High Credit ($) | Within Terms (%) | Days Slow <31 (%) | 31-60 | 61-90 | 90> |
|---|---|---|---|---|---|---|---|---|
| **Top industries:** | | | | | | | | |
| Trucking non-local | 2 | 50,000 | 40,000 | 90 | 10 | - | - | - |
| Truck rental/leasing | 2 | 20,000 | 10,000 | 100 | - | - | - | - |
| Mfg wood home furn | 1 | 50,000 | 50,000 | 100 | - | - | - | - |
| Whol metal | 1 | 25,000 | 25,000 | 100 | - | - | - | - |
| Mfg prepared flour | 1 | 20,000 | 20,000 | 100 | - | - | - | - |
| Arrange cargo transpt | 1 | 15,000 | 15,000 | - | 100 | - | - | - |
| Mfg aluminum die cast | 1 | 10,000 | 10,000 | - | 100 | - | - | - |
| Mfg fluid milk | 1 | 10,000 | 10,000 | 100 | - | - | - | - |
| Data processing svcs | 1 | 7,500 | 7,500 | 50 | 50 | - | - | - |
| Whol const/mine equip | 1 | 7,500 | 7,500 | 100 | - | - | - | - |
| OTHER INDUSTRIES | 18 | 46,500 | 7,500 | 72 | 21 | 1 | - | 6 |
| **Other payment categories:** | | | | | | | | |
| Cash experiences | 3 | 1,000 | 500 | | | | | |
| Payment record unknown | 0 | 0 | 0 | | | | | |
| Unfavorable comments | 3 | 8,500 | 5,000 | | | | | |
| **Placed for collections:** | | | | | | | | |
| With D&B | 1 | 50 | | | | | | |
| Other | 1 | N/A | | | | | | |
| Total in D&B's file | 38 | 271,050 | 50,000 | | | | | |
| **Top industries:** | | | | | | | | |
| Trucking non-local | 2 | 50,000 | 40,000 | 90 | 10 | - | - | - |
| Truck rental/leasing | 2 | 20,000 | 10,000 | 100 | - | - | - | - |
| Mfg wood home furn | 1 | 50,000 | 50,000 | 100 | - | - | - | - |
| Whol metal | 1 | 25,000 | 25,000 | 100 | - | - | - | - |
| Mfg prepared flour | 1 | 20,000 | 20,000 | 100 | - | - | - | - |
| Arrange cargo transpt | 1 | 15,000 | 15,000 | - | 100 | - | - | - |
| Mfg aluminum die cast | 1 | 10,000 | 10,000 | - | 100 | - | - | - |
| Mfg fluid milk | 1 | 10,000 | 10,000 | 100 | - | - | - | - |
| Data processing svcs | 1 | 7,500 | 7,500 | 50 | 50 | - | - | - |
| Whol const/mine equip | 1 | 7,500 | 7,500 | 100 | - | - | - | - |
| OTHER INDUSTRIES | 18 | 46,500 | 7,500 | 72 | 21 | 1 | - | 6 |
| **Other payment categories:** | | | | | | | | |
| Cash experiences | 3 | 1,000 | 500 | | | | | |
| Payment record unknown | 0 | 0 | 0 | | | | | |
| Unfavorable comments | 3 | 8,500 | 5,000 | | | | | |
| **Placed for collections:** | | | | | | | | |
| With D&B | 1 | 50 | | | | | | |
| Other | 1 | N/A | | | | | | |

〔参考資料〕 ダンレポートの見本

Total in D&B's file          38      271,050        50,000

The highest **Now Owes** on file is $15,000

The highest **Past Due** on file is $5,000

The aggregate dollar amount of the 38 payment experiences in D&B's file equals 11.4% of this company's average monthly sales. In Dun & Bradstreet's opinion, payment experiences exceeding 10% of a company's average monthly sales can be considered representative of payment performance.

## PAYMENT DETAILS

### Detailed Payment History

| Date Reported (mm/yy) | Paying Record | High Credit ($) | Now Owes ($) | Past Due ($) | Selling Terms | Last Sale Within (months) |
|---|---|---|---|---|---|---|
| 08/09 | Ppt | 50,000 | 15,000 | 250 | | 1 mo |
| | Ppt | 10,000 | 5,000 | 0 | | 1 mo |
| | Slow 30 | 7,500 | 5,000 | 2,500 | | 1 mo |
| 07/09 | Ppt | 25,000 | 15,000 | | | 1 mo |
| | Ppt-Slow 30 | | 750 | 250 | | |
| | (006) | 5,000 | 5,000 | 5,000 | | |
| | Bad debt. | | | | | |
| | (007) | 1,000 | 1,000 | 1,000 | | |
| | Unsatisfactory. | | | | | |
| | (008) | 500 | 0 | 0 | | 2-3 mos |
| | Cash own option. | | | | | |
| | (009) | 500 | 0 | 0 | | 2-3 mos |
| | Cash own option. | | | | | |
| | (010) | 0 | 0 | 0 | | 6-12 mos |
| | Cash own option. | | | | | |
| 04/09 | Ppt | 10,000 | 7,500 | 0 | | 1 mo |
| 03/09 | Ppt | 40,000 | 7,500 | 0 | | |
| 02/09 | Ppt | 7,500 | 5,000 | 0 | | 1 mo |
| | Ppt-Slow 30 | 10,000 | 5,000 | 2,500 | | 1 mo |
| | Ppt-Slow 60 | 1,000 | 250 | 250 | | 1 mo |
| 01/09 | Ppt | 5,000 | 250 | 0 | | 1 mo |
| 12/08 | Ppt | 20,000 | 15,000 | 0 | | |
| | Ppt | 10,000 | 0 | 0 | | 1 mo |
| | Ppt-Slow 10 | 2,500 | 500 | 0 | | |
| | Ppt-Slow 30 | 7,500 | 5,000 | 250 | | 1 mo |
| | Slow 5 | 15,000 | 5,000 | 0 | | 1 mo |
| | Slow 5 | 10,000 | 7,500 | 2,500 | | |
| 10/08 | Ppt | 2,500 | 0 | 0 | | 1 mo |
| 09/08 | Ppt | 1,000 | 0 | 0 | N30 | 2-3 mos |
| 08/08 | Ppt | 2,500 | 100 | 0 | N30 | 1 mo |
| 07/08 | Ppt | 1,000 | 1,000 | 0 | N30 | 1 mo |
| | Ppt | 750 | 50 | 50 | N15 | 2-3 mos |
| | (028) | 2,500 | 2,500 | 2,500 | N30 | 6-12 mos |
| | Bad debt. | | | | | |
| 06/08 | Slow 30 | 500 | 500 | 0 | N30 | 1 mo |
| 05/08 | Ppt | 2,500 | 0 | 0 | | 1 mo |
| | Ppt | 2,500 | 2,500 | 0 | N30 | 1 mo |

| | | | | | | | |
|---|---|---|---|---|---|---|---|
| | Slow 100 | 500 | 0 | 0 | N30 | 4-5 mos |
| | (033) | 1,000 | 250 | 250 | N60 | 4-5 mos |
| | Placed for collection. | | | | | |
| 04/08 | (034) | 7,500 | 0 | 0 | N30 | 6-12 mos |
| | Satisfactory. | | | | | |
| 03/08 | Ppt | 1,000 | 1,000 | 0 | N30 | 4-5 mos |
| 01/08 | Ppt | 5,000 | 1,000 | 0 | N30 | 2-3 mos |
| 11/07 | Slow 120 | 2,500 | 1,000 | 1,000 | N30 | 2-3 mos |
| 09/07 | (038) | | | 50 | | |
| | Placed for collection. | | | | | |
| 08/09 | Ppt | 50,000 | 15,000 | 250 | | 1 mo |
| | Ppt | 10,000 | 5,000 | 0 | | 1 mo |
| | Slow 30 | 7,500 | 5,000 | 2,500 | | 1 mo |
| 07/09 | Ppt | 25,000 | 15,000 | | | 1 mo |
| | Ppt-Slow 30 | | 750 | 250 | | |
| | (006) | 5,000 | 5,000 | 5,000 | | |
| | Bad debt. | | | | | |
| | (007) | 1,000 | 1,000 | 1,000 | | |
| | Unsatisfactory. | | | | | |
| | (008) | 500 | 0 | 0 | | 2-3 mos |
| | Cash own option. | | | | | |
| | (009) | 500 | 0 | 0 | | 2-3 mos |
| | Cash own option. | | | | | |
| | (010) | 0 | 0 | 0 | | 6-12 mos |
| | Cash own option. | | | | | |
| 04/09 | Ppt | 10,000 | 7,500 | 0 | | 1 mo |
| 03/09 | Ppt | 40,000 | 7,500 | 0 | | |
| 02/09 | Ppt | 7,500 | 5,000 | 0 | | 1 mo |
| | Ppt-Slow 30 | 10,000 | 5,000 | 2,500 | | 1 mo |
| | Ppt-Slow 60 | 1,000 | 250 | 250 | | 1 mo |
| 01/09 | Ppt | 5,000 | 250 | 0 | | 1 mo |
| 12/08 | Ppt | 20,000 | 15,000 | 0 | | |
| | Ppt | 10,000 | 0 | 0 | | 1 mo |
| | Ppt-Slow 10 | 2,500 | 500 | 0 | | |
| | Ppt-Slow 30 | 7,500 | 5,000 | 250 | | 1 mo |
| | Slow 5 | 15,000 | 5,000 | 0 | | 1 mo |
| | Slow 5 | 10,000 | 7,500 | 2,500 | | |
| 10/08 | Ppt | 2,500 | 0 | 0 | | 1 mo |
| 09/08 | Ppt | 1,000 | 0 | 0 | N30 | 2-3 mos |
| 08/08 | Ppt | 2,500 | 100 | 0 | N30 | 1 mo |
| 07/08 | Ppt | 1,000 | 1,000 | 0 | N30 | 1 mo |
| | Ppt | 750 | 50 | 50 | N15 | 2-3 mos |
| | (028) | 2,500 | 2,500 | 2,500 | N30 | 6-12 mos |
| | Bad debt. | | | | | |
| 06/08 | Slow 30 | 500 | 500 | 0 | N30 | 1 mo |
| 05/08 | Ppt | 2,500 | 0 | 0 | | 1 mo |
| | Ppt | 2,500 | 2,500 | 0 | N30 | 1 mo |
| | Slow 100 | 500 | 0 | 0 | N30 | 4-5 mos |
| | (033) | 1,000 | 250 | 250 | N60 | 4-5 mos |
| | Placed for collection. | | | | | |
| 04/08 | (034) | 7,500 | 0 | 0 | N30 | 6-12 mos |
| | Satisfactory. | | | | | |
| 03/08 | Ppt | 1,000 | 1,000 | 0 | N30 | 4-5 mos |
| 01/08 | Ppt | 5,000 | 1,000 | 0 | N30 | 2-3 mos |

〔参考資料〕 ダンレポートの見本

| 11/07 | Slow 120 | 2,500 | 1,000 | 1,000 | N30 | 2-3 mos |
| 09/07 | (038) | | | 50 | | |
| | Placed for collection. | | | | | |

Accounts are sometimes placed for collection even though the existence or amount of the debt is disputed.

Payment experiences reflect how bills are met in relation to the terms granted. In some instances payment beyond terms can be the result of disputes over merchandise, skipped invoices etc.

Each experience shown is from a separate supplier. Updated trade experiences replace those previously reported.

## FINANCE

**01/12/2009**

Three-year statement comparative:

| | Fiscal Consolidated Dec 31 2006 | Fiscal Consolidated Dec 31 2007 | Fiscal Consolidated Dec 31 2008 |
|---|---|---|---|
| Current Assets | 10,220,470 | 11,046,076 | 9,707,835 |
| Current Liabs | 8,086,626 | 8,258,547 | 8,235,440 |
| Current Ratio | 1.26 | 1.34 | 1.18 |
| Working Capital | 2,133,844 | 2,787,529 | 1,472,395 |
| Other Assets | 2,474,395 | 2,169,732 | 2,238,621 |
| Net Worth | 2,602,614 | 2,026,635 | 1,812,635 |
| Sales | 27,556,720 | 29,665,950 | 28,646,009 |
| Long Term Liab | 2,005,625 | 2,930,626 | 1,898,381 |
| Net Profit (Loss) | (1,049,619) | (575,979) | (214,000) |

Fiscal Consolidated statement dated DEC 31 2008:

| Assets | | Liabilities | |
|---|---|---|---|
| Cash | 936,042 | Accts Pay | 4,762,506 |
| Accts Rec | 4,938,064 | Notes Pay | 575,910 |
| Inventory | 3,320,716 | L.T. Liab-(1yr) | 1,891,557 |
| Other Curr Assets | 513,013 | Other Curr Liabs | 1,005,467 |
| **Curr Assets** | **$9,707,835** | **Curr Liabs** | **$8,235,440** |
| Fixt & Equip | 1,368,204 | L.T. Liab-Other | 1,898,381 |
| Intangibles | 47,306 | COMMON STOCK | 50,000 |
| Other Assets | 823,111 | RETAINED EARNINGS | 1,762,635 |
| **Total Assets** | **$11,946,456** | **Total** | **$11,946,456** |

From JAN 01 2008 to DEC 31 2008 annual sales $28,646,009; cost of goods sold $23,689,998. Gross profit $4,956,011; operating expenses $5,162,190. Operating income $(206,179); other income $18,803; net income before taxes $(187,376); Federal income tax $26,624. (net loss) $214,000.

Prepared from statement(s) by Accountant: Johnson, Jordan & Jones CPAs.

**ACCOUNTANT'S OPINION**
A review of the accountant's opinion indicates the financial statements meet generally accepted accounting principles and that the audit contains no qualifications.

Fixed assets shown net less $93,856 depreciation.

On JAN 12 2009 Leslie Smith, Pres, submitted the above figures.

**KEY BUSINESS RATIOS**

Statement date: DEC 31 2008
Based on this number of establishments: 10

| Firm | | Industry Median | |
|---|---|---|---|
| Return of Sales: | ( 0.7) | Return of Sales: | 5.2 |
| Current Ratio: | 1.2 | Current Ratio: | 1.9 |
| Assets / Sales: | 41.7 | Assets / Sales: | 47.6 |
| Total Liability / Net Worth: | 559.1 | Total Liability / Net Worth: | 131.4 |

PUBLIC FILINGS

The following Public Filing data is for information purposes only and is not the official record. Certified copies can only be obtained from the official source.

JUDGMENTS

**Status:** Unsatisfied
**DOCKET NO.:** nmjtest03
**Judgment type:** Judgment
**Against:** Gorman Mfg Test Case
**In favor of:** Test Plaintiff
**Where filed:** RECORDER OF DEEDS, NORWALK, CA

**Date status attained:** 01/01/2008
**Date entered:** 01/01/2008
**Latest Info Received:** 01/02/2008

**Status:** Unsatisfied
**DOCKET NO.:** nmjtest05
**Judgment type:** Judgment
**Against:** Gorman Mfg (Test Case)
**In favor of:** Test Plaintiff
**Where filed:** RECORDER OF DEEDS, NORWALK, CA

**Date status attained:** 01/01/2008
**Date entered:** 01/01/2008
**Latest Info Collected:** 01/01/2008

**Status:** Unsatisfied
**DOCKET NO.:** nmjtest01
**Judgment type:** Judgment
**Against:** Gorman Mfg Test
**In favor of:** Test Plaintiff
**Where filed:** RECORDER OF DEEDS, NORWALK, CA

**Date status attained:** 01/01/2008
**Date entered:** 01/01/2008
**Latest Info Collected:** 01/02/2008
**Status:** Unsatisfied
**DOCKET NO.:** nmjtest03
**Judgment type:** Judgment
**Against:** Gorman Mfg Test Case
**In favor of:** Test Plaintiff
**Where filed:** RECORDER OF DEEDS, NORWALK, CA

**Date status attained:** 01/01/2008
**Date entered:** 01/01/2008
**Latest Info Received:** 01/02/2008

**Status:** Unsatisfied
**DOCKET NO.:** nmjtest05
**Judgment type:** Judgment
**Against:** Gorman Mfg (Test Case)
**In favor of:** Test Plaintiff
**Where filed:** RECORDER OF DEEDS, NORWALK, CA

〔参考資料〕 ダンレポートの見本

| | |
|---|---|
| Date status attained: | 01/01/2008 |
| Date entered: | 01/01/2008 |
| Latest Info Collected: | 01/01/2008 |

| | |
|---|---|
| Status: | **Unsatisfied** |
| DOCKET NO.: | nmjtest01 |
| Judgment type: | Judgment |
| Against: | Gorman Mfg Test |
| In favor of: | Test Plaintiff |
| Where filed: | RECORDER OF DEEDS, NORWALK, CA |

| | |
|---|---|
| Date status attained: | 01/01/2008 |
| Date entered: | 01/01/2008 |
| Latest Info Collected: | 01/02/2008 |

## LIENS

A lienholder can file the same lien in more than one filing location. The appearance of multiple liens filed by the same lienholder against a debtor may be indicative of such an occurrence.

| | |
|---|---|
| Status: | **Open** |
| CASE NO.: | IY5678 |
| Type: | State Tax |
| Filed by: | State of Ca- Test Mtch Code (force thru SO) |
| Against: | Gorman Manufacturing Company, Inc |
| Where filed: | LOS ANGELES COUNTY RECORDER'S OFFICE, NORWALK, CA |

| | |
|---|---|
| Date status attained: | 12/14/2001 |
| Date filed: | 12/14/2001 |
| Latest Info Received: | 12/14/2001 |

| | |
|---|---|
| Amount: | **$100** |
| Status: | **Open** |
| CASE NO.: | IY1234 |
| Type: | State Tax |
| Filed by: | state of CA-test mtch code (forced thru SO) |
| Against: | Gorman Manufacturing Company, Inc |
| Where filed: | LOS ANGELES COUNTY RECORDER'S OFFICE, NORWALK, CA |

| | |
|---|---|
| Date status attained: | 12/14/2001 |
| Date filed: | 12/14/2001 |
| Latest Info Received: | 12/14/2001 |

| | |
|---|---|
| Status: | **Open** |
| CASE NO.: | ian5678 |
| Type: | State Tax |
| Filed by: | STATE OF CA-TEST MTCH CODE |
| Against: | GORMAN MANUFACTURING COMPANY, INC AND OTHERS |
| Where filed: | LOS ANGELES COUNTY RECORDER'S OFFICE, NORWALK, CA |

| | |
|---|---|
| Date status attained: | 12/14/2001 |
| Date filed: | 12/14/2001 |
| Latest Info Received: | 12/14/2001 |

| | |
|---|---|
| Amount: | **$100** |
| Status: | **Open** |
| CASE NO.: | IAN1234 |
| Type: | State Tax |
| Filed by: | State of CA-test match Code |
| Against: | Gorman Manufacturing Company, Inc |
| Where filed: | LOS ANGELES COUNTY RECORDER'S OFFICE, NORWALK, CA |

| | |
|---|---|
| Date status attained: | 12/14/2001 |
| Date filed: | 12/14/2001 |
| Latest Info Received: | 12/14/2001 |
| Status: | **Open** |
| CASE NO.: | IY5678 |
| Type: | State Tax |
| Filed by: | State of Ca- Test Mtch Code (force thru SO) |
| Against: | Gorman Manufacturing Company, Inc |
| Where filed: | LOS ANGELES COUNTY RECORDER'S OFFICE, NORWALK, CA |

| | |
|---|---|
| Date status attained: | 12/14/2001 |
| Date filed: | 12/14/2001 |
| Latest Info Received: | 12/14/2001 |

| | |
|---|---|
| Amount: | $100 |
| Status: | Open |
| CASE NO.: | IY1234 |
| Type: | State Tax |
| Filed by: | state of CA-test mtch code (forced thru SO) |
| Against: | Gorman Manufacturing Company, Inc |
| Where filed: | LOS ANGELES COUNTY RECORDER'S OFFICE, NORWALK, CA |

| | |
|---|---|
| Date status attained: | 12/14/2001 |
| Date filed: | 12/14/2001 |
| Latest Info Received: | 12/14/2001 |

| | |
|---|---|
| Status: | Open |
| CASE NO.: | ian5678 |
| Type: | State Tax |
| Filed by: | STATE OF CA-TEST MTCH CODE |
| Against: | GORMAN MANUFACTURING COMPANY, INC AND OTHERS |
| Where filed: | LOS ANGELES COUNTY RECORDER'S OFFICE, NORWALK, CA |

| | |
|---|---|
| Date status attained: | 12/14/2001 |
| Date filed: | 12/14/2001 |
| Latest Info Received: | 12/14/2001 |

| | |
|---|---|
| Amount: | $100 |
| Status: | Open |
| CASE NO.: | IAN1234 |
| Type: | State Tax |
| Filed by: | State of CA-test match Code |
| Against: | Gorman Manufacturing Company, Inc |
| Where filed: | LOS ANGELES COUNTY RECORDER'S OFFICE, NORWALK, CA |

| | |
|---|---|
| Date status attained: | 12/14/2001 |
| Date filed: | 12/14/2001 |
| Latest Info Received: | 12/14/2001 |

## UCC FILINGS

| | |
|---|---|
| Collateral: | Leased Equipment |
| Type: | Original |
| Sec. party: | RAYMOND LEASING CORPORATION, GREENE, NY |
| Debtor: | GORMAN MANUFACTURING COMPANY, INC |
| Filing number: | 306-121640 |
| Filed with: | SECRETARY OF STATE/UCC DIVISION, NASHVILLE, TN |

| | |
|---|---|
| Date filed: | 04/18/2006 |
| Latest Info Received: | 05/12/2006 |

| | |
|---|---|
| Collateral: | Leased Equipment |
| Type: | Original |
| Sec. party: | RAYMOND LEASING CORPORATION, GREENE, NY |
| Debtor: | GORMAN MANUFACTURING COMPANY, INC. and OTHERS |
| Filing number: | 009679812 |
| Filed with: | SECRETARY OF STATE/UCC DIVISION, SPRINGFIELD, IL |

| | |
|---|---|
| Date filed: | 03/30/2005 |
| Latest Info Received: | 04/07/2005 |

| | |
|---|---|
| Collateral: | Leased Unspecified |
| Type: | Original |
| Sec. party: | RAYMOND LEASING CORPORATION, GREENE, NY |
| Debtor: | GORMAN MANUFACTURING COMPANY, INC and OTHERS |
| Filing number: | 040077623160 |
| Filed with: | SECRETARY OF STATE/UCC DIVISION, AUSTIN, TX |

〔参考資料〕　ダンレポートの見本

| | |
|---|---|
| Date filed: | 08/06/2004 |
| Latest Info Received: | 08/24/2004 |

| | |
|---|---|
| Type: | Original |
| Sec. party: | NOREAST CAPITAL CORPORATION, ANNAPOLIS, MD |
| Debtor: | GORMAN MANUFACTURING |
| Filing number: | 00000181203112 |
| Filed with: | UCC DIVISION, BALTIMORE, MD |

| | |
|---|---|
| Date filed: | 08/30/2004 |
| Latest Info Received: | 08/18/2008 |
| Collateral: | Leased Equipment |
| Type: | Original |
| Sec. party: | RAYMOND LEASING CORPORATION, GREENE, NY |
| Debtor: | GORMAN MANUFACTURING COMPANY, INC |
| Filing number: | 306-121640 |
| Filed with: | SECRETARY OF STATE/UCC DIVISION, NASHVILLE, TN |

| | |
|---|---|
| Date filed: | 04/18/2006 |
| Latest Info Received: | 05/12/2006 |

| | |
|---|---|
| Collateral: | Leased Equipment |
| Type: | Original |
| Sec. party: | RAYMOND LEASING CORPORATION, GREENE, NY |
| Debtor: | GORMAN MANUFACTURING COMPANY, INC. and OTHERS |
| Filing number: | 009679812 |
| Filed with: | SECRETARY OF STATE/UCC DIVISION, SPRINGFIELD, IL |

| | |
|---|---|
| Date filed: | 03/30/2005 |
| Latest Info Received: | 04/07/2005 |

| | |
|---|---|
| Collateral: | Leased Unspecified |
| Type: | Original |
| Sec. party: | RAYMOND LEASING CORPORATION, GREENE, NY |
| Debtor: | GORMAN MANUFACTURING COMPANY, INC and OTHERS |
| Filing number: | 040077623160 |
| Filed with: | SECRETARY OF STATE/UCC DIVISION, AUSTIN, TX |

| | |
|---|---|
| Date filed: | 08/06/2004 |
| Latest Info Received: | 08/24/2004 |

| | |
|---|---|
| Type: | Original |
| Sec. party: | NOREAST CAPITAL CORPORATION, ANNAPOLIS, MD |
| Debtor: | GORMAN MANUFACTURING |
| Filing number: | 00000181203112 |
| Filed with: | UCC DIVISION, BALTIMORE, MD |

| | |
|---|---|
| Date filed: | 08/30/2004 |
| Latest Info Received: | 08/18/2008 |

The public record items contained in this report may have been paid, terminated, vacated or released prior to the date this report was printed.

### GOVERNMENT ACTIVITY

**Activity summary**
| | |
|---|---|
| Borrower (Dir/Guar): | NO |
| Administrative debt: | NO |
| Contractor: | NO |
| Grantee: | NO |
| Party excluded from federal program(s): | NO |

**Possible candidate for socio-economic program consideration**
| | |
|---|---|
| Labor surplus area: | N/A |
| Small Business: | N/A |
| 8(A) firm: | N/A |

The details provided in the Government Activity section are as reported to Dun & Bradstreet by the federal government and other sources.

Copyright 2009 Dun & Bradstreet - Provided under contract for the exclusive use of subscriber 716000061

# 参考文献

アジア諸国の倒産法・動産担保法 ／ 鈴木康二 著（中央経済社）
中国投資・ビジネスガイドブック ／ チャイナワーク 編（エヌ・エヌ・エー）
中国法律基礎講座Q＆A ／ 曾我貴志 著（エヌ・エヌ・エー）
中国ビジネス法必携 ／ 森・濱田松本法律事務所弁護士　射手矢好雄・石本茂彦 編著（ジェトロ）
Credit & Law No. 138〜146「アジア諸国の倒産・担保法制の概要」（商事法務研究会）
海外取引の与信管理と債権回収の実務 ／ 牧野和彦 著（日本実業出版社）

# 索　引

## A～C

Acceptance（受諾）………………… 236
Accounts Payable to Ssales
　（買掛金売上比率）………………… 94
Accounts Receivable Verification Notice
　（売掛確認通知書）………………… 210
Acid Test（酸性試験）……………… 91
ADR ……………………………………… 254
Advance Payment（前払い）……… 109
Affiliate（関連会社）………………… 73
Aging Analysis（売掛金年齢分析）……… 30
Agreement（契約）…………………… 236
Alternative Dispute Resolution
　（裁判外紛争処理）………………… 254
Amicable Phase
　（友好的局面〔な解決〕）……… 154、261
Annual Membership Fee（年会費）…… 259
Anticipation（金利差引払い）……… 64
Arbitration（仲裁）…………………… 254
Assets to Sales（総資産回転率）……… 93
Assignment（譲渡）…………………… 72
Atradius ………………………………… 242
Automatic Stay（自動停止）……… 273
B/L ………………………………………… 247
B/S ………………………………………… 84
Balance Sheet（貸借対照表）……… 84
Bank Remittance（銀行送金）……… 112
Bank Remittance Advice
　（銀行送金通知書）………………… 192
Bar Date ………………………………… 274

Bill of Exchange（為替手形）……… 130
Board Minutes（取締役会議事録）…… 146
Capacity（支払能力）……………… 80、81
Capital（資本）……………………… 80、81
Cash in Advance（前払い）……… 109
Chapter 7（米連邦破産法第 7 条）…… 272
Chapter 9（米連邦破産法第 9 条）
　…………………………………… 272、273
Chapter 11（米連邦破産法第 11 条）
　……………………………………… 272-276
Chapter 12（米連邦破産法第 12 条）
　…………………………………… 272、273
Chapter 13（米連邦破産法第 13 条）
　…………………………………… 272、273
Charactor（特徴）…………………… 80、81
Chattel Mortgage（動産譲渡抵当）…… 146
Chech（小切手）……………………… 112
Class（クラス）……………………… 274
COD（Cash on Delivery）………… 275
Coface …………………………………… 242
Collateral（担保力）………………… 80、81
Collection Agency〔Agent〕
　（債権回収〔代行〕会社）…… 66、156、258
Collection Attorney
　（回収専門の弁護士）……………… 252
Collection Lawyer …………………… 157
Collection Period（売掛金回転日数）…… 93
Commercial Law League of America …… 26
Commitment（約束）………………… 187
Company Credit Report
　（企業信用レポート）……………… 49

297

Composite Credit Appraisal
　（総合信用評価） ………………………… 54
Comprehensive Report
　（コンプリヘンシブ・レポート）…… 98
Conditions（経済状態）……………… 80、82
Confirm（確認）……………………………111
Confirmed L/C（確認付信用状）……… 111
Consignment（委託契約）………………… 113
Contingent Fee
　（成功報酬〔手数料〕）………………… 259
Credit Application
　（与信取引申請書）………………………… 36
Credit Line〔Limit〕（与信限度額）…… 100
Credit Manager ……………………………… 30
Credit Rating（信用格付け）……………… 54
Credit Sales（信用売上）…………………… 94
Credit Services Association（CSA、英国の与信管理の業界団体）………………… 154
Creditors Committee
　（債権者委員会）………………………… 273
Current Liabilities to Inventory
　（棚卸資産流動負債比率）……………… 92
Current Liabilities to Net Worth
　（自己資本流動負債比率）……………… 93
Current Ratio（流動比率）………………… 91
Customer（顧客）………………………… 157
CWD（Cash with Order）……………… 275

━━━━━ D〜F ━━━━━

D&B（Dun & Bradstreet）
　…… 13、44、49-51、54、55、60、66、68、73、
　　　75、98、108、115、121、173、263、264
D&B Trade Exchange Program ………… 60
D/A（引受時書類渡し）……………… 20、112

D/P（支払時書類渡し）……………… 20、112
Date Applied（格付けの付与日）……… 59
Days Sales Outstanding、DSO
　（売掛金回転日数）……………………… 93
Debt Collector …………………………… 258
Debt to Equity Ratio（D/E レシオ）…… 92
Debt-Collection Agency
　（債権回収代行会社）………………… 258
Debtor（債務者）………………………… 157
Debtor in Possession
　（DIP、占有債務者）………………… 274
Deed of Guarantee ……………………… 146
Disclosure Statement（開示説明書）… 274
Discount（現金割引）…………………… 64
Documents against Acceptance
　（D/A、引受時書類渡し）…………… 112
Documents against Payment
　（D/P、支払時書類渡し）…………… 112
Draft（為替手形）………………………… 130
DSO：Days Sales Outstanding
　（売掛金回転日数）………………… 30、31
DUNS（Data Universal Numbering System）：ダンズナンバー……………… 51
DunsGram®（ダンズグラム）………… 264
Efficiency（効率性の分析）………… 91、93
Euler Hermes …………………………… 242
Examiner（調査員）……………………… 274
Extra-Ordinary Income（特別利益）… 88
Extra-Ordinary Loss（特別損失）……… 88
Family Linkage（企業系列の紐付け）… 73
FCI（Factors Chain International）… 245
Feasibility Study（予備調査）………… 251
Filing of Claims（債権登録）………… 270
Final Notice（最終通知）……………… 223

Finance（財務）･････････････････ 68
Financial Analysis（財務分析）･･･････ 80
Financial Conditions（財務状態）･･････ 53
Financing（担保設定状況）･･･････････ 53
Financing Statements
　（担保権設定登記書）･････････････ 71
Five C's of Credit（信用の５Ｃ）･･･････ 80
Fixed Assets to Net Worth
　（固定比率）･････････････････････ 92
Fixed Charge（固定担保）･･････････ 145
Floating Charge（浮動担保）････････ 145

### G〜J

Governing Law（準拠法）･･････････ 238
Gross Profit（粗利益）･･･････････････ 87
Historical Comparison（経年比較）････ 97
History（社歴）････････････････････ 52
Hourly Charge（時間ごとの請求）････ 253
Income Statement（損益計算書）･･････ 86
Industrial Comparison
　（業種比較）･････････････････ 97、98
Industry Credit Group ･･･････････････ 35
Insider（インサイダー）･･････････ 275
Irrevocable L/C（取消不能信用状）･･･ 110
JTC ･･････････････････････････ 149
Judgment Lien（判決の先取特権）････ 70
Judgments（判決）･･････････････････ 70
Jurisdiction（管轄裁判所）････････ 238

### L〜N

L/C ･･･････ 20、111、112、133、172、246、247
Lease Right ･････････････････････ 149
Legal Phase
　（訴訟による解決、法律的局面）････ 154

Letter of Credit、L/C（信用状）･･････ 110
Liens（先取特権）･･････････････････ 70
Liquid Assets（当座資産）･･････････ 91
Liquid Ratio（当座比率）･･････････ 91
Liquidator、Trustee（管財人）･･･････ 269
Long Letter Words ･･････････････ 202
Lower Quartile
　（下位四分位点、第１四分位点）････ 98
Median
　（中央値、メジアン、第２四分位点）･･･ 98
Minimum Guarantee（最低保証）････ 113
Mortgage（抵当権）･･････････････ 145
NACM ････････････････････････ 42
National Association of Credit Management（NACM、全米与信管理協会）･･･ 35
Negative Net Worth（債務超過）･･････ 84
Net Profit before Taxes
　（税引前純利益）･････････････････ 88
Net Profit（純利益）････････････････ 88
Net Profit after Taxes
　（税引後純利益）･････････････････ 95
Net Worth（純資産）･･････････････ 54
New Credit Risk Index（NCRI）･･････ 75
NEXI（日本貿易保険）･･･････････ 115
Non-Financial Analysis
　（非財務分析）･･･････････････････ 80
NSF Check（Non Sufficient Fund Check、残高不足の小切手）･･････････ 174

### O〜Q

Offer（申込み）･････････････････ 236
Open Account
　（オープンアカウント）････････ 112
Operating Expenses

(販売および一般管理費) ·············· 87
Operating Income (営業利益) ····· 87、88
Operation (業務内容) ························ 74
Overdue Account (遅延債権) ········ 207
Overdue Interest (遅延金利) ·········· 237
P/L ································································ 86
PACER (Public Access to Court Electronic Records) ······························· 270
Paralegal Action
　(パラリーガルアクション) ·········· 251
Payment (支払情報) ·················· 60、263
Payment Condition (支払条件) ········ 237
Plain English ············································ 202
Plan of Arrangement (再建計画) ····· 273
Pledge (質権) ········································· 145
Post-dated Checks (先日付小切手) ··· 150
Preference (偏頗譲渡) ························ 275
Previous Rating (以前の格付け) ········ 59
Profit & Loss Statement
　(損益計算書) ······································ 86
Profitability (収益性の分析) ········ 91、95
Prompt (期日払い) ································ 63
Public Filing (公的届出事項) ············· 70
Purchase Order Number
　(注文番号) ······································ 207
Qualitative Analysis (定性分析) ········ 80
Quantitative Analysis (定量分析) ····· 80
Quick Ratio (当座比率) ························ 91

━━━━━ R〜W ━━━━━

Real Estate Mortgage
　(不動産抵当権) ······························ 146
Receivable Management Services ········ 258
Reference Number (参照番号) ········ 207

Registered Charges (担保設定) ·········· 53
Relief Order (解除命令) ····················· 273
Reminder (リマインダー) ················· 216
Return on Assets、ROA
　(総資産利益率) ································ 95
Return on Equity、ROE
　(自己資本利益率) ···························· 95
Return on Sales (売上高純利益率) ···· 95
Revocable L/C (取消可能信用状) ····· 110
Sales to Inventory (棚卸資産回転率) ··· 94
Sales to Net Working Capital
　(運転資本回転率) ···························· 94
SICA (Sick Industry Company Act) ··· 153
SIC コード ················································ 52
Skip Tracing (追跡調査) ······················ 38
Social Security Number
　(社会保障番号) ································ 38
Solvency (安全性の分析) ···················· 91
Standard Industrial Classification Code
　(米国産業標準分類コード) ············ 52
Stand-by L/C (スタンドバイ L/C) ··· 110
Strategic Pause ········································ 187
Subsidiary (子会社) ······························ 73
Suits (訴訟) ············································· 70
Summary Analysis (要約分析) ·········· 58
Tax Lien (税金の先取特権) ················ 70
Telegraphic Transfer (電子送金) ······ 112
Termination (抹消、契約解除) ··· 72、237
Total Liabilities to Net Worth
　(負債比率) ········································ 92
Trade Payment
　(企業間の支払い〔決済〕) ······ 44、61
UCC (Uniform Commercial Code) ······ 71
Ultimate Parent (最上位企業) ············ 73

Unsecured Creditor
　（無担保債権者）……………… 270
Upper Quartile
　（上位四分位点、第3四分位点）…… 98
Working Capital（運転資本）……………… 86

━━━━━ **あ行** ━━━━━

アトラディウス ……………………… 242
安全の欲求 …………………………… 160
一般社団法人日本商事仲裁協会 …… 254
一般条項 ……………………………… 237
ヴィルフレッド・パレート ………… 12
売掛確認通知書 ……………………… 210
売掛口座開設依頼書 ………………… 36
売掛能力一割法 ………………… 104、106
運転資本（Working Capital）……… 107
営業許可証 …………………………… 125
エイジング（売掛金年齢表）……… 30、31
延滞債権 ……………………………… 9
オープンアカウント（Open Account）… 4

━━━━━ **か行** ━━━━━

外貨管理局 ……………………… 131、139
回収不能 ……………………………… 10
回収不能証明書 ……………………… 279
回収マニュアル ……………………… 22
貸倒 …………………………………… 9
為替手形 ……………………………… 130
簡便法 …………………………… 104、107
企業照会 ……………………………… 44
業種比較法（準用法）………… 104、105
強制執行認諾 ………………………… 140
銀行照会 ………………………… 38、42
銀行取引停止 …………………… 148、149

経営期限 ……………………………… 125
経営範囲 ……………………………… 125
工商行政管理局 ………………… 126、127
公証債権文書 ………………………… 140
公証人 ………………………………… 138
抗弁権 ………………………………… 137
顧客申請法 …………………………… 104
国際ファクタリング ……… 141、245、247
国家統計局 …………………………… 127
コファス ……………………………… 242
股分責任公司 ………………………… 125
固有条項 ……………………………… 237
コレクション・エージェンシー
　〔債権回収代行会社〕
　 ……………… 154、155、163、174、175、180、
　　　　　　　195、224、259-263

━━━━━ **さ行** ━━━━━

サイクルペイメント（Cycle Payment）
　 ………………………………………… 5、6
債権回収代行会社（Collection Agency）
　 ………………………………………… 26、258
債権管理 ……………………………… 9
債権者代位権の行使 ………………… 139
債権譲渡 ………………………… 137、141
債務者の顧客（第三債務者）……… 137
債務の承認 …………………………… 135
債務名義 ……………………………… 140
債務免除 ……………………………… 164
三角債 …………………………… 130、144
仕入債務基準法 ………………… 104、106
自我の欲求 …………………………… 161
自己実現の欲求 ……………………… 161
自己資本（Net Worth）………… 85、107

301

自己資本基準法 …………… 104、106
執行証書 ……………………… 140
実績法 ………………… 104、105
支払意思 ……………………… 163
支払能力 ……………………… 163
純資産 ………………………… 54
承認の欲求 …………………… 161
消滅時効 ……………………… 134
所属の欲求 …………………… 161
審査部長（Credit Manager）…… 25
人民法院 ……………………… 140
信用管理 ……………………… 9
親和の欲求 …………………… 161
スタンドバイ L/C …………… 110
生理的欲求 …………………… 160
全国銀行協会 ………………… 3
早期割引 ……………………… 64
送金取引（Remittance）………… 20
総合信用評価 ………………… 54
総合評価法 …………………… 104
相殺適状 ……………………… 137
損金算入 ……………………… 164

=== た行 ===

対外債務 ……………………… 139
対外担保 ……………………… 131
対外保証 ……………………… 131
第三者対抗要件 ………… 137、146
滞留債権 ……………………… 9
他人資本 ……………………… 85
ダンアンドブラッドストリート TSR
　…………………………………… 50
ダンズナンバー ……………… 51
ダンレポート（Business Information Report）………… 7、49、51、58、63、68、74
遅延債権 ……………………… 9
チャプターセブン …………… 272
中国国際経済貿易仲裁委員会（CIETAC, China International Economic and Trade Arbitration Commission）…… 134
抵当権設定契約（抵当契約）………… 136
東京商工リサーチ… 16、50、56、57、75、277
討債公司 ……………………… 141
独立行政法人日本貿易保険（NEXI）
　…………………………… 240、241
土地使用権 …………………… 131
取引照会 ……………………… 44
トレード・レファレンス（Trade Reference）……… 34、37、38、44-49、60、62、126
トレードネーム …………… 37、51

=== な行 ===

日本商事仲裁協会 …………… 255
日本貿易保険（NEXI）… 114、145、152、243

=== は行 ===

破産裁判所 …………………… 164
80 対 20 の法則 ……………… 12
払い下げ土地使用権 ………… 131
バランスシート ……………… 84
パレートの法則 ……………… 12
反対債権 ……………………… 137
標準評点比較法 ………… 104、105
ファクタリング会社 …… 245、247
フォーフェイティング（Forfeiting）
　…………………………………… 141
不良債権 ……………………… 9
不良債権比率 ………………… 31

平均月間売上（Average Monthly Sales）
　　　　　　　　　　　　　　　　107
米国統一商事法典　　　　　　　　 71
米連邦破産法第 7 条　　　　　　 272
米連邦破産法第 9 条　　　　　　 272
米連邦破産法第 11 条　　　　　　272
米連邦破産法第 12 条　　　　　　272
米連邦破産法第 13 条　　　　　　272
貿易保険　　　　　　　　　141、245
法定信用限度法　　　　　　104、105
法的整理　　　　　　　　　　　 164
香港国際仲裁センター　　　　　 134

━━━━━━━━ ま行 ━━━━━━━━

マズロー　　　　　　　　　　　 160
ムーディーズジャパン　　　145、152
無認可金融　　　　　　　　　　 143

━━━━━━━━ や行 ━━━━━━━━

約束手形（Promissory Note）　　　 4
有限責任公司　　　　　　　　　 125
融資申込書　　　　　　　　　　　36
ユーラーヘルメス　　　　　　　 242

輸出取引信用保険　　　　　141、245
輸出ファクター　　　　　　　　 247
譲受人　　　　　　　　　　　　 137
輸入ファクター　　　　　　　　 247
与信管理　　　　　　　　　　　　 9
与信管理規定　　　　　　　　　　22
与信管理と債権回収
　（Credit & Collection）　　　　　25
与信限度額　　　　　100-104、106-108
与信取引申請書　　　　　　　　　34
与信方針　　　　　　　　　　　　22

━━━━━━━━ ら行 ━━━━━━━━

リマインダー　　　　　　　　　 165
流動資産　　　　　　　　　　　　85
流動負債　　　　　　　　　　　　85
レスポンスシート　　　　　　　 213
連帯責任保証　　　　　　　　　 131
連帯保証　　　　　　　　　　　　 8

━━━━━━━━ わ行 ━━━━━━━━

割当て土地使用権　　　　　　　 131

＜著者プロフィール＞

## 牧野　和彦
ナレッジマネジメントジャパン株式会社　代表取締役／与信管理コンサルタント

早稲田大学卒。リクルートコスモスを経て、ダンアンドブラッドストリートジャパンシニアマネージャーとして多くの実績を収め、1997年 D&B Leadership Award を受賞。1999年3月、日本人で初めて National Collections & Credit Risk において講演を行う。2000年6月、現在の会社を設立、与信管理のコンサルティング業務を行う。日本経済新聞、早稲田大学、SMBC コンサルティング、JETRO、東京・大阪商工会議所、日本経営協会の講師としても活動中。

＜著書・訳書＞
『ダンの企業審査入門』（日本経済新聞社）
『e ビジネスのリスクマネジメント』（エクスメディア）
『海外取引の与信管理と債権回収の実務』（日本実業出版社）
『これだけある！お金をかけずにマスターするビジネス英語』（中経出版）

＜メールマガジン＞
「ニュースで学ぶ与信管理と債権回収」、「英字新聞のヘッドラインで学ぶビジネス英語」も発行中（合計約 12,000 部）。

---

**ナレッジマネジメントジャパン株式会社**（http://www.kmjpn.com）
与信管理に関するコンサルティングや、ビジネスセミナー、海外の企業調査・分析が主な業務内容。与信管理規定、債権回収マニュアルの策定、与信限度システムの開発等も行う。与信管理、債権回収、法務、会計、国際取引を中心としたビジネスセミナーも展開。

著者との契約により検印省略

平成22年4月1日　初版発行

## 海外取引の与信管理と債権回収

| | | |
|---|---|---|
| 著　　者 | 牧　野　和　彦 | |
| 発 行 者 | 大　坪　嘉　春 | |
| 製 版 所 | 美研プリンティング株式会社 | |
| 印 刷 所 | 税経印刷株式会社 | |
| 製 本 所 | 株式会社三森製本所 | |

発行所　東京都新宿区　　株式　税務経理協会
　　　　下落合2丁目5番13号　会社
郵便番号 161-0033　　振替 00190-2-187408　　電話 (03) 3953-3301 (編集部)
　　　　　　　FAX (03) 3565-3391　　　　　(03) 3953-3325 (営業部)
　　　　URL　http://www.zeikei.co.jp/
　　　　乱丁・落丁の場合はお取替えいたします。

ⓒ　牧野和彦　2010　　　　　　　　　　　　Printed in Japan

本書を無断で複写複製（コピー）することは、著作権法上の例外を除き、禁じられています。本書をコピーされる場合は、事前に日本複写権センター（JRRC）の許諾を受けてください。
JRRC〈http://www.jrrc.or.jp〉　eメール：info@jrrc.or.jp　電話:03-3401-2382〉

ISBN978-4-419-05463-2　C3034